みるみる身につく

語源で英単語

増補改訂版

著　清水建二　監修　William Currie／中田達也

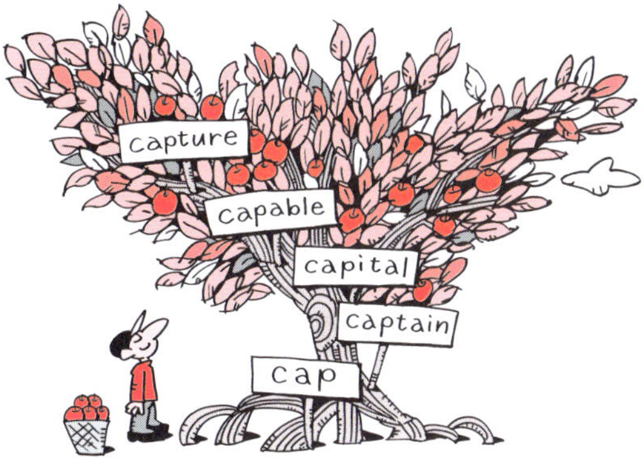

Gakken

連想式にみるみる身につく
語源で英単語
［増補改訂版］

［著者］

埼玉県立川口高校教諭
清水建二

［監修者］

元上智大学学長
William Currie

関西大学助教
中田達也

［制作者一覧］

本文・カバーイラスト
勝部浩明

ブックデザイン
平塚兼右
〈PiDEZA Inc.〉

本文デザイン
PiDEZA Inc.

録音制作
粕谷光子
高崎清美
〈(株) ブレーンズ ギア〉

ナレーション
Julia Yermakov
Dominic Allen
河原木志穂

編集協力
石井里美
今居美月
小縣宏行
片原永貢子
佐藤美穂
敦賀亜希子
鶴田万里子
塩沢信司
桂川千津子
〈(有)オプティマ企画編集室〉

はしがき

英語がそのまま，あるいは多少変化して日本語に取り込まれたカタカナ語，いわゆる外来語の中には，英単語学習を容易にする重要な手がかりやヒントがたくさん隠されています．たとえば，自転車で「足」を乗せてこぐ部分をペダル(**pedal**)，「足」の爪に塗るものをペディキュア(**pedicure**)といいますが，私たちはふだん，これらの単語の本来の意味をふり返って考えることはありません．しかし，ちょっと立ち止まって考えてみると，両者に共通しているpedには「足」という意味があることに気づくはずです．

cureが「治療（する）」という意味だと知っている方は，**pedicure**の原義が《足(ped)の治療(cure)》だということがわかると思いますが，**pedicure**は単に「足の爪の手入れ」だけでなく，「足の治療」や「足の専門医」などの意味でも使われるのです．また，ペディキュアよりなじみ深いマニキュア(**manicure**)が「手の爪の手入れ」であることは言うまでもありません．語根のmaniは「手」を表しますが，これに関しては，本書の142ページをご参照ください．

このように，カタカナ語はすでに日本語の一部として使われているためにふだんはその言葉の意味を意識しませんが，ひとたび語根の意味に注意を払うことによって英単語学習の効率性がいっそう高まるのです．では，次の英単語を見てください．

centipede / impede / biped / expedition / peddle / expedite / pedometer

察しの通り，これらはすべて「足」に関係する意味を持った言葉です．**centipede**は[centi（百）＋足]で「百足（ムカデ）」，**impede**は[足をim（中に）入れる]から「妨げる」，**biped**は[bi（2つの）足]から「二足動物」，**expedition**は[足をex（外に）向けること]から「探検」，**peddle**は[le（繰り返し）足を運ぶ]ことから「行商する」，**expedite**は[足かせをex（外す）]ことから「手早く片づける」，**pedometer**は[足をmeter（測る）こと]から「万歩計」というように，みるみるうちに暗記が定着していくといった具合です．

語根のpedはラテン語に由来しますが，これはギリシア語ではpodやpousに形を変えます．「三脚」は**tripod**，護岸用の四脚波消しブロックは，「テトラポッド(**Tetrapod**)」，8本足の「タコ」は**octopus**です．ちなみに，これらのpedやpodは音を変えて，foot（足）として英語の中に入ってきました．このように，pedという語根とその他の語根や接頭辞・接尾辞などと結びつけることによって，体系的に学習できる，というのが語源学習の最大のメリットと言えるでしょう．

本書では導入部分として，カタカナ語を取り上げ，それにイラストを付すことにより，

centipede

impede

expedite

左脳と右脳の両方を刺激して暗記を定着させることを狙いとしました．また，紙面の関係でイラスト化できないものに関しても，読者の方々が独自にイラストをイメージすることによって，右脳に焼き付けながら効率的に学習することが可能となります．たとえば，先にあげた単語のうち，百本足を持った「ムカデ(centipede)」，足を入れて動作を「妨げる(impede)」，足かせを外して「手早く片づける(expedite)」などをイメージすることによって，より印象づけられるでしょう．

語源学習の2番目のメリットは未知の単語に出会った時の対処法にあります．たとえば，I forgot to bring my notes, so I had to improvise.という文の意味を考えてください．最後の動詞improviseを初めて見る読者の方が多いと思いますが，「楽譜を持って来るのを忘れたのでimproviseしなければならなかった」まで訳せれば，もうわかったも同然です．improviseは3つのパーツ［im（～でない）＋pro（前もって）＋vise（見る）］から構成されています．つまり，「前もって楽譜を見ないでする」ことから「即興で演奏する」という意味であることが推測できるでしょう．

本書は2008年と2009年に出版した拙著『連想式にみるみる身につく語源で英単語』と『イラストで記憶に残る語源ビジュアル英単語』（共に学研教育出版）の２冊を１冊に再編集したものです．語源とイラストを絡めながら連想式に英単語を覚えるというコンセプトが多くの読者の方々の心を捉え，現在に至るまで増刷を重ねてきましたが，今回，学研教育出版辞典編集部の芳賀靖彦氏と阿部武志氏のご賛同により，装いも新たに１冊の本として世に出す運びとなりました．２冊分の内容を１冊にまとめた本書こそまさに「究極の語源本」と自負しています．

最後になりますが，本書を編纂するに際し，今回の企画に多大なる関心を示していただき，監修を快諾していただいた我が尊敬する恩師・ウィリアム・カリー神父（元上智大学学長）に，この場を借りて深い感謝の意を表したいと思います．

2015年　　著者　清水建二

語源学習法

「語源学習法」とは？

語源学習法とは,「英単語をパーツ (以下, word parts) に分解し, word parts の意味を組み立ててその単語の意味を理解する」という学習法のことです. たとえば, predict (「予言する」本書p.63) という英単語は, 以下のように分解することができます.

predict	=	**pre**(前に) + **dict**(言う)	=	前もって言う → 予言する

このように, 英単語を word parts に分解して意味を覚えるテクニックが語源学習法です.

語源学習法の3つのメリット

語源学習法には以下のような3つの利点があります.

① 単語の長期的な保持が可能になる！

語源学習法を実践することで, 英単語に関する**記憶が強固になります**. たとえば,「predict = 予言する」と丸暗記をするのではなく, [predictは前もって(pre)+言う(dict)から予言する] と理屈をつけて覚えることで, より長期的な保持が可能になります.

② 未知語の意味推測が可能になる！

語源を学習することにより, リーディングやリスニングで出会った**未知語の意味推測が容易になります**. たとえば, predict という単語の意味を知らなかったとしても, pre とdictという word parts の意味を知っていれば, それらを手がかりに predict の意味を推測することができます.

③ 単語の体系的・効率的な学習が可能になる！

1つの word part の意味を習得することで, **複数の単語を学習する手がかりを得ることができます**. たとえば,「pro/pre = 前に、前の」ということを覚えておけば, predict, progress, preview, prejudice, preludeなど, 数多くの単語を学習するヒントになります.

研究によると, "14 Master Words" と呼ばれる英単語に含まれるword partsの意味を学習することで, 14,000以上の英単語の意味を推測する手がかりが得られることが示されています. このデータからも語源学習法がいかに効率的な学習テクニックであるかがわかりますね.

本書の効果的な活用法

step1 イラストやカタカナ語を足がかりに word parts の意味を学習する

語源学習をするためには，まずは基本的な word parts の意味を学習する必要があります．word parts の意味を学習する上では，カタカナ語や既知の単語をきっかけに覚える方法が有効です．たとえば，以下の表をご覧ください．

word parts	覚え方	関連語	本書関連ページ
cap ＝頭	キャップ(cap)は 頭にかぶるもの	captain, capital, escape, capable	pp. 28-29
fer ＝運ぶ	フェリー(ferryboat)は 人や物を運ぶ船	offer, prefer, transfer, suffer	pp. 76-79
fin ＝終わる	finishは 終わりにすること	final, finale, finalist, infinite	pp. 82-83
flo , flu ＝流れる	フローチャート (flow chart)は流れ図	influence, flood, fluent, affluent	pp. 86-87

上のように，cap (帽子) や finish (終える) といったおなじみの単語を足がかりとして，word partsの意味を効率的に覚えることができます．

本書のイラストと ***Back to Roots*** 欄では，word partsの意味を覚えるきっかけとなるカタカナ語や基本的な英単語を紹介しています．まずはイラストと ***Back to Roots*** を活用して，語源学習の基礎となる150のword partsの意味を覚えてみましょう．

step2 word parts をもとに見出し語の意味を理解する

ステップ1で word parts の意味を覚えた後には，語源の知識を元に未知語の意味を習得していきましょう．本書では収録している150の word parts について，それぞれ6つ程度の見出し語を紹介しています．ステップ1で学習した word parts の知識をもとに，単語の成り立ちを1つ1つ丁寧に確認しながら意味を覚えていきましょう．

見出し語を学習する際には，まず例文や word parts をもとに単語の意味を推測し，その後に初めて和訳を確認するようにしましょう．具体的には，以下のような手順に従うと良いでしょう (p. 63の見出し語 predict を例にとります)．

① 例文から英単語の意味を推測する

まずは紙や赤シートなどで和訳を隠しておき，例文をヒントに predict の意味を推測してみましょう．

②「語根*de*連想」欄で word parts の意味を確認する

次に,「**語根*de*連想**」欄で word parts の意味を確認してみましょう.「**語根*de*連想**」欄には,[pre(前もって)+dict(言う)]と書かれています. predict は「前もって言う」ことなので,「予測する」「予言する」といった意味ではないかと想像できます.

③ 和訳と例文訳で, 単語の意味を確認する

最後に, 日本語訳を確認しましょう. すると,「predict 動 予言する, 予測する」とあり, 先程の予測が正しいことが確認できました.

上のように,「① 例文から predict の意味を推測する」→「②『**語根*de*連想**』から predict の意味を推測する」→「③ 和訳を見て predict の意味を確認する」という手順を経ることで, predictの意味に関する記憶がさらに強固なものになります. 推測のプロセスを経ずに和訳をすぐに確認してしまうと, その時は覚えたつもりになっても, 長期的な記憶にはつながらないので注意が必要です.

「英単語学習」というと,「無味乾燥でつまらない」「退屈だ」というイメージを持たれている方が多いかもしれません. 単語の学習は "at best boring, and at worst painful(良くて退屈, 最悪の場合は苦痛)" という指摘さえあります. 英単語とその和訳を表面的に結びつけるだけの機械的な暗記学習は, 確かに退屈で苦痛なものかもしれません.

しかし, 語源を意識して理屈をつけて意味を覚えていくことで, 英単語学習は合理的で興味深い, 知的な活動になります.「無味乾燥になりがちな単語学習を, 興味深い発見の連続に変えてくれる」という点は, 語源学習法の隠れたメリットと言えるかもしれません. 本書を使って語源学習法を実践することで,「退屈で苦痛」という従来の英単語学習のイメージがきっと一変することでしょう.

監修者　中田達也

単語レベルに関する解説

本書では, 見出し語の中で特に重要な単語には*印をつけています. *印をつけるにあたって, コーパス(現代英語の大規模なデータベース)における単語の頻度(登場回数)や, 日本人英語学習者への有用度などの指標を参考にしました. 単語レベルの目安は以下の通りです.

*** 基本単語. 中学～高校初級レベル.
** 重要単語. 高校中級レベル.
* センター試験・大学入試レベル.

(参考文献) Nation, I.S.P. (1990). Teaching and Learning Vocabulary. Newbury House, Mass.

CONTENTS もくじ

001 ali, alter, else＝別の，他の …… 14
002 ann, enn＝年 …… 16
003 arm＝武器，腕 …… 18
004 aster, astro, stella＝星 …… 20
005 aud, ey＝聴く …… 22
006 bar＝棒，横木 …… 24
007 bat, beat＝たたく …… 26
008 cap＝頭 …… 28
009 cede, cess＝進む，行く，譲る① …… 30
010 cede, cess＝進む，行く，譲る② …… 32
011 ceive, cept＝つかむ …… 34
012 cel＝昇る，速度 …… 36
013 center, centri＝中心 …… 38
014 cla(i)m＝叫ぶ …… 40
015 clim, clin＝傾き …… 42
016 close, clude＝閉じる …… 44
017 cor(d)＝心 …… 46
018 cover＝覆う，隠す …… 48
019 cre, cru＝生む，成長する …… 50
020 cro, cru＝十字，曲げる …… 52

語源*de*腕試し① …… 54

021 cur, cour, cor＝流れる，走る …… 56
022 cur＝注意，世話 …… 58
023 custom, costum＝慣らす，自分の物 …… 60
024 dict＝話す，言う，示す …… 62

025 duct＝導く …… 64
026 duce＝導く …… 66
027 equ＝平らな，等しい …… 68
028 fa(m), fa(n), phe＝話す …… 70
029 fac(t)＝作る，する …… 72
030 fect＝作る，する …… 74
031 fer＝運ぶ，産む，耐える① …… 76
032 fer＝運ぶ，産む，耐える② …… 78
033 fic＝作る，する …… 80
034 fin＝終わる，境界 …… 82
035 fit＝作る，する …… 84
036 flo, flu＝流れる …… 86
037 flour, flor＝花，華 …… 88
038 forc, fort＝強い …… 90
039 form＝形 …… 92
040 frig, frost＝冷たい …… 94

語源*de*腕試し② …… 96

041 fuse, fut＝注ぐ，融ける …… 98
042 gen＝生まれる，種① …… 100
043 gen＝生まれる，種② …… 102
044 grad＝段階 …… 104
045 graph＝書く，グラフ …… 106
046 gress, gree＝歩く，進む …… 108
047 guard, war(d)＝見守る …… 110
048 ior＝比較 …… 112
049 is, insul＝島 …… 114
050 it＝行く …… 116
051 ject, jet＝投げる …… 118

052 just, jur, jud＝正しい，法 …… 120
053 labor＝労働 …… 122
054 late, lay＝運ぶ，置く …… 124
055 lav, laund, lug, lut, lot＝洗う，流す …… 126
056 lax, lack, loose, lease＝ゆるむ …… 128
057 lea(g), li(g), ly＝結ぶ …… 130
058 lect, leg, lig＝集める，選ぶ …… 132
059 lev＝軽い，持ち上げる …… 134
060 loc＝場所 …… 136

語源 *de* 腕試し③ …… 138

061 magn, max＝大きい …… 140
062 man(i), man(u)＝手 …… 142
063 mark, merc＝取引 …… 144
064 med(i), mid＝中間 …… 146
065 memo, min＝記憶，思い起こす …… 148
066 meter, metr＝計る，測る …… 150
067 mini＝小さい …… 152
068 miss, mise, mit＝送る① …… 154
069 miss, mise, mit＝送る② …… 156
070 mode＝型，尺度 …… 158
071 mon＝示す，警告する …… 160
072 mot, mob, mov＝動く …… 162
073 mount＝盛り上がる，山 …… 164
074 na(n)t, nai＝生まれる …… 166
075 nom(in), onym, noun＝名前，伝える …… 168
076 norm＝標準 …… 170
077 ord(er)＝命令，順序 …… 172
078 or(i), origin＝昇る，始まる …… 174

079 ound, und＝波打つ …… 176
080 pa(i)r＝用意する …… 178

語源 *de* 腕試し④ …… 180

081 part＝分ける，部分 …… 182
082 pass, pace＝歩，通り過ぎる …… 184
083 pat(r)＝父 …… 186
084 path, pass＝感じる，苦しむ …… 188
085 ped(e), pod, pus＝足 …… 190
086 pel, puls＝押す，打つ …… 192
087 pend＝垂れる，さげる …… 194
088 pend, pens＝（吊るして）計る，支払う …… 196
089 ple, pli, ply＝（折り）重なる，（折り）重ねる …… 198
090 popul, public, dem＝人，人々 …… 200
091 port＝運ぶ，港 …… 202
092 pose, posit＝置く，止まる① …… 204
093 pose, posit＝置く，止まる② …… 206
094 posit, pone＝置く …… 208
095 press＝押す …… 210
096 pri(n), pri(m)＝１番目の，１つの …… 212
097 pris(e), pre(hend)＝つかむ …… 214
098 punct, point＝突く，さす，点 …… 216
099 quiz, quire, quest＝求める，探る …… 218
100 rat＝数える …… 220

語源 *de* 腕試し⑤ …… 222

101 reg＝王，支配 …… 224
102 rupt, route＝破れる，崩れる …… 226
103 scal, scend, scent, scan＝登る …… 228

104 scrip, scrib(e)＝書く …… 230
105 sent, sense＝感じる …… 232
106 sent, est, ess＝ある，いる …… 234
107 serv＝保つ，仕える，役立つ …… 236
108 sid(e), sess, sed＝座る …… 238
109 sign＝印 …… 240
110 simi(l), seem, sem＝同じ，似ている …… 242
111 sist＝立つ …… 244
112 sol＝１番目の，１つの，太陽 …… 246
113 spec, spic, spis＝見る …… 248
114 spect＝見る① …… 250
115 spect＝見る② …… 252
116 stand, stant, stance＝立つ，耐える …… 254
117 st(a)＝立つ，建てる …… 256
118 stat＝立つ …… 258
119 stick, sting, stim＝刺す，突く …… 260
120 stitute＝立つ …… 262

語源*de*腕試し⑥ …… 264

121 string, strict＝結ぶ，縛る，引く，伸ばす …… 266
122 strai(n), stre＝結ぶ，縛る，引く，伸ばす …… 268
123 str(uct)＝建てる，積む …… 270
124 suit, sue＝追う，続く …… 272
125 tact, tang, tag＝触れる …… 274
126 tail, cide, cis(e)＝切る …… 276
127 tain＝保つ …… 278
128 tens, tend, tent＝伸ばす，張る① …… 280
129 tens, tend, tent＝伸ばす，張る② …… 282
130 term＝限界，期限，終わり …… 284

131 terr＝大地 …… 286
132 tin, ten(e)＝保つ，続く …… 288
133 ton(e), tun, so(u)n＝音，雷 …… 290
134 tort＝ねじる …… 292
135 tract, tra(i)＝引く① …… 294
136 tract, tra(i)＝引く② …… 296
137 turb, trouble＝混乱 …… 298
138 turn, torn, tour＝回す，回る，向ける，向く …… 300
139 vac, vast, va＝空の …… 302
140 vest, veil, vel＝覆う，包む，着せる …… 304

語源*de*腕試し⑦ …… 306

141 verse＝回す，回る，向ける，向く① …… 308
142 verse＝回す，回る，向ける，向く② …… 310
143 vert＝回す，回る，向ける，向く …… 312
144 via, voy＝道，進む …… 314
145 vis(e)＝見る …… 316
146 view, v(e)y＝見る …… 318
147 viv＝生きる，生命 …… 320
148 vent, ven(e)＝来る …… 322
149 voc, vow, voke＝声，呼ぶ …… 324
150 vol＝回る，転がる，巻く …… 326

語源*de*腕試し⑧ …… 328

接頭辞のいろいろ …… 329
接尾辞のいろいろ …… 333
英単語さくいん …… 338

001 ali, alter, else＝別の, 他の

❶ track 1

エイリアン
別の星から
やってきた生物はalien.

「他に何かいかがですか
(Anything else?)」は
注文をとる店員の決まり文句.

アリバイ
alibiは現場不在証明のこと.
つまり, 犯行時刻には別の所に
いたことを証明するもの.

Back to Roots

altercationは, 互いに言葉を応酬することから「口論」の意味に. 他人の幸福や利益を第一に考える人は**altruistic**(利他主義の)です. **alter**と**other**(他の)は同じ意味です.

訳語を考えよう !

Q1 **ali**(別の)＋**en**(形容詞) → See alien

There are many illegal aliens entering this country.
この国には不法の[　　]がたくさん入ってくる.

hint 別の国からやってきた人ってどんな人？

Q2 **ali**(別の)＋**en**(形容詞)＋**ate**(動詞) → See alienate

Many people feel alienated in new places.
新しい場所で[　　]を持っている人はたくさんいる.

hint みんなとは別の気持ちになるとは？

Q3 **alter**(別の)＋**ate**(動詞・形容詞) → See alternate

John has to work on alternate Sundays.
ジョンは[　　]の日曜日に働かなくてはならない.

hint 毎週の日曜日ではなく別々の日曜日にということは？

解答：Q1 外国人　Q2 疎外感　Q3 隔週

alien
[éiliən]

形 外国の，異質な
名 外国人，宇宙人

語根de連想: 他からの ← ali（別の）＋ en（形容詞）

When I first went to London, it all felt very alien to me.
最初にロンドンに行った時，すべてが私にはとても異質に感じられた.

alienate
[éiliənèit]

動 疎外する，遠ざける

alienation 名 疎外すること

語根de連想: 別の気持ちになる ← ali（別の）＋ en（形容詞）＋ ate（動詞）

Her comments alienated a lot of young voters.
彼女の発言はたくさんの若い有権者を遠ざけた.

alternate
[動 ɔ́ːltərnèit]
[形 ɔ́ːltərnit]

動 交互にする
形 1つおきの

語根de連想: 別々にする ← alter（別の）＋ ate（動詞・形容詞）

He alternated between joy and grief.
彼は喜んだり悲しんだりしていた.

*alter
[ɔ́ːltər]

動 作りかえる，改造する，変化する

alteration 名 変更，修正

語根de連想: 他のものにする ← alter（他の）

Prices did not alter remarkably during 2014.
2014年の物価には目立った変化はなかった.

**alternative
[ɔːltə́ːrnətiv]

名 二者択一
形 代わりの

語根de連想: 別々の ← alter（別の）＋ tive（形容詞）

They had no alternative but to fire George.
彼らはジョージを解雇する以外に選択はなかった.

alias
[éiliəs]

副 別名は，またの名は
名 別名，偽名

語根de連想: 別の時に ← ali（別の）

She checked into the hotel under an alias.
彼女は偽名でホテルにチェックインした.

002 ann, enn＝年

❶ track 2

アニバーサリー
anniversaryは
［1**年**(ann)に1回やってくる
(verse)記念日］.

ミレニアム
millenniumは
［千(mill)**年**(enn)祭］.

バイセンテニアル
1976年には，アメリカ中で
建国二百**年**祭(bicentennial)が盛大に祝われた.

Back to Roots

triennialは［tri（3つ）＋enn（年）＋ial（形容詞）］から「3年に1度の」の意味に．オリンピックのように4年に1度行われるイベントは**quadrennial**で，［quadr（4つ）＋enn（年）＋ial（形容詞）］からきています．

訳語を考えよう！

Q1 **ann**(年)＋**uity**(名詞) → See annuity

A small annuity lets her travel.
少額の□で彼女は旅行ができる．

hint 1年に1回もらえるものって何？

Q2 **per**(通して)＋**enn**(年)＋**ial**(形容詞) → See perennial

He planted perennial roses in the garden.
彼は庭に□のバラを植えた．

hint 1年間を通してとは？

Q3 **ann**(年)＋**als**(本) → See annals

His achievements went down in the annals of Japanese history.
彼の業績は日本史に□された．

hint その年の本に残ることとは？

解答：**Q1** 年金　**Q2** 多年生　**Q3** 記録

annuity [ən(j)úːəti]

名 年金(制度)

語根 de 連想: 1年に1回もらうもの ← ann(年) + uity(名詞)

The old man receives a small annuity.
その老人は少額の年金を受け取っている.

perennial [pəréniəl]

形 多年生の，永続的な
名 多年生植物，長年続く物

語根 de 連想: 1年を通して ← per(通して) + enn(年) + ial(形容詞)

Mickey Mouse remains a perennial favorite.
ミッキーマウスは長年続いている人気者である.

annals [ǽn(ə)lz]

名 年代記，記録，…史

語根 de 連想: その年の本 ← ann(年) + als(本)

This is one of the most unusual cases in the annals of crime.
これは犯罪史上最も異常な事件の一つである.

annual [ǽnjuəl] **

形 年1回の，毎年の

annually 副 毎年，年に1回

語根 de 連想: 毎年の ← ann(年) + ual(形容詞)

The Japanese economy grew at an annual rate of 5%.
日本の経済は年5%の率で成長した.

biennial [baiéniəl]

形 2年に1度の

語根 de 連想: 2年の ← bi(2) + enn(年) + ial(形容詞)

There is a biennial art exhibition in Venice.
ベニスで2年に1度の美術展覧会がある.

centennial [senténiəl]

形 百周年の
名 百周年(祭)

語根 de 連想: 百年の ← cent(百) + enn(年) + ial(形容詞)

The city celebrated its centennial with a parade and fireworks.
その都市はパレードと花火で百年祭を祝った.

check1 check2 check3

003 arm＝武器, 腕

❶ track 3

アルマジロ
全身を**武器**のような甲羅で
覆われているのがarmadillo.

アラーム
敵襲を知らせる警報(alarm)は
[al(～の方へ)＋arm(武器)] から.
もともとは「**武器**を取れ！」の意味.

訳語を考えよう !

Q1 **arm**(武器)＋**ment**(名詞) → See **armament**

The UN Security Council adopted a resolution to ban armaments.
国連安全保障理事会は□を禁止する決議を採択した.

hint 武器を持った状態とは？

Q2 **dis**(～でない)＋**arm**(武器) → See **disarm**

Both sides must disarm before the peace talks.
双方は和平会談の前に□しなければならない.

hint 武器を持たないとは？

Q3 **arm**(武器)＋**stice**(やめる) → See **armistice**

The Korean Armistice Agreement was signed on July 27, 1953.
朝鮮の□協定は1953年7月27日に調印された.

hint 武器を持つことをやめるとは？

解答：**Q1** 軍備［兵器］ **Q2** 武装解除 **Q3** 休戦

○ **armament** 名 軍備，装備，兵器

[ɑ́ːrməmənt]

語根de連想　武器を身につけること　arm（武器）＋ ment（名詞）

The US is a leading seller of armaments.
アメリカは兵器の主要な売り手である.

○ **disarm** 動 武装解除する

[disɑ́ːrm]

disarmament 名 武装解除

語根de連想　武器を持たない　dis（～でない）＋ arm（武器）

The two nations agreed to disarm.
両国は武装解除に同意した.

○ **armistice** 名 休戦，停戦

[ɑ́ːrmistis]

語根de連想　武器を持つのをやめる　arm（武器）＋ stice（やめる）

The two nations signed an armistice.
両国は休戦に署名した.

○ *** **arm** 名 ［複数形で］武器　動 武装する，防備する

[ɑ́ːrm]

armed 形 武装した

語根de連想　原始時代の唯一の武器は腕であったことから

Police officers in the UK do not usually carry arms.
イギリスの警察官は普通，武器を持たない.

○ *** **army** 名 軍隊，陸軍

[ɑ́ːrmi]

語根de連想　武器を持ったもの　arm（武器）＋ y（名詞）

A captain in the navy ranks above a captain in the army.
海軍の長は陸軍の長より階級が上である.

○ **armor** 名 よろいかぶと，甲冑（かっちゅう），装甲　動 装甲する

[ɑ́ːrmər]

語根de連想　武装するためのもの　arm（武器）＋ or（もの）

A lot of armored cars are marching in the parade.
パレードでたくさんの装甲車が行進している.

check1 check2 check3

004 aster, astro, stella＝星

track 4

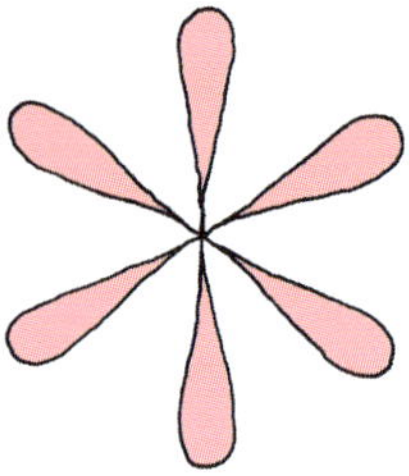

アステリスク
asteriskは
［小さな(isk)星(aster)］
のこと.

アストロドーム
地元ヒューストンにNASAがあることから,
宇宙飛行士(Astronauts)を縮めてアストロズ(Astros)となった
大リーグのHouston Astrosの本拠地がAstrodome球場.

Back to Roots

consider（よく考える）は, 星占いで, 星（sider）の動きをじっと見ることから.
desire（強く望む）は,［星(sire)の下（de）で］星が持ってくるものを待つことからきています.

訳語を考えよう！

Q1 **dis**(～でない)＋**aster**(星) → See **disaster**

The disaster killed more than 200 people.
その□□で200人以上が亡くなった.

hint 星の正常な動きが幸運をもたらすと考えられていたころ,
星に見放された状態とは？

Q2 **astro**(星)＋**nomy**(法則) → See **astronomy**

He majored in astronomy in college.
彼は大学で□□を専攻した.

hint 星の法則を研究する学問とは？

Q3 **con**(完全に)＋**stella**(星)＋**ion**(名詞) → See **constellation**

He likes observing constellations.
彼は□□を観察するのが好きです.

hint 星をじっくり見て, 浮かび上がってくるものとは？

解答：Q1 大惨事　Q2 天文学　Q3 星座

disaster 名 大惨事，災難
[dizǽstər]

disastrous 形 悲惨な，破滅を招く

語根de連想: 星に見放された — dis（～でない）+ aster（星）

The hurricane created a disaster.
そのハリケーンで大災害が生じた.

---

astronomy 名 天文学
[əstrɑ́nəmi]

astronomical 形 天文学的な

astronomer 名 天文学者

語根de連想: 星の法則 — astro（星）+ nomy（法則）

The cost of the new government project is astronomical.
政府の新しいプロジェクトの費用は天文学的なものである.

---

constellation 名 星座
[kɑ̀nstəléiʃən]

語根de連想: 星の動きをじっくり見ること — con（完全に）+ stella（星）+ ion（名詞）

The constellation of Orion can be seen in winter.
オリオン座は冬に見ることができる.

---

asteroid 名 小惑星
[ǽstərɔ̀id]

語根de連想: 星に似た — aster（星）+ roid（似た）

There are innumerable asteroids between Mars and Jupiter.
火星と木星の間には無数の小惑星がある.

---

astrology 名 占星術
[əstrɑ́lədʒi]

astrological 形 占星術の

語根de連想: 星の動きについて学ぶこと — astro（星）+ logy（学問）

Many people are interested in astrology.
占星術に興味を持っている人はたくさんいる.

---

astronaut 名 宇宙飛行士
[ǽstrənɔ̀ːt]

astronautics 名 宇宙航空学

語根de連想: 宇宙船に乗る人 — astro（星）+ naut（船員）

The astronauts trained two years in how to navigate their spacecraft.
宇宙飛行士たちは宇宙船の操縦方法の訓練を2年間受けた.

check1 check2 check3

005 aud, ey＝聴く

❶ track 5

オーディション
auditionで歌手や演奏者の実技を**聴いて**審査する.

オーディエンス
audienceは催し物やテレビの**聴衆・視聴者**.

オーディオ
audioは良質な音響を**聴く**ための仕組みのこと.

訳語を考えよう !

Q1 **ob**(～の方へ)＋**ey**(聴く) → See obey

All citizens must obey the law and be loyal to the Constitution.
すべての国民は法律に□い，憲法に忠実でなければならない.

hint 法律に耳を傾けるとは？

Q2 **dis**(～でない)＋**ob**(～の方へ)＋**ey**(聴く) → See disobey

He disobeyed his supervisor and was fired.
彼は彼の監督の言うことを□ず，首になった.

hint 監督の言うことに耳を傾けないとは？

Q3 **audit**(聴く)＋**rium**(場所) → See auditorium

The auditorium has a seating capacity of 800.
□には800人分の収容力がある.

hint 学生が授業を聴く場所とは？

解答：Q1 従　Q2 聴か　Q3 講義室

obey [oubéi,əbéi] 動 従う

語根 de 連想: ~に耳を傾ける ← ob (~の方へ) + ey (聴く)

obedient 形 従順な，素直な

obedience 名 従順

She is always obedient to her mother's wishes.
彼女は母親の意向にはいつも従順である.

disobey [dìsəbéi] 動 服従しない

語根 de 連想: ~に耳を傾けない ← dis (~でない) + ob (~の方へ) + ey (聴く)

disobedient 形 服従しない

disobedience 名 反抗，不従順

If you are disobedient, I'll send you home immediately.
もし，従わないなら，すぐに家に帰しますよ.

auditorium [ɔ̀:dətɔ́:riəm] 名 講義室，講堂，観客席

語根 de 連想: 聴く場所 ← audit (聴く) + rium (場所)

A large number of students gathered at the auditorium.
たくさんの学生が大講義室に集まった.

audit [ɔ́:dit] 名 会計検査 動 聴講する

語根 de 連想: 聴くこと ← audit (聴く)

I audited classes at the University of California.
私はカリフォルニア大学で授業を聴講した.

audition [ɔ:díʃən] 名 聴力，オーディション 動 オーディションをする

語根 de 連想: 聴くこと ← audit (聴く) + ion (名詞)

They auditioned for new members of the cast for 'Miss Saigon' yesterday.
昨日，『ミス・サイゴン』の新しい出演メンバーのオーディションがあった.

*** **audience** [ɔ́:diəns] 名 聴衆，観衆

語根 de 連想: 聴く人 ← audi (聴く) + ence (名詞)

The audience laughed and applauded.
聴衆は笑って拍手をした.

check1 check2 check3

006 bar＝棒, 横木

❶ track 6

バーコード

bar codeは，棒を並べたような模様の情報読み取りラベル.

バー

barの由来は，酒場の前に馬をつなぐ棒があったことから.

バーベキュー

barbecueは肉や野菜を木製台の横木に並べてあぶり焼きにする料理.

訳語を考えよう！

Q1 **em**(中に)＋**bargo**(横木) → See embargo

The US imposed a trade embargo on Iraq.
アメリカはイランに［　　　　］を科した.

hint イランに対して横木を置くとは？

Q2 **bar**(横木)＋**ster**(人) → See barrister

He is very busy as a barrister.
彼は［　　　］として多忙を極めている.

hint 法廷の横木にいる人とは？

Q3 **bar**(横木)＋**er**(もの) → See barrier

He overcame the language barrier.
彼は言葉の［　　］を乗り越えた.

hint 前に横たわっているものとは？

解答：Q1 通商禁止　Q2 弁護士　Q3 障害

embargo
[imbɑ́ːrgou]

動 出入港を禁止する，没収する
名 出入港禁止，通商禁止

語根 de 連想：中に横木を置く
em（中に）＋ bargo（横木）

They have put an embargo on imports of clothing.
彼らは衣料品の輸入を禁止した.

barrister
[bǽristər]

名 (法廷)弁護士

語根 de 連想：法廷の横木にいる人
bar（横木）＋ ster（人）

He practiced as a barrister for many years.
彼は何年も弁護士として開業していた.

*barrier
[bǽriər]

名 障害，防壁

語根 de 連想：横たわっているもの
bar（横木）＋ er（もの）

They fell in love in spite of the language barrier.
彼らは言葉の壁をものともせずに恋をした.

embarrass
[imbǽrəs]

動 困らせる，恥ずかしい思いをさせる

embarrassment 名 困惑

語根 de 連想：中に棒を置く
em（中に）＋ bar（棒）

The chair broke when I sat on it, so I was pretty embarrassed.
座った時に椅子が壊れてしまったので，かなり恥ずかしかった.

barrel
[bǽrəl]

名 樽，バレル

語根 de 連想：横木で作った小さな入れ物
bar（棒）＋ el（小さい）

Oil prices rose to $100 a barrel in 2008.
2008年，石油は1バレル100ドルに値上がりした.

debar
[dibɑ́ːr]

動 禁止する，除外する

語根 de 連想：並んでいる棒を外す
de（離れて）＋ bar（棒）

He was debarred from the club for unacceptable behavior.
彼は受け入れがたい行動でクラブから除外された.

check1 check2 check3

007 bat, beat＝たたく

❶ track 7

バット

batでボールを**たたく**.

ディベート

debateは［de（下に）＋bate（たたく）］から，
相手を**打ち倒す**まで「討論（する）」という意味に.

バッテリー＝電池

batteryは＋（プラス）と−（マイナス）が
打ち合うことから.

訳語を考えよう！

Q1 **bat**（たたく）＋**(t)le**（繰り返し） → See battle

The battle against racial discrimination is not over.
人種差別との□はまだ終わっていない.

hint 何度もたたくとは？

Q2 **com**（共に）＋**bat**（たたく） → See combat

To combat inflation, the government raised interest rates.
インフレと□ために，政府は利率を引き上げた.

hint みんなでインフレをたたくとは？

Q3 **a**（〜を）＋**bate**（たたく） → See abate

The barrier is designed to abate traffic noise.
その防壁は交通騒音を□ように設計されている.

hint 騒音をたたき落とすとは？

解答：Q1 闘い　Q2 闘う　Q3 和らげる

battle ***

[bǽtl]

名 戦争，闘争

語根 de 連想: 何度もたたくこと — bat + (t)le （たたく）（繰り返し）

battleship 名 戦艦

battlefield 名 戦場

Doctors were fighting a desperate battle to save the girl's life.
医師たちはその少女の命を救うために必死に闘っていた.

combat

[動 kəmbǽt]
[名 kάmbæt]

動 戦う
名 戦闘

語根 de 連想: たたき合う — com + bat （共に）（たたく）

combatant 名 戦闘員

The government is taking actions to combat drug abuse.
政府は薬物乱用と闘うための行動を起こしている.

abate

[əbéit]

動 減ずる，和らげる，無効にする

語根 de 連想: たたき落とす — a + bate （～を）（たたく）

The typhoon showed no signs of abating.
台風はおさまる兆しを見せなかった.

batter

[bǽtər]

動 乱打する，連打する

語根 de 連想: 何度もたたく — bat + (t)er （たたく）（繰り返し）

She battered at the door with her fists.
彼女は拳でドアを何度もたたいた.

rebate

[rí:beit]

動 割り引く
名 割引

語根 de 連想: たたき返す — re + bate （元に）（たたく）

I was given a rebate of $1,000 on the price of my new car.
私は新しい車の価格から1000ドル割り引いてもらった.

beat

[bi:t]

動 打つ，打ち負かす，かき混ぜる，泡立てる
名 打つこと，拍子，勝者

語根 de 連想: 続けてたたくことから

Beat the flour and milk together.
小麦粉と牛乳を一緒にかき混ぜてください.

008 cap＝頭

❶ track 8

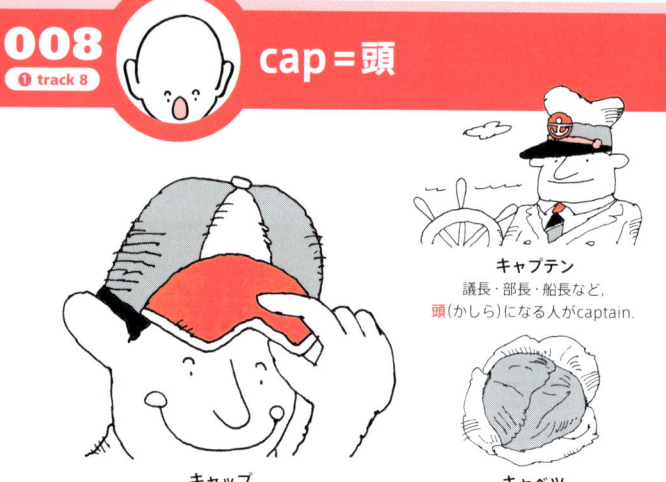

キャプテン
議長・部長・船長など，
頭(かしら)になる人がcaptain.

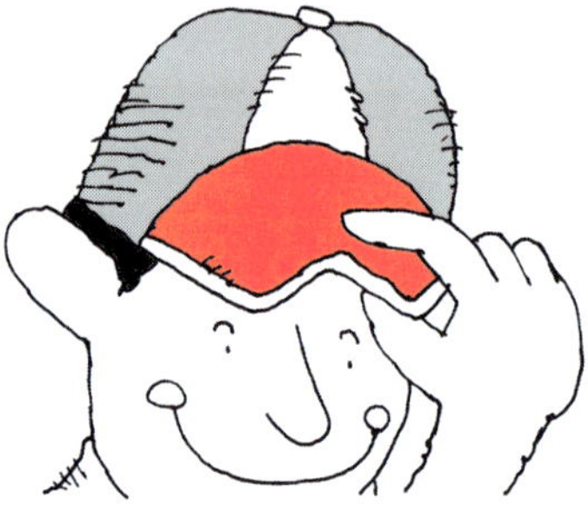

キャップ
頭にかぶる帽子はcap.

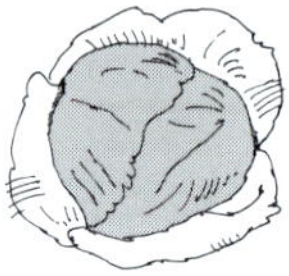

キャベツ
cabbageは，
人の頭の形に似ている野菜ということから.

Back to Roots

語根**cap**（頭）を持つ他の語には**caption**もあります．出版物では，「（新聞記事の）見出し・表題」や「（公式文書の）頭書き」の意味で使いますが，映画でキャプションといえば，「字幕」のことです．また，**cap**は形を変えて，**chief**（チーフ・長）や**chef**（シェフ・料理長）にもなり，さらに「牛の頭」の意味から**cattle**（牛・家畜）という単語が生まれました．

訳語を考えよう！

Q1 e(s)（外に）＋ cap（牛の頭）

→ See escape

Several prisoners have escaped from the jail.
数人の囚人が刑務所から□した．

hint 牛が柵の外に出るってどういうこと？

Q2 cap（頭）＋ tal（形容詞）

→ See capital

His business was started with a capital of $3,000.
彼の事業は□3000ドルで始められた．

hint 会社を設立する際に頭となる重要なものとは？

Q3 de（離れて）＋ cap（頭）＋ ate（動詞）

→ See decapitate

The guillotine decapitated French King Louis XVI.
フランス王・ルイ16世はギロチンで□を□られた．

hint 人の頭を切り離すとは？

解答：Q1 脱走　Q2 資本金　Q3 首，切

○ ***escape
[iskéip]

動 逃げる，逃れる
名 逃げること

語根de連想
牛が柵の外に出る
e(s) + cap
(外に)　(牛の頭)

There is no escape from taxes.
税金から逃れる道はない.

○ ***capital
[kǽpətl]

名 資本(金)，首都，大文字
形 重要な，大文字の

capitalism　名 資本主義

語根de連想
かつて牛の頭数ではかったもの
cap + tal
(頭)　(形容詞)

Write your name in capital letters.
大文字で名前を書きなさい.

○ decapitate
[dikǽpətèit]

動 首を切る

語根de連想
頭を切り離す
de + cap + ate
(離れて)　(頭)　(動詞)

The President's aim was to decapitate the terrorist.
大統領の目的はそのテロリストの首を落とすことだった.

○ *capable
[kéipəbl]

形 能力がある，～する可能性がある

capability　名 能力，才能
***capacity**　名 (受け入れ) 能力

語根de連想
頭に入ることができる
cap + able
(頭)　(～できる)

She is a very capable doctor.
彼女は非常に有能な医者である.

○ captive
[kǽptiv]

名 捕虜
形 捕虜になった，心を奪われた

captivate　動 魅惑する
***capture**　動 捕らえる，得る

語根de連想
頭を捕らえられた
cap + tive
(頭)　(形容詞)

The soldiers had been taken captive for five years.
兵士たちは5年間，捕虜になっていた.

○ capsize
[kǽpsaiz]

動 転覆する[させる]

語根de連想
頭を沈める
cap + size
(頭)　(沈める)

A ferry capsized in rough seas Sunday morning.
日曜の朝，フェリーが荒れた海で転覆した.

009 cede, cess =進む, 行く, 譲る①

① track 9

アクセサリー

accessoryは分解すると
[ac(〜の方へ)＋ces(行く)＋ory(総称)]で,
「体につけるもの」が原義.
本来, バッグ・帽子・手袋・靴・ベルト・ボタン・スカーフ
などの, 衣服以外の付属品を指す.
イヤリング・ブレスレット・ネックレス・指輪などの装飾品は
accessoryではなくornamentということが多い.

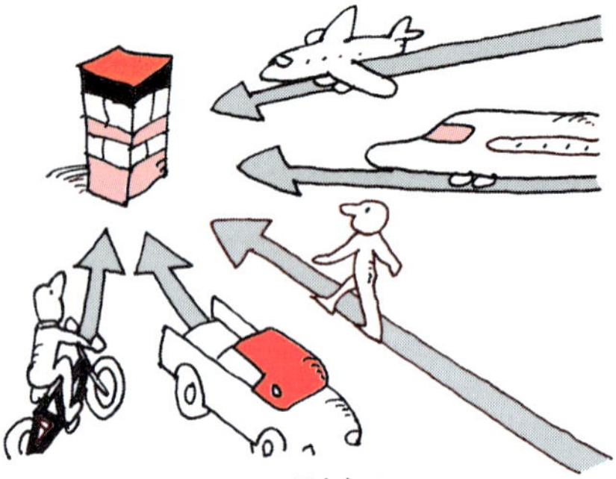

アクセス

accessは, どこかへ行くための接近手段.
たとえば, 羽田空港へのアクセスには
モノレールや電車などがある.
accessibleは「近づくことができる」,
inaccessibleは「近づくことができない」.

訳語を考えよう !

Q1 **ne**(〜でない)＋**cess**(譲る)＋**ity**(名詞) → See necessity

Necessity is the mother of invention.
□は発明の母である.

hint 譲ることのできないものとは?

Q2 **an**(先に)＋**ces**(逝く)＋**or**(人) → See ancestor

Lions and house cats evolved from a common ancestor.
ライオンと家ネコは共通の□から進化した.

hint 先に逝った人とは?

Q3 **ex**(外に)＋**cess**(行く) → See excess

His excesses shortened his life.
彼の□が命を縮めた.

hint 飲食が限度を超えて行くことってどんなこと?

解答: Q1 必要　Q2 祖先　Q3 暴飲暴食

necessity [nəsésəti] 名 必要(性), [複数形で] 必需品・不可欠なもの

語根de連想: 譲れないもの ← ne + cess + ity (～でない)(譲る)(名詞)

*** **necessary** 形 必要な

necessitate 動 必要とする

She regards music as one of life's necessities.
彼女は音楽を人生で必要なものの1つと考えている.

---

ancestor [ǽnsestər] 名 祖先, 先駆者

語根de連想: 先に逝った人 ← an + ces + or (先に)(逝く)(人)

ancestry 名 祖先, 家系, 家柄

The three species were evolved from a single ancestor.
その3つの種(しゅ)は1つの祖先から進化した.

---

* **excess** [iksés] 名 過度, 超過, 暴飲暴食

語根de連想: 限度を超えて行くこと ← ex + cess (外に)(行く)

exceed 動 超える, まさる

excessive 形 過度の, 行き過ぎた

Don't drink to excess.
飲み過ぎてはいけません.

---

recess [ríːses, risés] 名 休憩(時間), 休暇

語根de連想: 仕事から退くこと ← re + cess (後ろに)(行くこと)

After lunch, the kids have recess.
昼食後, 子供たちは休憩を取る.

---

incessant [insés(ə)nt] 形 絶え間ない, ひっきりなしの

語根de連想: 終わることのない ← 行ってしまうことがない ← in + cess + ant (～でない)(行く)(形容詞)

The town had to endure weeks of incessant bombing.
街は数週間の絶え間ない爆撃に耐えなければならなかった.

---

predecessor [prédəsèsər] 名 前任者, 前にあったもの

語根de連想: 前に離れて行った人 ← pre + de + cess + or (前に)(離れて)(行く)(人)

Mr. Smith is my predecessor as manager.
スミス氏は私の前任の支配人です.

check1 check2 check3

010 cede, cess =進む, 行く, 譲る ②

❶ track 10

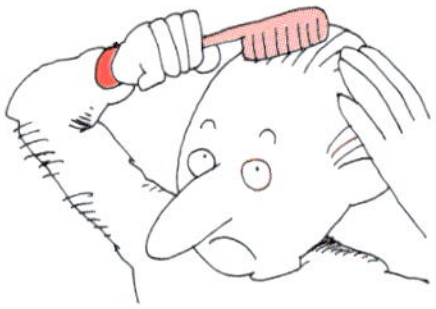

後退し，後ろに**行った**髪の毛の生え際はreceding hair.

プロシード
マラソンで，**前進している**先頭集団はproceed，集団から遅れて**後退している**ランナーはrecede．ひとりで先を**行く**「独走」の場合はexceed．

プロセスチーズ
processed cheeseは，いくつかの製造過程を**経て**作られたチーズのこと．

Back to Roots
「不景気」を表す**recession**と**depression**の違いは，前者が一時的景気“後退”を表すのに対して，後者は長期的な景気の“落ち込み”を表す点にあります．

訳語を考えよう！

Q1 **su(c)**（下に）＋**ceed**（進む） → See succeed

She **succeeded** her father as editor of the paper.
彼女は新聞の編集者として父親の□を＿＿＿．

hint 下に続いてその職業に進むとはどういうこと？

Q2 **se**（離れて）＋**cede**（行く） → See secede

Singapore **seceded** from the Federation of Malaysia.
シンガポールはマレーシア連邦から＿＿した．

hint 団体から離れて行くとは？

Q3 **re**（後ろに）＋**cede**（行く） → See recede

The flood waters began to **recede** from the field.
洪水は畑から＿＿はじめた．

hint 水が後ろに行くとは？

解答：**Q1** 後，継いだ　**Q2** 脱退　**Q3** 引き

○ ***succeed [səksíːd] 動 後を継ぐ，相続する，成功する

語根de連想 su(c)（下に）+ ceed（進む）→ 下に続いて行く

***success 名 成功

***successful 形 成功した，うまくいく

succession 名 連続，相続

successive 形 連続する

She succeeded in building the business.
彼女は事業の立ち上げに成功した．

○ secede [sisíːd] 動 脱退する

語根de連想 se（離れて）+ cede（行く）→ 離れて行く

secession 名 脱退，分離

By 1861, 11 states had seceded from the Union.
1861年までに11の州が合衆国から脱退した．

○ recede [risíːd] 動 後退する，遠ざかる

語根de連想 re（後ろに）+ cede（行く）→ 後ろに行く

*recession 名 (景気)後退

The siren receded into the distance.
サイレンの音が遠のいていった．

○ *proceed [prəsíːd] 動 進む，続ける

語根de連想 pro（前に）+ ceed（進む）→ 前進する

***process 名 過程

proceeding 名 進行，議事録

*procedure 名 過程

Please proceed to Gate 23 for boarding.
23番ゲートに進み搭乗してください．

○ concede [kənsíːd] 動 (しぶしぶ)認める，(権利を)与える・譲る

語根de連想 con（共に）+ cede（譲る）→ 譲り合う

He had to concede that he was wrong.
彼は自分が悪いと認めざるをえなかった．

○ precede [prisíːd] 動 先立つ，～より先に起こる，～より上位にある

語根de連想 pre（前に）+ cede（行く）→ 前を行く

precedence 名 先行，優先権

precedent 名 前例，判例
形 先行する

Nouns are often preceded by adjectives.
形容詞が名詞の前にくることがよくある．

check1 check2 check3

Q011 ceive, cept＝つかむ

❶ track 11

インターセプト
相手チームのパスを
途中で取ってしまうプレーのことを
interceptという.

レシーブ
相手選手のサーブを
受け取ることがreceive.

レシート
お店で会計を済ませて
受け取る領収書はreceipt.

Back to Roots

コンセプト(**concept**)とは, みんなが共通に“つかんでいる”もの. つまり,「概念·観念」のことです.

訳語を考えよう !

Q1 **de**(離す)＋**ceive**(つかむ) → See deceive

Her husband had been deceiving her for years.
彼女の夫は何年も彼女を[　　　]ていた.

hint 人から物を取るということは?

Q2 **per**(完全に)＋**ceive**(つかむ) → See perceive

I perceived her meaning right away.
私は彼女の言いたいことをすぐに[　　]した.

hint 相手の言うことを完全につかむということは?

Q3 **a(c)**(～の方へ)＋**cept**(つかむ) → See accept

We cannot accept children above the age of ten.
10歳以上の子供は[　　　　]られません.

hint つかんで自分の方に引き寄せるってどういうこと?

解答:**Q1** だまし　**Q2** 理解　**Q3** 受け入れ

deceive [disíːv] 動 だます

語根de連想: 人から物をつかむ ← de（離す）＋ ceive（つかむ）

deception 名 だますこと

deceit 名 いつわり

It was a deliberate attempt to deceive the public.
それは民衆をだます意図的な試みであった。

---

perceive [pərsíːv] 動 理解する，気づく，感じる

語根de連想: 完全につかむ ← per（完全に）＋ ceive（つかむ）

perception 名 知覚，理解(力)

I perceived something moving in the shadows.
何かが影の中で動いているのを感じた。

******accept*** [əksépt] 動 (快く)受け取る，受け入れる

語根de連想: 自分の方につかみ寄せる ← a(c)（～の方へ）＋ cept（つかむ）

acceptance 名 受諾，賛成

***acceptable** 形 満足できる，好ましい

He accepted the job of sales manager.
彼は販売部長の職を受け入れた。

---

reception [risépʃən] 名 受け入れること，受付，披露宴

語根de連想: 下がってつかむこと ← re（後ろに）＋ cept（つかむ）＋ ion（名詞）

Leave your keys at reception before departure.
出発前に受付に鍵を預けてください。

---

conceive [kənsíːv] 動 思いつく，想像する，妊娠する

語根de連想: 共に心に取り入れる ← con（共に）＋ ceive（つかむ）

conception 名 概念，考え

His wife is trying to conceive.
彼の妻は妊娠するよう試みている。

*****except** [iksépt] 前 ～以外に

語根de連想: つかみ出す ← ex（外に）＋ cept（つかむ）

***exception** 名 例外

exceptional 形 例外的な

Everyone is present except Bill.
ビル以外の全員が出席している。

check1 check2 check3

012 cel＝昇る, 速度

① track 12

アクセル
アクセル(accelerator)は自動車などの
速度を上げるための加速装置.

エクセル
「表計算ソフトのExcelを
使って仕事のスピードアップを図る」

訳語を考えよう !

Q1 **ex**(外に) + **cel**(昇る) → See excel

As a child he excelled at music and art.
子供の頃, 彼は音楽と美術に□ていた.

hint 音楽と美術で通常より外に昇っているとは?

Q2 **a(c)**(～の方へ) +**cel**(速度) + **ate**(動詞) → See accelerate

The company has accelerated the plan.
その会社は計画を□した.

hint 計画の方へ速度を向かわせるとは?

Q3 **de**(下に) + **cel**(速度) + **ate**(動詞) → See decelerate

The driver decelerated at the sight of the police car.
運転手は警察の車を見て□した.

hint 速度を下の方にするとは?

解答: Q1 秀で　Q2 加速　Q3 減速

excel
[iksél]

動 秀でている

語根 de 連想: そびえ立つ ↑ **ex** ＋ **cel** (外に) (昇る)

She excels in playing the clarinet.
彼女はクラリネットの演奏に秀でている.

accelerate
[əksélərèit]

動 加速する, 時期を早める

acceleration 名 加速

語根 de 連想: 上に向かって速度を増す ↑ **a(c)** ＋ **cel** ＋ **ate** (〜の方へ) (速度) (動詞)

Inflation continues to accelerate.
インフレは加速し続けている.

decelerate
[diːsélərèit]

動 減速する

deceleration 名 減速

語根 de 連想: 速度を下げる ↑ **de** ＋ **cel** ＋ **ate** (下に) (速度) (動詞)

Economic growth decelerated sharply in August.
8月に経済成長は急速に減速した.

**excellent
[éks(ə)lənt]

形 優れた, 優秀な

excellence 名 優秀さ

語根 de 連想: そびえ立っている ↑ **ex** ＋ **cel** ＋ **ent** (外に) (昇る) (形容詞)

He can speak excellent Spanish.
彼は素晴らしいスペイン語を話すことができる.

culminate
[kʌ́lmənèit]

動 最高潮に達する, 結果的に〜になる

culmination 名 最高点, 絶頂

語根 de 連想: 昇りつめる ↑ **culmin** ＋ **ate** (昇る) (動詞)

Their years of hard work culminated in success.
彼らの長年にわたる努力はついに成功した.

celerity
[səlérəti]

名 速度, 機敏

語根 de 連想: そびえること ↑ **cel** ＋ **ity** (速度) (名詞)

The cat was running with astonishing celerity.
そのネコは驚くべき速さで走っていた.

check1 check2 check3

013 center, centri＝中心

① track 13

センター
野球のcenterは
中央の守備位置.

エキセントリック
輪の**中心**より外にいる変わり者は
eccentricな人.

訳語を考えよう !

Q1 **e(c)**(外に)＋**center**(中心)＋**ic**(形容詞) → See eccentric

Our neighbor is an **eccentric** woman who has about 30 cats.
隣人は約30匹のネコを飼っている［　　　］な女性だ.

hint 中心から離れた所にいる人とは？

Q2 **con**(共に)＋**center**(中心)＋**ate**(動詞) → See concentrate

Italian industry is concentrated mainly in the north.
イタリアの産業は主に北部に［　］している.

hint 北部に中心があるとは？

Q3 **de**(離れて)＋**center**(中心)＋**ize**(動詞) → See decentralize

After the revolution, food distribution was **decentralized**.
革命後，食品流通は［　］された.

hint 流通経路が中心から離れるとは？

解答：Q1 風変わり　Q2 集中　Q3 分散

eccentric [ikséntrik] 形 風変わりな 名 変わり者

eccentricity 名 風変わり，奇抜

語根 de 連想: 中心から外にいる
e(c)（外に）＋ center（中心）＋ ic（形容詞）

Most people considered him a harmless eccentric.
たいていの人たちは彼を害のない変わり者と考えていた.

---

*concentrate [kánsəntrèit] 動 集中させる，集中する

*concentration 名 集中(力)

語根 de 連想: 同じ中心に向かう
con（共に）＋ center（中心）＋ ate（動詞）

He cannot make himself concentrate for a long time.
彼は長時間集中することができない.

---

decentralize [diːséntrəlàiz] 動 分散させる，分散する

decentralization 名 分散化

語根 de 連想: 集中しない
de（離れて）＋ center（中心）＋ ize（動詞）

China's ruling party seeks to decentralize power.
中国の与党は権力を分散化しようとしている.

---

centralize [séntrəlàiz] 動 集中させる，集中する

centralization 名 集中化，中央集権

***central 形 中心の，主要な

語根 de 連想: 中心になる
center（中心）＋ ize（動詞）

The law centralized control over the banking industry.
その法律によって銀行業への管理を集中させた.

---

egocentric [ègouséntrik,ìːg-] 形 自己中心的な，利己的な 名 自己中心的な人

egocentricity 名 自己中心

語根 de 連想: 自分が中心の
ego（自分）＋ center（中心）＋ ic（形容詞）

She is an egocentric woman.
彼女は自己中心的な女性だ.

---

centripetal [sentrípitl] 形 求心的な，求心性の

語根 de 連想: 中心に力が集まる
centri（中心の）＋ pet（求める）＋ al（形容詞）

They had no choice but to obey centripetal force.
彼らは求心力に従わざるを得なかった.

check1 check2 check3

014 cla(i)m＝叫ぶ

❶ track 14

エクスクラメーション・マーク
感嘆の**叫び**を表した記号が
感嘆符 (exclamation mark).

クレーム
claimは**声を上げる**,
つまり「主張する」こと.
日本語で使われる「クレームをつける」
のように「文句を言う」という意味はない.

訳語を考えよう！

Q1 a(c)(～の方へ)＋claim(叫ぶ) → See acclaim

Many art critics **acclaimed** his work.
多くの美術評論家が彼の作品を□した.

✲hint　彼の作品に向かって叫ぶとは？

Q2 pro(前で)＋claim(叫ぶ) → See proclaim

The President **proclaimed** the republic's independence.
大統領はその共和国の独立を□した.

✲hint　大統領が国民の前で叫ぶとは？

Q3 re(元に)＋claim(叫ぶ) → See reclaim

He tried to **reclaim** the championship that he lost in 2012.
彼は2012年に失ったタイトルを□そうとした.

✲hint　タイトルを元の場所に移すとは？

解答：Q1 称賛　Q2 宣言　Q3 取り戻

acclaim [əkléim] 動 称賛する，歓迎して迎える，認める

acclamation 名 拍手喝采，賛成

語根de連想：～に向かって叫ぶ ← a(c)（～の方へ）＋ claim（叫ぶ）

He was acclaimed the world's greatest pianist.
彼は世界でもっとも優れたピアニストとして称賛された．

proclaim [proukléim] 動 宣言する

proclamation 名 宣言

語根de連想：大勢の人たちの前で叫ぶ ← pro（前で）＋ claim（叫ぶ）

They proclaimed that he was a terrorist.
彼らは彼をテロリストだと宣言した．

reclaim [rikléim] 動 返還を要求する，埋め立てる

reclamation 名 埋め立て，返還要求

語根de連想：呼び戻す ← re（元に）＋ claim（叫ぶ）

It is necessary to reclaim land from the sea because Japan is very small.
日本はとても狭いので海を埋め立てて陸地にする必要がある．

exclaim [ikskléim] 動 （大声で）叫ぶ，驚嘆する

exclamation 名 感嘆，叫び声

語根de連想：外に向かって叫ぶ ← ex（外に）＋ claim（叫ぶ）

She exclaimed with delight when she saw the baby.
彼女は赤ちゃんを見て，大喜びで叫んだ．

clamor [klǽmər] 名 騒ぎ，（大きな）叫び 動 騒ぎ立てる

clamorous 形 騒々しい

語根de連想：叫ぶこと ← clam（叫ぶ）＋ or（名詞）

The clamor for her resignation grew louder.
彼女の辞任を求める声がますます大きくなった．

disclaim [diskléim] 動 拒否する，打ち消す，放棄する 名 否認，放棄

語根de連想：～でないと叫ぶ ← dis（～でない）＋ claim（叫ぶ）

She disclaimed any responsibility for her daughter's actions.
彼女は娘の行動に対する責任を放棄した．

check1 check2 check3

Q015 clim, clin＝傾き

❶ track 15

クライマックス

climax は**立てかけた**はしごを登り詰めた頂点.

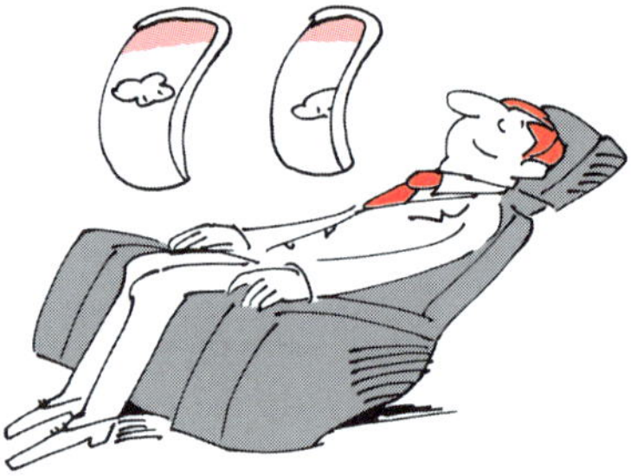

リクライニング・シート

reclining seat は背もたれの**傾き**を調節できる座席.

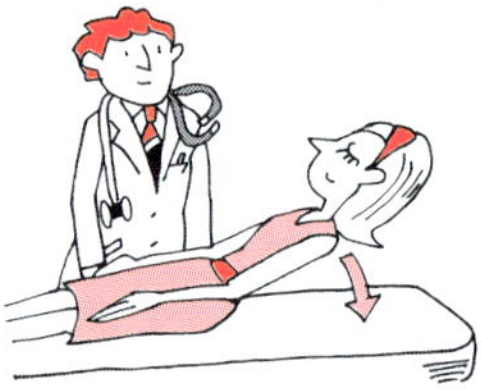

クリニック

clinicは診察しやすいように体を**傾けられる**寝台のある診療所.

訳語を考えよう！

Q1 de（下に）＋ cline（傾く） → See decline

Computer sales declined 2.1 percent this year.
今年のコンピュータの販売が2.1％□した.

✻hint　販売が2.1％下に傾くとは？

Q2 in（中に）＋ cline（傾く） → See incline

Lack of money inclines many young people toward crime.
お金がないと多くの若者は犯罪に走る□がある.

✻hint　犯罪の方へ気持ちが傾くとは？

Q3 re（後ろに）＋ cline（傾く） → See recline

She was reclining on a sofa.
彼女はソファーに□になっていた.

✻hint　背中を後ろに傾かせるとは？

解答：Q1 下落　Q2 傾向　Q3 横

decline * [dikláin]

動 衰える，下落する，丁重に断る
名 衰退

語根 de 連想: 下に傾く — de + cline （下に）（傾く）

The first signs of economic decline became visible.
経済衰退の初期の兆しが目に見えてきた.

incline * [inkláin]

動 気にさせる，傾向がある

語根 de 連想: 中に気持ちが傾く — in + cline （中に）（傾く）

inclination 名 好み，意向，傾向

I am inclined to agree with your opinion.
あなたの意見に同意したい.

recline [rikláin]

動 寄りかかる，もたせかける

語根 de 連想: 後ろに傾く — re + cline （後ろに）（傾く）

Don't recline on your elbows at the table.
テーブルに肘をついてはいけない.

client * [kláiənt]

名 依頼人，顧客

語根 de 連想: もたれかかる人 — cli + ent （傾く）（人）

We offer only the best to our clients.
私たちは顧客には最良のものしか提供いたしません.

climate ** [kláimət]

名 気候，風土，傾向

語根 de 連想: 赤道から両極への傾き

climatic 形 気候の，風土の

Britain's wet climate doesn't agree with me.
イギリスの湿った気候は私の体質に合わない.

acclimate [ǽkləmèit]

動 慣れる，慣らす

語根 de 連想: 気候に慣れる — a(c) + climate （～の方へ）（気候）

acclimatization 名 慣れること

Arrive two days early in order to acclimate.
慣れるために2日早く到着しなさい.

check1 check2 check3

016 close, clude = 閉じる

❶ track 16

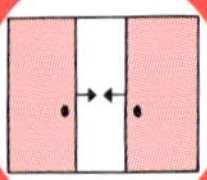

クロスゲーム
close gameとは,
実力が近いために拮抗した試合,
つまり接戦のこと.

クローゼット
closetは,
[小さく(et)閉じられた(close)もの].
つまり,「押し入れ・収納庫」を指す.

クローザー
野球で,最後に投げて
試合を締めくくる投手を
closerという.

訳語を考えよう !

Q1 **dis**(～でない) + **close**(閉じる) → See disclose

He disclosed new information on the project.
彼はその計画に関する新しい情報を□した.

hint 閉じないで見せるということは?

Q2 **con**(完全に) + **clude**(閉じる) → See conclude

The assembly concluded with the school song.
集会は校歌で□した.

hint 完全に閉じた状態にするとは?

Q3 **ex**(外に) + **clude**(閉じる) → See exclude

You'd better exclude fat from your diet.
あなたの食事から脂肪分を□したほうがいい.

hint 入ろうとするものを締め出すとは?

解答:Q1 発表[暴露]　Q2 終了　Q3 除外

○ **disclose** 動 発表する，暴露する
[disklóuz]

語根 de 連想: 閉じないで見せる ← dis（～でない）+ close（閉じる）

disclosure 名 発表，暴露

He refused to disclose the identity of the politician.
彼はその政治家の身元を明かすことは拒否した.

○ *__conclude__ 動 結論を下す，決着をつける，終わる
[kənklúːd]

語根 de 連想: 完全に閉じる ← con（完全に）+ clude（閉じる）

*__conclusion__ 名 結論，結末
conclusive 形 決定的な

The committee concluded that the school should be closed.
委員会はその学校は閉鎖されるべきであるとの結論を出した.

○ **exclude** 動 除外する，締め出す
[iksklúːd]

語根 de 連想: 外へ閉め出す ← ex（外に）+ clude（閉じる）

exclusion 名 除外，排除
exclusive 形 排他的な，独占的な

The Catholic church continues to exclude women from the priesthood.
カトリック教会はいまだに女性を神父の職から除外している.

○ **enclose** 動 囲む，同封する
[inklóuz]

語根 de 連想: 閉じ込める ← en（中へ）+ close（閉じる）

enclosure 名 包囲，同封

I enclose a check for $200 in this envelope.
200ドルの小切手を同封します.

○ ***__include__ 動 含む
[inklúːd]

語根 de 連想: 閉じて中に入れる ← in（中に）+ clude（閉じる）

inclusive 形 含んだ
*__including__ 前 ～を含めて

The price for the hotel includes breakfast.
ホテルの料金には朝食が含まれている.

○ **secluded** 形 人里離れた
[siklúːdid]

語根 de 連想: 閉じて引き離された ← se（離れて）+ clude（閉じる）+ ed（～される）

seclusion 名 脱退，分離

We drove to a secluded spot in the country.
私たちは田舎の人里離れた所までドライブした.

check1 check2 check3

017 cor(d)＝心

① track 17

レコード
recordの原義は
［re（再び）＋cord（心）に帰る］.
心に何度も呼び戻すもの,
つまり, 記憶しておくために
書き留めておかなければならないもののこと.
そこから「記録（する）」という意味が生まれた.
記録するものが音なら「録音する」,
映像なら「録画する」ことを指す.

コード
バイオリンの心を打つ
chordは「和音」.

コンコルド
機体と空が一体になる
超音速機コンコルド（Concorde）は,
concord「一致・調和・協和音」を意味し,
その反意語がdiscord（不一致・不和・不協和音）.

訳語を考えよう！

Q1 **core** → See core

He lies, steals, and is rotten to the core.
彼は嘘をつくし, 盗みもするし, □まで腐っている.

*hint 果実の中心の部分とは？

Q2 **a(c)**（～の方へ）＋ **cord**（心） → See accord

Management and labor are in complete accord.
労使は完全に意見が□している.

*hint 心を一つの方向へ向けるってどんなこと？

Q3 **cour**（心）＋ **age**（状態） → See courage

He fought the disease with courage and determination.
彼は□と決意を持って病気と闘った.

*hint 危険に立ち向かう際に心に持つべきものは？

解答：Q1 芯　Q2 一致　Q3 勇気

core [kɔːr]
名 (リンゴ，ナシなどの)芯，中心(部)，核心，中核

語根de連想: 果実や物事の中心 ← core (芯)

It took quite a while to get to the core of the problem.
問題の核心に入るまでにかなり時間がかかった.

** **accord** [əkɔ́ːrd]
名 一致，協定
動 一致する

accordance 名 一致

** **according** 副 ～によれば，～に従って

語根de連想: 心を一つの方向へ向ける ← a(c) (～の方へ) + cord (心)

According to today's weather forecast, it will be rainy this evening.
今日の天気予報によれば，今晩は雨でしょう.

** **courage** [kə́ːridʒ]
名 勇気

courageous 形 勇気のある，勇敢な

語根de連想: 人間が本来持っている心の状態 ← cour (心) + age (状態)

Have the courage to be honest with yourself.
自分自身に正直になる勇気を持ちなさい.

** **encourage** [inkə́ːridʒ]
動 勇気づける，促す

語根de連想: 勇気を持たせる ← en (～にする) + courage (勇気)

I encouraged my daughter to go to college.
私は娘に大学へ進学することを促した.

---

discourage [diskə́ːridʒ]
動 落胆させる，思いとどまらせる，阻止する

語根de連想: 勇気を失わせる ← dis (～しない) + courage (勇気)

Higher taxes are likely to discourage investment.
税金が上がると投資が抑制される傾向がある.

---

cordial [kɔ́ːrdʒəl]
形 心からの，思いやりのある

語根de連想: 心の ← cord (心) + ial (形容詞)

Everyone in the class was cordial to each other.
クラスの誰もがお互いに思いやりを持っていた.

check1 check2 check3

018 cover＝覆う，隠す

❶ track 18

カバー
化粧で**覆って**しみをカバー(cover)する.

リカバー
recover＝「回復」は,
欠けた部分を
覆って取り戻すこと.

ディスカバー
覆いを取って中を見るdiscoverは「発見する」.

訳語を考えよう !

Q1 re(再び)＋cover(覆う) → See recover

It took half a year for her to recover her health.
彼女が健康を[　　]すのに半年かかった.

*hint 体の欠けた部分を再び覆うとは？

Q2 dis(～でない)＋cover(覆う) → See discover

The Pluto was discovered in 1930.
冥王星は1930年に[　]された.

*hint 冥王星にかぶせられていた覆いを取り除くとは？

Q3 un(～でない)＋cover(覆う) → See uncover

This research will help uncover the origin of the universe.
この調査は宇宙の起源を[　　]にするのに役立つだろう.

*hint 宇宙起源の秘密の覆いを取るとは？

解答：Q1 取り戻　Q2 発見　Q3 明らか

**recover [rikʌ́vər] ** 動 回復する，取り戻す

語根de連想: re（再び）+ cover（覆う）→ 再び欠けた部分を覆う

**recovery * ** 名 回復，取り戻すこと

He has recovered from his bad cold.
彼はひどい風邪から回復した.

---

discover [diskʌ́vər] * ** 動 発見する，気づく

語根de連想: dis（～でない）+ cover（覆う）→ 覆いを取り除く

**discovery ** ** 名 発見

She discovered that her jewels were all missing.
彼女は自分の宝石がすべてなくなっていることを発見した.

---

uncover [ʌnkʌ́vər] 動 覆いを取る，暴露する，明らかにする

語根de連想: un（～でない）+ cover（覆う）→ 「覆う」の反対

A search of their luggage uncovered two pistols.
彼らの荷物をチェックしたらピストルが2丁見つかった.

---

covert [kóuvərt] 形 隠された，秘密の

語根de連想: cover（覆う）+ t（される）→ 覆われた

overt 形 隠し立てのない，明白な

He was responsible for all covert operations outside of the US.
彼はアメリカ以外の国での秘密の作戦すべてに責任があった.

---

curfew [kə́ːrfjuː] 名 夜間外出禁止令，外出禁止時刻，門限

語根de連想: cur（cover＝覆う）+ few（fire＝火）→ 火を消せ

Get back before curfew.
門限までに戻りなさい.

---

coverage [kʌ́v(ə)ridʒ] 名 放送範囲，(新聞の)紙面，報道，補償範囲

語根de連想: cover（覆う）+ age（名詞）→ 覆う状態

Whenever the politician speaks, there is a lot of coverage in the press.
その政治家が演説するといつも新聞に大きく報道される.

019 cre, cru＝生む，成長する

❶ track 19

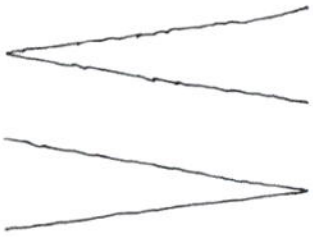

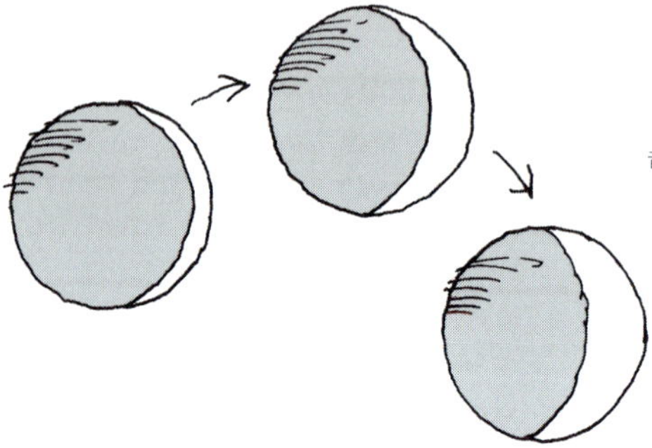

クレッシェンド／デクレッシェンド
音楽用語で「だんだん強く」はcrescendo,
「だんだん弱く」はdecrescendo.

クレセント
これから成長して，次第に大きくなっていく月は三日月(crescent).
ちなみに，フランス語からきているクロワッサン(croissant)は，
三日月形であることから，英語ではcrescent rollという.

コンクリート
固まって，やがて巨大なビルに
成長することから，concreteには
「固める，具体的な」の意味が生まれた.

Back to Roots

休養や保養を意味するレクリエーション(recreation)は[re(再び)＋create(創造する)]から，「仕事の後の元気回復」が原義です.

訳語を考えよう！

Q1 **in**(上に)＋**crease**(成長する) → See increase

The price of rice has increased by 20%.
米の価格が20%□した.

hint どんどん上に成長するとは？

Q2 **de**(下に)＋**crease**(成長する) → See decrease

His salary decreased from $600 to $500.
彼の給料は600ドルから500ドルに□.

hint 下に成長するとは？

Q3 **re**(再び)＋**cruit**(成長する) → See recruit

It's getting more difficult to recruit experienced staff.
経験のあるスタッフを□するのはより難しくなっている.

hint 社員を増やすこととは？

解答：Q1 上昇［増加］　Q2 減った　Q3 採用

*** increase

[動inkríːs]
[名ínkriːs]

動 増加する
名 増加

語根de連想: 上に成長する ← in（上に）＋ crease（成長する）

A good advertising campaign will increase our sales.
広告キャンペーンがうまくいけば，売り上げは増えるでしょう.

* decrease

[動dikríːs]
[名díːkriːs]

動 減少する
名 減少

語根de連想: 下に成長する ← de（下に）＋ crease（成長する）

Average house prices decreased by 8% last year.
昨年，住宅の平均価格が8％減少した.

*** recruit

[rikrúːt]

動 新しく入れる，採用する
名 新入社員

語根de連想: 再び増やす ← re（再び）＋ cruit（成長する）

Many workers were recruited from the local colleges.
多くの労働者が地元の大学から採用された.

*** create

[kriéit]

動 創造する

語根de連想: 成長させる ← cre（成長する）＋ ate（動詞）

* creation — 名 創造
* creative — 形 創造的な
* creature — 名 生物

God created the heaven and the earth.
神が天地を創造した.

** crew

[kruː]

名 乗組員，乗務員

語根de連想: 船や飛行機を成長させるもの ← crew（成長する）

None of the passengers and crew was injured.
怪我をした乗客や乗組員は一人もいなかった.

accrue

[əkrúː]

動（権力・利益が）生じる，増える

語根de連想: ～の方へ向かって大きくなる ← a(c)（～の方に）＋ crue（成長する）

Interest accrues to my savings account monthly.
1か月ごとに私の貯金通帳に利子が付く.

check1 check2 check3

020 cro, cru＝十字, 曲げる

❶ track 20

クロスワード・パズル
縦横のマスに十字に埋めていくパズルはcrossword puzzle.

サザンクロス
南十字星はSouthern Cross.

クラウチングスタート
crouching startは，両手をついて腰を曲げた状態からスタートする.

Back to Roots

across the street(通りの向こうに)は，通りを“十字”に切った向こう側，**cross the street**(道を渡る)は道を“十字”に横切ることから．語源は異なりますが，**creek**は，“曲がった”ことを連想させる「入り江」，**crooked**は「曲がった」という意味の形容詞です．

訳語を考えよう！

Q1 **cross**(十字)＋**road**(道) → See crossroad

Turn right at the next crossroads.
次の［　　］で右に曲がりなさい．

hint 道が十字になっている所とは？

Q2 **cruc**(十字)＋**ial**(形容詞) → See crucial

Winning this contract is crucial to the success of the company.
この契約を勝ち取ることは会社の成功には［　　］である．

hint 十字架はキリスト教の信者にとってどんなもの？

Q3 **cruc**(十字)＋**ify**(動詞) → See crucify

He crucified me for staying out till midnight.
彼は私が夜中の12時まで外出していたことを［　　］た．

hint 十字架にはりつけるとは？

解答：Q1 交差点［十字路］ Q2 不可欠 Q3 責め

crossroad [krɔ́(ː)sròud]

名 十字路，交差点，岐路

語根de連想: 十字の道 ← cross (十字) + road (道)

At age 60, she is at a crossroad about whether to retire or keep on working.
60歳になって彼女は退職するか働き続けるかの岐路に立っている.

---

crucial [krúːʃəl]

形 決定的な，命に関わる，不可欠な

語根de連想: キリストが十字架にはりつけられた ← cruc (十字) + ial (形容詞)

It is crucial that we should deal with the problem immediately.
その問題にすぐに対処することが不可欠である.

---

crucify [krúːsəfài]

動 はりつけにする，責め苦しめる，酷評する

crucifixion

名 はりつけ

語根de連想: 十字架にする ← cruc (十字) + ify (動詞)

If the newspaper finds out, he'll be crucified.
もし新聞社が真相を知れば，彼は糾弾されるでしょう.

---

cruise [kruːz]

動 巡遊する，巡航する

語根de連想: 十字を描く ← cru (十字) + ise (動詞)

They cruised down the Nile.
彼らはナイル川を巡遊した.

---

crusade [kruːséid]

名 十字軍，改革運動，キャンペーン

語根de連想: 十字架の印のついたもの ← cru (十字) + ade (状態)

They have long been involved in a crusade for racial equality.
彼らはずっと前から人種的な平等を求めるキャンペーンに関わっている.

---

crouch [krautʃ]

動 かがむ

語根de連想: 腰を曲げる ← cro (曲げる)

The lion was crouching in the bushes.
そのライオンは藪(やぶ)で身をかがめていた.

check1 check2 check3

語源de腕試し 1

1

次の単語の意味を下の語群から選びましょう.

1. cordial (　　) 2. astronomical (　　) 3. crucial (　　) 4. capital (　　)
5. alternate (　　) 6. perennial (　　) 7. disobedient (　　) 8. overt (　　)
9. eccentric (　　) 10. centripetal (　　)

ア 思いやりのある　イ 不可欠な　ウ 服従しない　エ 風変わりな　オ 重要な
カ 求心的な　キ 1つおきの　ク 永続的な　ケ 明白な　コ 天文学的な

2

次の①～⑩の(　　)に入る単語を下の語群から選びましょう.

①After lunch, the kids have (　　).
昼食後, 子供たちは休憩を取る.

②Get back before (　　).
門限までに戻りなさい.

③The old man receives a small (　　).
その老人は少額の年金を受け取っている.

④There is no (　　) from taxes.
税金から逃れる道はない.

⑤We offer only the best to our (　　).
私たちは顧客には最良のものしか提供いたしません.

⑥The cat was running with astonishing (　　).
そのネコは驚くべき速さで走っていた.

⑦The three species were evolved from a single (　　).
その3つの種（しゅ）は1つの祖先から進化した.

⑧It took quite a while to get to the (　　) of problem.
問題の核心に入るまでにかなり時間がかかった.

⑨Don't drink to (　　).
飲み過ぎてはいけません.

⑩The (　　) for her resignation grew louder.
彼女の辞任を求める訴えがますます大きくなった.

ア clamor　イ excess　ウ annuity　エ ancestor　オ core
カ celerity　キ recess　ク escape　ケ clients　コ curfew

解答

1　1. ア　2. コ　3. イ　4. オ　5. キ　6. ク　7. ウ　8. ケ　9. エ　10. カ
2　①キ　②コ　③ウ　④ク　⑤ケ　⑥カ　⑦エ　⑧オ　⑨イ　⑩ア

3 次の単語の意味を下の語群から選びましょう．

1. disaster (　　) 2. captive (　　) 3. predecessor (　　)
4. crossroad (　　) 5. courage (　　) 6. accord (　　) 7. embargo (　　)
8. armament (　　) 9. battlefield (　　) 10. inclination (　　)

ア 勇気　イ 交差点　ウ 一致　エ 好み　オ 前任者
カ 戦場　キ 捕虜　ク 軍備　ケ 大惨事　コ 出入港禁止

4 次の英文の(　　)内の単語を完成させましょう．

①He had to (con□□□□) that he was wrong.
彼は自分が悪いと認めざるをえなかった．

②It was a deliberate attempt to (de□□□□□) the public.
それは民衆をだます意図的な試みであった．

③The President's aim was to (□□cap□□□□ed) the terrorist.
大統領の目的はそのテロリストの首を落とすことだった．

④They (pro□□□□□ed) that he was a terrorist.
彼らは彼をテロリストだと宣言した．

⑤He (dis□□□□ed) new information on the project.
彼はその計画に関する新しい情報を暴露した．

⑥A search of their luggage (un□□□□□ed) two pistols.
彼らの荷物をチェックしたらピストルが２丁見つかった．

⑦She (ex□□□□□ed) with delight when she saw the baby.
彼女は赤ちゃんを見て，大喜びで叫んだ．

⑧The flood waters began to (re□□□□) from the field.
洪水は畑から引き始めた．

⑨Economic growth (de□□□□□□□□d) sharply in August.
8月に経済成長は急速に減速した．

⑩She (□□□□□□ed) at the door with her fists.
彼女は拳でドアを何度もたたいた．

解答

3　1. ケ　2. キ　3. オ　4. イ　5. ア　6. ウ　7. コ　8. ク　9. カ　10. エ

4　① (con)cede　② (de)ceive　③ de(cap)itat(ed)　④ (pro)claim(ed)　⑤ (dis)clos(ed)
⑥ (un)cover(ed)　⑦ (ex)claim(ed)　⑧ (re)cede　⑨ (de)celerate(d)　⑩ batter(ed)

021 cur, cour, cor＝流れる, 走る

❶ track 21

コンクール
concoursはフランス語で
共に走って競うこと.
英語ではcontestやcompetitionを
使うのが一般的.

ハイキング・コース
森の中を走る道筋は
hiking course.

Back to Roots

駅の中央広場(**concourse**)は人の“流れ”が多く，みんなが集まる場所. あちこちを“走り回って”行う講演や講話は**discourse**. 人と人の間によい空気が“流れている”こと，つまり「交流」は**intercourse**です.

訳語を考えよう！

Q1 **ex**(外に)＋**curs**(走る)＋**ion**(名詞) → See **excursion**

We're going on an excursion to Nikko tomorrow.
私たちは明日，日光に□に行きます.

hint 学校の外に向かってみんなで歩いて行くことってどんな行事？

Q2 **cur**(流れる)＋**ency**(名詞) → See **currency**

Tourism is the country's biggest foreign currency earner.
観光産業はその国において□を獲得するもっとも大きな産業である.

hint 経済活動に流れるものって何？

Q3 **re**(後ろに)＋**course**(流れる) → See **recourse**

His wife made a complete recovery without recourse to surgery.
彼の妻は外科手術に□らずに完治した.

hint 後ろにもたれかかるものとは？

解答：Q1 遠足　Q2 外貨　Q3 頼

excursion
[ikskə́ːrʒən]

名 遠足，小旅行

語根 de 連想
外に向かって走ること
ex + curs + ion
(外に) (走る) (名詞)

The tour includes a three-day excursion to Disneyland.
そのツアーにはディズニーランドへの3日間の小旅行が含まれている.

currency
[kə́ːrənsi]

名 通貨，流通

語根 de 連想
流れているもの
cur + ency
(流れる) (名詞)

*** **current**
形 今の，通用している
名 流れ

They were rowing against the current.
彼らは流れに逆らって船をこいでいた.

recourse
[ríːkɔːrs]

名 頼み(の綱)，頼ること

語根 de 連想
もたれかかる
re + course
(後ろに) (流れる)

Surgery may be the only recourse.
手術しか頼るものがないかもしれない.

** occur
[əkə́ːr]

動 起こる，発生する

語根 de 連想
流れて来る
o(c) + cur
(～の方へ) (流れる)

occurrence
名 発生，出来事

The accident occurred at noon yesterday.
その事故は昨日の正午に起こった.

concur
[kənkə́ːr]

動 一致する，同時に起こる

語根 de 連想
同時に流れる
con + cur
(一緒に) (流れる)

concurrence
名 一致，同時発生

Three judges concurred that he was guilty.
3人の裁判官は彼が有罪であることで意見が一致した.

recur
[rikə́ːr]

動 再発する

語根 de 連想
再び流れる
re + cur
(再び) (流れる)

recurrence
名 再発

If the problem recurs, I'll see my doctor about it.
問題が再発したら医者に診てもらいます.

check1 check2 check3

022 cur＝注意, 世話

track 22

セキュリティー・チェック
security checkは安全かどうかを注意する検査.

ケアレスミス
careless mistakeは［care（注意）＋less（ない）］から「不注意なミス」.

訳語を考えよう !

Q1 **cur**（注意・世話）＋ **ate**（動詞）＋ **or**（人） → See curator

Some curators go on to become directors of museums.
［　　］の中にはさらに博物館長になる人もいる.

hint　博物館の世話をする人とは？

Q2 **se**（離れて）＋ **cure**（注意・世話） → See secure

Keep your passport in a secure place.
パスポートを［　　］な場所に保管しなさい.

hint　心配しなくてもいい場所とは？

Q3 **a(c)**（～の方へ）＋ **cur**（注意・世話）＋ **ate**（形容詞） → See accurate

The witness tried to give an accurate description of what she had seen.
証人は自分が見たものを［　　］に述べようとした.

hint　注意を払って述べるとは？

解答：Q1 学芸員　Q2 安全　Q3 正確

curator
[kju(ə)réitər]

名 学芸員，管理者，館長

語根 de 連想：世話する人 ← cur（注意・世話）＋ ate（動詞）＋ or（人）

My brother is the mammal curator at the Los Angeles Zoo.
兄はロサンゼルス動物園の，ほ乳類の管理者です．

*secure
[sikjúər]

形 安全な
動 確保する

***security　名 安全，担保，有価証券

語根 de 連想：心配から離れて（＝心配のない）← se（離れて）＋ cure（注意・世話）

The government has been working to secure the release of the hostages.
政府は人質の解放を確保するために働きかけている．

*accurate
[ǽkjurət]

形 正確な

accuracy　名 正確さ

語根 de 連想：注意を払った ← a(c)（～の方へ）＋ cur（注意・世話）＋ ate（形容詞）

My watch is more accurate than yours.
私の時計はあなたのより正確です．

*cure
[kjuər]

動 治す，除く
名 治療(法)

語根 de 連想：医者が患者の世話をすること

She was cured of her migraine headaches when she changed her diet.
彼女は食事を変えてから偏頭痛が治った．

*curious
[kjú(ə)riəs]

形 好奇心の強い，不思議な

curiosity　名 好奇心

語根 de 連想：注意を向ける ← cur（注意）＋ ous（形容詞）

He is such a curious boy, always asking questions.
彼はとても好奇心の強い子でいつも質問をする．

procure
[proukjúər]

動 手に入れてやる，手に入れる

語根 de 連想：人のために注意を払う ← pro（～のために）＋ cure（注意・世話）

Please procure me the first edition of the old book.
その古書の初版本を手に入れてください．

023 custom, costum =慣らす, 自分の物

① track 23

カスタマイズ
自動車を**自分**専用にcustomizeする.

コスチューム
インド人にとって**着慣れた**costumeはサリー.

訳語を考えよう !

Q1 **custom**(慣らす)＋**er**(人) → See customer

She is one of our regular customers.
彼女は当店の□の1人だ.

hint 店に慣れ親しんだ人とは?

Q2 **custom**(自分の物)＋**ize**(動詞) → See customize

General Motors will customize Cadillac's for special clients.
ゼネラルモーターズは特別の客にキャデラックを□作るだろう.

hint 自分の物にするとは?

Q3 **custom**(慣らす)＋**ary**(形容詞) → See customary

It is customary for the man to propose to the woman.
男性が女性にプロポーズするのが□だ.

hint 男性が女性にプロポーズするのに慣れているとは?

解答: **Q1** 常連客　**Q2** 注文に応じて　**Q3** 習慣

○ ***customer　名 客，常連
[kʌ́stəmər]

語根de連想: 慣れ親しんでいる人 ↑ custom（慣らす）＋ er（人）

The company is trying to improve customer satisfaction.
その会社は客の満足度の改善に努めている.

○ customize　動 注文に応じて作る
[kʌ́stəmàiz]

語根de連想: 自分の物にする ↑ custom（自分の物）＋ ize（動詞）

You can customize the software in several ways.
いくつかの方法でソフトを変えて作り直すことができます.

○ customary　形 習慣的な
[kʌ́stəmèri]

語根de連想: 慣れている ↑ custom（慣らす）＋ ary（形容詞）

It is customary to offer a drink or a snack to guests.
客に飲み物や軽食を出すのが習慣である.

○ costume　名 衣装
[kɑ́st(j)uːm]

語根de連想: 着慣れたもの ↑ costum（自分の物）

Everyone wore historical costumes at the party.
パーティーでは全員が歴史的な衣装を着ていた.

○ *custom　名 慣習，習慣，愛顧，引き立て
[kʌ́stəm]
*customs　名 関税，税関

語根de連想: 慣れたもの ↑ custom（慣らす）

The custom dates back hundreds of years.
その慣習は何百年も前からある.

○ accustom　動 慣らす
[əkʌ́stəm]

語根de連想: 慣れる方へ ↑ a(c)（～の方へ）＋ custom（慣らす）

He is not accustomed to political discussions.
彼は政治的な討論には慣れていない.

check1 check2 check3

024 dict＝話す，言う，示す

track 24

ディクショナリー
辞書(dictionary)は
単語の意味を示すもの.

ディクテーション
話された英語を書き取るテストは
dictation test.

Back to Roots

「話し方・発声法」は**diction**. **interdict**[inter(間に)＋dict(言う)→間に入ってダメだと言う] は，間に割り込んでダメ出しをする「禁止・命令」という意味です.

訳語を考えよう！

Q1 **contra**(反対)＋**dict**(言う) → See contradict

The two stories contradict each other.
その2つの話はお互いに□□している.

hint 相反することを言うとは？

Q2 **ver**(真実)＋**dict**(言う) → See verdict

The doctor's verdict was that the patient would not live until spring.
患者の命は春までもたないというのが医者の□□だった.

hint 真実だと思って言うとは？

Q3 **a(d)**(〜の方へ)＋**dict**(言う) → See addict

Those people are thought to be addicted to nicotine.
あそこにいる人々はニコチン□□だと思われている.

hint 無意識のうちにニコチンの方へと行ってしまうこととは？

解答：Q1 矛盾　Q2 判断　Q3 中毒

contradict 動 矛盾する，否定する
[kὰntrədíkt]

語根 de 連想：反対のことを言う = contra（反対）＋ dict（言う）

contradiction 名 矛盾，否定
contradictory 形 矛盾した

The witness sometimes gave contradictory answers.
証人は時々，矛盾する答えをしていた．

---

verdict 名 評決，判断，決定
[vә́ːrdikt]

語根 de 連想：真実を述べること = ver（真実）＋ dict（言う）

The jury reached a unanimous verdict of guilty.
陪審団は全員一致で有罪の評決を出した．

---

addict 名 中毒者
[ǽdikt]

語根 de 連想：～の方へ行けと言う = a(d)（～の方へ）＋ dict（言う）

addicted 形 中毒の
addiction 名 ふけること

His son is a video game addict.
彼の息子はテレビゲーム中毒だ．

---

*
predict 動 予言する，予測する
[pridíkt]

語根 de 連想：前もって言う = pre（前もって）＋ dict（言う）

prediction 名 予言

It was predicted that inflation would continue to fall.
インフレ率は引き続き下降すると予測された．

---

dictate 動 書き取らせる，命令する
[díkteit]

語根 de 連想：口で言う = dict（言う）＋ ate（動詞）

dictation 名 書き取り，命令
dictator 名 独裁者

The company dictates what the employees should wear.
その会社は従業員の服装を規定している．

---

indict 動 起訴する，非難する
[indáit]

語根 de 連想：～の方へ行けと言う = in（～の方へ）＋ dict（言う）

indictment 名 起訴，告発，非難

He was indicted for murder.
彼は殺人罪で起訴された．

duct＝導く

ツアー・コンダクター
tour conductorは
観光客を導く旅行案内人.

コンダクター
小澤征爾氏は日本が世界に誇る指揮者(conductor).
conductor[con(共に)＋duct(導く)＋or(人)]は
「みんなを引き連れる人」から,
「指揮者」「ガイド・添乗員」の意味に.

Back to Roots

aqueductは[aque(水)＋duct(導く)] から「送水路・高架式水路橋」のこと.

訳語を考えよう !

Q1 **pro**(前に)＋**duct**(導く) → See product

The new product will arrive on supermarket shelves next month.
新しい□が来月スーパーの棚に上るでしょう.

hint 消費者の前に出されるものとは？

Q2 **ab**(外に)＋**duct**(導く) → See abduct

The child was abducted outside the store.
その子供は店の外で□された.

hint 人を連れ出す犯罪とは？

Q3 **in**(中に)＋**duct**(導く) → See induct

He was formally inducted as president of the college.
彼は学長として正式に□した.

hint 学長として大学の中に招き入れるとは？

解答：Q1 製品　Q2 誘拐　Q3 就任

○ ***product 名 製品，生産物

[prɑ́dʌkt]

語根de連想 前に導き出す ↑ pro (前に) ＋ duct (導く)

We spend a lot of money on product development.
私たちは製品開発に多額の金を使っている.

○ abduct 動 誘拐する

[æbdʌ́kt]

abduction 名 誘拐

語根de連想 外に連れ出す ↑ ab (外に) ＋ duct (導く)

A Japanese tourist was abducted in Spain.
スペインで日本人観光客が誘拐された.

○ induct 動 就任させる，任命する，兵役につかせる

[indʌ́kt]

語根de連想 中に入れる ↑ in (中に) ＋ duct (導く)

His son was inducted into the army last week.
彼の息子は先週，陸軍に入隊した.

○ **conduct 動 導く，案内する，指揮する 名 指導，案内，行い

[動kəndʌ́kt]
[名kɑ́ndʌkt]

語根de連想 みんなを導く ↑ con (共に) ＋ duct (導く)

The concert was conducted by Seiji Ozawa.
そのコンサートは小澤征爾が指揮をした.

○ deduct 動 差し引く，控除する

[didʌ́kt]

deduction 名 差し引き，控除，演繹(えき)法

deductive 形 演繹(えき)的な

語根de連想 引き下げる ↑ de (下に) ＋ duct (導く)

The cost of my uniform was deducted from my wages.
制服の費用は賃金から差し引かれた.

○ by-product 名 副産物，副作用

[báiprɑ̀dəkt]

語根de連想 主要生産物の脇にあるもの ↑ by (脇に) ＋ product (生産物)

Law is the by-product of custom built up by habit.
法律は習慣によって作り上げられた慣習の副産物である.

check1 check2 check3

026 duce＝導く

❶ track 26

プロデューサー
producer［pro(前で)＋duc(導く)＋er(人)］は,
「前に立ってみんなを導く人」だということから,
映画や演劇などの制作責任者を指す.

イントロ
イントロはintroductionの略.
曲に入る前の導入部分,
つまり「前奏」のこと.

訳語を考えよう！

Q1 **pro**(前に)＋**duce**(導く) → See produce

During the argument, one of the men produced a knife.
口論中に男性の一人がナイフを［　　］した.

hint 前に導き出すとは？

Q2 **e(x)**(外に)＋**duc**(導く)＋**ate**(動詞) → See educate

The object is to educate people about road safety.
目的は人々に交通安全について［　］することである.

hint 能力を外に導き出すとは？

Q3 **re**(後ろに)＋**duce**(導く) → See reduce

The government is aiming to reduce unemployment by 20%.
政府は失業率を20%［　　］させることを目標としている.

hint 数字を後ろに導くとは？

解答：Q1 取り出　Q2 教育　Q3 削減

○ ***produce [動prəd(j)úːs] [名prád(j)uːs]　動 生産する，取り出す　名 生産物

語根 de 連想: 導き出す ← pro（前に）＋ duce（導く）

**production　名 生産，製造

productive　形 生産的な

The region produces over 50% of the country's wheat.
その地域は国の50%以上の小麦を生産している.

○ *educate [édʒukèit]　動 教育する

語根 de 連想: 能力を外に導き出す ← e(x)（外に）＋ duc（導く）＋ ate（動詞）

***education　名 教育

She was educated at Oxford.
彼女はオックスフォードで教育を受けた.

○ **reduce [rid(j)úːs]　動 縮小する[させる]，減少する[させる]

語根 de 連想: 後ろへ導く ← re（後ろに）＋ duce（導く）

*reduction　名 減少，削減

The doctor advised me to reduce the amount of salt in my diet.
医師は私に食事の塩分量を減らすように忠告した.

○ ***introduce [ìntrəd(j)úːs]　動 紹介する，導入する

語根 de 連想: 中に入って導く ← intro（中に）＋ duce（導く）

*introduction　名 紹介，導入

Will you introduce me to your wife?
私を奥さんに紹介してくれますか.

○ seduce [sid(j)úːs]　動 誘惑する，そそのかす

語根 de 連想: 導き出す ← se（離れて）＋ duce（導く）

seduction　名 誘惑

He was seduced by the offer of money into revealing the trade secrets.
彼はお金をやると誘われて企業の秘密を漏らした.

○ induce [ind(j)úːs]　動 ～する気にさせる

語根 de 連想: 導き入れる ← in（中に）＋ duce（導く）

induction　名 誘導，帰納法

An advertisement induced her to buy the book.
広告を見て彼女はその本を買う気になった.

check1 check2 check3

Q027 equ＝平らな，等しい

track 27

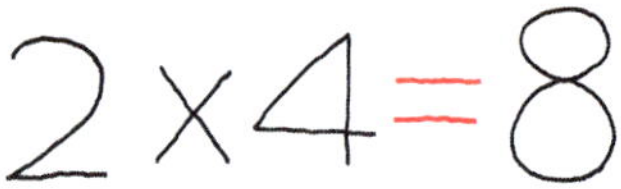

イコール

「2掛ける4は8に**等しい**」を数式に表すと
「2×4＝イコール(equal)8」となる．

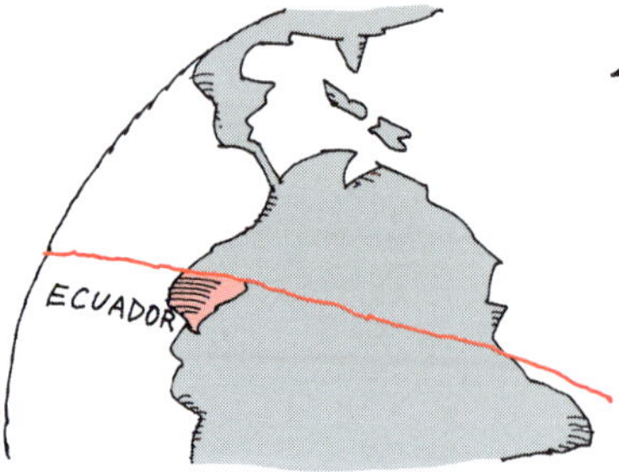

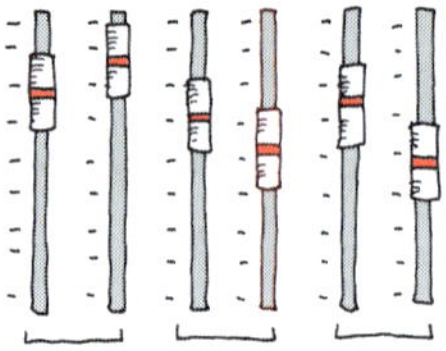

エクアドル

南米のエクアドルは，
赤道(equator)直下に位置することから，
スペイン語で赤道を意味する
ecuadorが国名の由来となっている．

グラフィック・イコライザー

いくつかの周波数帯域ごとに，
つまみを調整して音質を**均等に補正する**回路を
graphic equalizerという．

Back to Roots

equの語根を持つ単語は，他にも**equation**（方程式），**equilibrium**（平衡），**equinox**（昼と夜の長さが同じになる春分・秋分）などがあります．

訳語を考えよう！

Q1 **equ**(等しい)＋**ate**(動詞)＋**or**(～もの) → See **equator**

The nations located on the **equator** have very hot climates.
□上の国々の気候はとても暑い．

hint 地球の南北を等しく分けたものって何？

Q2 **ad**(～の方へ)＋**equ**(等しい)＋**ate**(形容詞) → See **adequate**

They had **adequate** food for a week's journey.
彼らは1週間分の旅に□な食料を持った．

hint 必要な量と現在ある量が等しい状態とは？

Q3 **equi**(等しい)＋**voc**(声)＋**al**(形容詞) → See **equivocal**

There was nothing **equivocal** about her.
彼女には□しないところはなかった．

hint 声が似ていて区別がつかない状態とは？

解答：**Q1** 赤道　**Q2** 十分　**Q3** はっきり

equator [i(ː)kwéitər] 名 赤道

語根de連想: 地球を南北に等しく二分したもの ← equ（等しい）＋ ate（動詞）＋ or（～もの）

Singapore lies near the equator.
シンガポールは赤道近くにある.

---

adequate [ǽdikwət] 形 十分な，ちょうど良い，適した

adequacy 名 適切さ

語根de連想: ちょうど良い方へ ← ad（～の方へ）＋equ（等しい）＋ate（形容詞）

Her performance was adequate, though it lacked originality.
彼女の演技は独創性には欠けていたがまずまずの出来であった.

---

equivocal [ikwívəkəl] 形 紛らわしい，はっきりしない，いかがわしい

語根de連想: 声が似ている ← equi（等しい）＋ voc（声）＋ al（形容詞）

Her answer was rather equivocal.
彼女の答えはどうもはっきりしなかった.

****equal** [íːkwəl] 形 等しい，平等の，耐えられる 名 同等の人

equality 名 平等，対等

語根de連想: 等しい ← equ（等しい）＋ al（形容詞）

He is equal to the job.
彼にはその仕事に耐えられる能力がある.

---

equivalent [ikwív(ə)lənt] 名 同等のもの 形 同等の，価値が同じの

語根de連想: 同じ価値を持った ← equ（等しい）＋ val（価値）＋ ent（名詞）

The word has no equivalent in English.
その単語に該当するものは英語にはない.

---

equalize [íːkwəlàiz] 動 等しくする，同一にする，同点にする

語根de連想: 同じにする ← equ（等しい）＋ al（形容詞）＋ ize（動詞）

Neymar equalized early in the second half.
ネイマールは後半早々同点のゴールを決めた.

check1 check2 check3

028 fa(m), fa(n), phe＝話す

❶ track 28

アンファン
言葉を**話す**ことができない赤ちゃんはinfant.
一般的には2歳くらいまでの幼児を指す.
アンファン(enfant)はinfantのフランス語.

人々に**語り継がれた**話が
寓話(fable).

「神に死の**宣告**を下されては
fatal(致命的)だ.」

Back to Roots

「有名な(**famous**)」は, 人々によく "話されている" ことから. 「悪名高い(**infamous**)」は人々によく "話されていない" ことから. 本の冒頭で "話す" 部分は序文(**preface**)です.

訳語を考えよう!

Q1 **in**(〜でない)＋**fan**(話す)＋**ant**(人)＋**try**(名詞) → See **infantry**

The infantry was guarding the bridge.
［　　］は橋を守っていた.

hint 軍隊で話もできない位の低い部隊って何？

Q2 **de**(下に)＋**fam**(話す) → See **defame**

Ken claimed the editorial had defamed him.
社説は自分を［　］したとケンは主張した.

hint 話して人をおとしめるって？

Q3 **pro**(前に)＋**phe**(話す)＋**et**(人) → See **prophet**

Daniel was one of the great prophets in the Bible.
ダニエルは聖書で偉大な［　　］の一人だった.

hint 前もって話す人ってどんな人？

解答：Q1 歩兵隊　Q2 中傷　Q3 預言者

infantry [ínfəntri]
名 歩兵(隊)

語根 de 連想: 弱い者 ← 話さない者 ← in (～でない) ＋ fan (話す) ＋ ant (人) ＋ try (名詞)

The infantry was sent into battle.
歩兵隊が戦場に送られた.

---

defame [diféim]
動 中傷する

語根 de 連想: 話して落とす ← de (下に) ＋ fam (話す)

defamation 名 中傷，名誉毀損
defamatory 形 中傷的な，名誉毀損の

Religious leaders claim that the novel defames Islam.
その小説はイスラム教徒を中傷していると宗教指導者たちは主張している.

---

prophet [prάfit]
名 予言者，預言者

語根 de 連想: 前もって話す人 ← pro (前に) ＋ phe (話す) ＋ et (人)

prophesy 動 予言する

He prophesied a Democratic defeat in the next election.
彼は次の選挙での民主党の敗北を予言した.

---

fatal [féitl]
形 運命を決する，致命的な

語根 de 連想: 神が語った ← fa (話す) ＋ al (形容詞)

***fate** 名 運命(の力)
fatality 名 死亡者，事故

There was a fatal flaw in the plan.
その計画には致命的な欠陥があった.

---

infant [ínfənt]
名 幼児

語根 de 連想: 話さない者 ← in (～でない) ＋ fan (話す) ＋ ant (人)

infancy 名 幼年時代

Her father died when she was an infant.
彼女が幼児のころ，父親は亡くなった.

---

fabulous [fǽbjuləs]
形 驚くべき，すばらしい，伝説の

語根 de 連想: 語り継がれた ← fabul (話) ＋ ous (形容詞)

His wife is a fabulous cook.
彼の妻はすばらしく料理がうまい.

check1 check2 check3

029 fac(t)＝作る, する

track 29

マニュファクチャー
manufactureは
[手で(manu)作ったもの(facture)]から.

ファクトリー
工場(factory)は
[fact(作る)＋ory(場所)]から.

ファシリティー
空港内のファシリティー(facility)は,
館内に併せて作られた施設.

Back to Roots

「事実(**fact**)」は, 実際に“なされた”こと. また, 作られた話である**fiction**(小説)(**033 fic** 参照)に対して, **nonfiction**は, 事実に基づいたドキュメンタリー作品のことです.「工芸品(**artifact**)」は[art(技術)でfact(作った)]ものです.

訳語を考えよう！

Q1 **fac**(作る)＋**ile**(～できる) → See facile

We were surprised at the dancer's facile movements.
私たちはダンサーの□な動きにびっくりした.

hint ダンサーの作りやすい動きとはどんな動き？

Q2 **fac**(作る)＋**ile**(～できる)＋**ate**(動詞) → See facilitate

The current structure does not facilitate efficient work flow.
今の構造では能率的な仕事の流れは□されない.

hint 能率的な仕事の流れを作りやすくするとは？

Q3 **fact**(作る)＋**ion**(名詞) → See faction

One faction within the Liberal Party wants a tax freeze.
自由党内の1つの□が税金の凍結を求めている.

hint 党内で分かれて作るものとは？

解答：Q1 器用［軽快］ Q2 促進 Q3 派閥

facile 形 容易な，簡単な，器用な，軽快な
[fǽsil]

*facility 名 容易さ，器用さ，才能，施設

語根 de 連想：作りやすい ← fac（作る）＋ ile（～できる）

The sports facility at this club includes a swimming pool and a sauna.
このクラブのスポーツ施設にはプールとサウナがある．

facilitate 動 促進する，容易にする
[fəsílətèit]

語根 de 連想：作りやすくする ← fac（作る）＋ ile（～できる）＋ ate（動詞）

The new trade agreement should facilitate more rapid economic growth.
新しい貿易協定はより急速な経済成長を促進するはずである．

**faction 名 派閥
[fǽkʃən]

factious 形 党派的な，争いの好きな

語根 de 連想：少数の者たちが作ったもの ← fact（作る）＋ ion（名詞）

A rebel faction has split away from the main group.
反対派閥が主要グループから分裂した．

**factor 名 要素，要因
[fǽktər]

benefactor 名 恩人，後援者

語根 de 連想：物を作っている一部 ← 物を作る人 ← fact（作る）＋ or（人）

Unemployment is the most important factor in the growing crime rates.
失業は，増加しつつある犯罪率のもっとも重要な要因となっている．

faculty 名 才能，機能，学部
[fǽkəlti]

語根 de 連想：物を作れること ← fac（作る）＋ ty（名詞）

She has a great faculty for mathematics.
彼女には数学の優れた才能がある．

factitious 形 嘘の，わざとらしい，見せかけの
[fæktíʃəs]

語根 de 連想：作っている ← fact（作る）＋ ious（形容詞）

She has invented a wholly factitious story about her past.
彼女は自分の過去についてまったく嘘の話をでっちあげた．

check1 check2 check3

030 fect＝作る，する

track 30

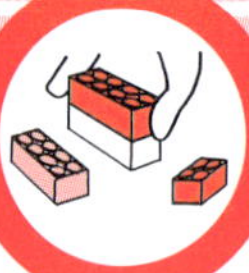

パーフェクト・ピッチング
perfect pitchingのperfectは
［per（完全に）＋fect（**する**）］
ピッチングのこと．

コンフェクショナリー
confectioneryは
お菓子やそれを**作る**製造所や菓子店のこと．
［con（共に）＋fect（作る）＋ery（場所）］から．

訳語を考えよう！

Q1 **de**（離れて）＋**fect**（作る） → See defect

Don't buy that tie; there is a defect in the material.
そのネクタイは買ってはいけません，生地に□があります．

hint 完全な状態から離してしまうものとは？

Q2 **e(f)**（外に）＋**fect**（作る） → See effect

Lowering taxes had a strong effect on taxpayers.
減税は納税者に多大な□を与えた．

hint 作って外に現れたものとは？

Q3 **a(f)**（～に向かって）＋**fect**（作る） → See affect

She affected a calmness she did not feel.
彼女は感じもしない平静さを□．

hint 平静さを目指して作るとは？

解答：Q1 傷　Q2 影響　Q3 装った

defect 名 欠点，欠陥，傷
[díːfekt]

語根de連想: 理想と離れたものを作る
de（離れて）＋ fect（作る）

defective 形 不完全な，欠陥のある
defection 名 欠陥，欠点，離反，亡命
defector 名 離反者，亡命者

Several defects were found in the design of the ship.
船の設計にいくつか欠陥が見つかった．

*** **effect** 名 結果，効果
[ifékt]

語根de連想: 作って外に現れたもの
e(f)（外に）＋ fect（作る）

** **effective** 形 効果的な，有効な
effectual 形 効果的な，適切な

It's an extremely effective cure for a headache.
それは頭痛には非常に効果的な治療法です．

** **affect** 動 影響する，～のふりをする
[əfékt]

語根de連想: 目指して作る
a(f)（～に向かって）＋ fect（作る）

affection 名 愛情
affectionate 形 愛情のこもった
affectation 名 装うこと

The new law will affect us, directly or indirectly.
直接的であれ間接的であれ，新法は私たちに影響を与えるだろう．

---

infect 動 感染する［させる］
[infékt]

語根de連想: 人の中に入って作る
in（中に）＋ fect（作る）

infection 名 感染
infectious 形 感染性の

This virus infected thousands of computers within days.
このウイルスは数日内に何千というコンピュータに感染した．

---

confectionery 名 菓子店，菓子類
[kənfékʃənèri]

語根de連想: みんなで一緒に作るところ
con（共に）＋ fect（作る）＋ ery（場所）

My father owns a confectionery in Tokyo.
父は東京にある菓子店のオーナーです．

---

* **prefecture** 名（日本・フランス・イタリアの）県，府
[príːfektʃər]

語根de連想: 人の先に立って物事を行うこと
pre（前に）＋ fect（する）＋ ure（名詞）

prefect 名（政府・警察の）官職，知事

He was born and brought up in Saitama Prefecture.
彼は埼玉県で生まれ育った．

check1 check2 check3

031 fer＝運ぶ, 産む, 耐える①

❶ track 31

オファー
offerは[of(相手の方へ)＋fer(足を**運ぶ**)]から.
本来, 出向いて相手にこちらの意向や
希望を伝えることから
「申し出・提案・申し込み」の意味に.

フェリー
フェリー(ferryboat)は
人や物を**運ぶ**船のこと.

レフェリー
refereeは[refer(参照)＋ee(される人)].
試合の全記録を把握し, **保有している**人のこと.

訳語を考えよう！

Q1 **o(f)**(～の方へ)＋**fer**(運ぶ) → See **offer**

I **offered** to help her with the dishes.
私は彼女に皿洗いの手伝いを ＿＿＿.

hint わざわざ相手の方へ行くとは？

Q2 **fer**(産む)＋**ile**(～できる) → See **fertile**

The farmland in this region is very **fertile**.
この地域の農地は非常に＿＿＿である.

hint たくさん産むことができるとはどんな農地？

Q3 **con**(共に)＋**fer**(運ぶ)＋**ence**(名詞) → See **conference**

The general opinion is that the **conference** was a success.
＿＿＿は成功だったというのが大方の意見です.

hint みんなで足を運んで集まることとは？

解答：Q1 申し出た　Q2 肥沃　Q3 会議

○ ***offer

[ɔ́(ː)fər]

名 申し出，誘い
動 申し出る

語根de連想
相手の方へ足を運ぶ
o(f)（～の方へ）＋ fer（運ぶ）

I was offered a job in London.
私はロンドンで働かないかと誘いを受けた.

○ fertile

[fə́ːrtl]

形 肥沃な，多産の

fertilize 動 肥沃にする
fertility 名 肥沃，多産

語根de連想
産むことができる
fer（産む）＋ ile（～できる）

Our dog is no longer fertile.
私たちの犬はもう子供を産むことができない.

○ conference

[kɑ́nf(ə)rəns]

名 会議，相談

confer 動 相談する，協議する

語根de連想
一緒に足を運ぶこと
con（共に）＋ fer（運ぶ）＋ ence（名詞）

He gave a talk at the conference last week.
彼は先週，会議で講演した.

○ **refer

[rifə́ːr]

動 参照する，触れる，言及する

*reference 名 参照，言及，参考書

語根de連想
元の場所に運ぶ
re（元に）＋ fer（運ぶ）

We agreed never to refer to the matter again.
私たちは二度とその件について触れないことに同意した.

○ defer

[difə́ːr]

動 延ばす，延期する

語根de連想
離れたところに運ぶ
de（離れて）＋ fer（運ぶ）

They deferred their decision for a week.
彼らは1週間決定を延ばした.

○ circumference

[sərkʌ́mfərəns]

名 円周，周囲

語根de連想
周りに運ぶ
circum（周りに）＋ fer（運ぶ）＋ ence（名詞）

The earth is about 25,000 miles in circumference.
地球は円周が約2万5000マイルである.

check1 check2 check3

032
track 32

fer＝運ぶ, 産む, 耐える ②

「好きな(prefer)方のケーキを
自分の前に**持ってこよう**」

重い荷物を**運ぶ**のには
苦しい(suffer)思いがともなう.

「他のと違う(differ)ひな鳥は
離れたところに**運んで**おこう」

訳語を考えよう !

Q1 **su(f)**(下に)＋**fer**(運ぶ) → See **suffer**

Children always suffer when their parents get divorced.
両親が離婚すると子供たちはいつも［　　］.

hint　重荷を背負うとは？

Q2 **pre**(前に)＋**fer**(運ぶ) → See **prefer**

She seems to prefer watching soap operas to talking to me.
彼女は私と話をするよりメロドラマを見るのが［　］なようです.

hint　自分の前に持ってくるとは？

Q3 **di(f)**(離れて)＋**fer**(運ぶ) → See **differ**

Scottish law has always differed from English law.
スコットランドの法律はイングランドの法律とはいつも［　　］いる.

hint　引き離す理由は？

解答：**Q1** 苦しむ　**Q2** 好き　**Q3** 異なって

suffer *** [sʌ́fər] 動 苦しむ，被る

語根de連想: 重荷を背負う ← 下で運ぶ ← su(f)（下に）+ fer（運ぶ）

suffering 名 苦痛

She has been suffering from cancer for six months.
彼女は6か月間，がんに苦しんでいる．

---

prefer *** [prifə́ːr] 動 好む，好きである

語根de連想: 自分の前に運んでくる ← pre（前に）+ fer（運ぶ）

preferential 形 優先の

preference 名 好むこと，優先

Which color do you prefer, red or yellow?
赤色と黄色のどちらがいいですか．

---

differ [dífər] 動 違う，異なる

語根de連想: 運んで引き離す ← di(f)（離れて）+ fer（運ぶ）

*** **different** 形 違った，異なった

*** **difference** 名 違い

Life today is different than twenty years ago.
今の生活は20年前の生活と違う．

---

indifferent [indíf(ə)rənt] 形 無関心な，無頓着な，どうでもいい

語根de連想: 違いを生じない ← in（～でない）+ different（違う）

indifference 名 無関心，無頓着

He is utterly indifferent to his clothes.
彼は服にはまったく無頓着である．

---

transfer ** [動 trænsfə́ːr] [名 trǽnsfəːr] 動 移動させる，移す 名 乗り換え

語根de連想: 越えて運ぶ ← trans（越えて）+ fer（運ぶ）

The patient was transferred to a private room.
患者は個室に移された．

---

differentiate [dìfərénʃièit] 動 区別する，識別する

語根de連想: 離れた所に運んで区別する ← di(f)（離れて）+ fer（運ぶ）+ ate（動詞）

differential 形 格差のある

Medical examiners differentiate between accidental death and homicide.
検死官は事故死か殺人かを見分ける．

check1 check2 check3

fic＝作る，する

SF（サイエンス・フィクション）
フィクションとは**作り話**のことなので，
science fictionの略であるSFは
空想科学小説のこと．作り話ではないものは
nonfiction（実話に基づいた作品）．

オフィス
officeは仕事を**する**場所のこと．

オフィシャル・レコード
official recordは公認条件下で
作られた記録のこと．
つまり，「公式記録」．

Back to Roots

factitiousと同様に，**fictitious**にも「作り話の・架空の」という意味があります．「難しい（**difficult**）」は，［すること（fic）ができない（di）］の意味からきています．「交通量」を表す**traffic**も［tra(ns)越える＋fic（する）］からきています．

訳語を考えよう！

Q1 de（～でない）＋fic（作る）＋ient（形容詞）

→ See deficient

Her diet is deficient in vitamins.
彼女の食事にはビタミンが□している．

hint 作れない状態とは？

Q2 sacri（聖なる）＋fice（する）

→ See sacrifice

The minister emphasized the need for economic sacrifice.
大臣は経済的な□の必要性を強調した．

hint 神聖なるものとして神に捧げられた物とは？

Q3 su(f)（下で）＋fic（作る）＋ent（形容詞）

→ See sufficient

The money should be sufficient for one month's travel.
1か月の旅行にはそのお金で□なはずである．

hint 下にあるもので作って間に合わせるとは？

解答：**Q1** 不足　**Q2** 犠牲　**Q3** 十分

deficient
[difíʃənt]
形 不足した

語根 de 連想: 作れない ↑ de (～でない) + fic (作る) + ient (形容詞)

*deficit 名 赤字，不足
deficiency 名 欠乏

If the government does nothing, deficits expand rapidly.
政府が何もしなければ，赤字は急速に拡大する.

*sacrifice
[sǽkrəfàis]
動 犠牲にする
名 犠牲，いけにえ

語根 de 連想: 聖なるものにする ↑ sacri (聖なる) + fice (する)

She sacrificed everything for her children.
彼女は子供たちのためにすべてを犠牲にした.

*sufficient
[səfíʃənt]
形 十分な

語根 de 連想: 下にあるもので作って間に合わせる ↑ su(f) (下で) + fic (作る) + ent (形容詞)

sufficiency 名 十分
suffice 動 十分である

Ten thousand yen will suffice for the purpose.
その目的のためには1万円で足りるでしょう.

*efficient
[ifíʃənt]
形 有能な，効率的な

語根 de 連想: 完全にする ↑ e(x) (完全に) + fic (作る) + ent (形容詞)

efficiency 名 能率

My new computer's much more efficient than the old one.
私の新しいコンピュータは古いものよりずっと効率的である.

proficient
[prəfíʃənt]
形 熟達した，堪能な

語根 de 連想: 人のためにできる ↑ pro (～のために) + fic (作る) + ent (形容詞)

proficiency 名 熟達

My daughter is proficient in German.
娘はドイツ語に熟達している.

artificial
[ɑ̀ːrtəfíʃəl]
形 人工的な，不自然な

語根 de 連想: 技術を使って作る ↑ art (技術) + fic (作る) + ial (形容詞)

Our teacher wears an artificial leg.
私たちの先生は義足をつけている.

check1 check2 check3

034 fin＝終わる，境界

track 34

ファイナリスト
最終戦，つまり決勝戦(final(s))まで残った競技者はfinalist.

フィナーレ
finaleは「**終曲**・**最後**の幕」.

フィニッシュ
体操の**最後**の締めくくりはfinish，つまり着地のこと．ゴルフやテニスであれば，スイングの**最終**姿勢，陸上競技であれば，**最終**到達点であるゴールを指す．

Back to Roots

「最後の答え」はファイナル・アンサー(**final answer**).「最後に・とうとう」は**finally**です．

訳語を考えよう！

Q1 fine(終わる) → See fine

I was **fined** 50 dollars for speeding.
私はスピード違反で50ドルの□を取られた．

hint 訴訟を終わらせるために必要なものとは？

Q2 fin(終わる)＋ance(名詞) → See finance

There still remain the problems of **finance**.
□問題がまだ残っている．

hint 取り引きを終わらせるための支払いとは？

Q3 in(～でない)＋fin(終わる)＋ite(形容詞) → See infinite

There is an **infinite** number of stars in the night sky.
夜空には□の星がある．

hint 終わりがないとは？

解答：Q1 罰金　Q2 財政　Q3 無数

fine *** [fain]
動 罰金を科す
名 罰金
形 すばらしい，元気な，細かい

語根 de 連想: 訴訟の決着，完成された ← fin (終わる)

Fine needles were inserted in the arm.
細い針が腕に差し込まれた.

---

finance ** [finǽns, fáinæns]
名 財源，財政

financial ***
形 財政上の，財界の

語根 de 連想: 清算すること ← fin (終わる) ＋ ance (名詞)

A baby would be a heavy financial burden.
赤ちゃんは財政的にかなりの重荷となるでしょう.

---

infinite [ínfinət]
形 無限の，計り知れない

finite
形 有限の

語根 de 連想: 終わりのない ← in (～でない) ＋ fin (終わる) ＋ ite (形容詞)

I make a point of driving at a finite speed.
私は制限速度で運転することにしている.

---

refine [rifáin]
動 精製する，洗練する

refined
形 精製された，洗練された

語根 de 連想: 再び細かくする ← re (再び) ＋ fine (細かい)

Refined sugar is white.
精製された砂糖は白い.

---

define * [difáin]
動 定める，定義する

definition *
名 定義

definite
形 明確な，一定の

definitely *
副 明確に，絶対

語根 de 連想: 完全に境界を引く ← de (完全に) ＋ fine (境界)

It is difficult to define the border between love and friendship.
愛と友情の境界を定義するのは難しい.

---

confine [kənfáin]
動 制限する，監禁する

confinement
名 監禁，限度

語根 de 連想: 共に境界内にとどめる ← con (共に) ＋ fine (境界)

Land fever is not confined to the U.S.
土地ブームはアメリカに限ったことではない.

check1 check2 check3

035 fit＝作る，する

❶ track 35

フィーチャー
大自然のイメージを**作り上げ**，
featureする展覧会．

フィットネスクラブ
fitness clubで，
理想の体を**作る**．

訳語を考えよう！

Q1 bene（良い）＋ fit（作る） → See benefit

Child **benefit** has been frozen for the last three or four years.
児童□は過去3，4年間凍結されたままだ．

hint 子供を良くするためのものとは？

Q2 pro（前に）＋ fit（作る） → See profit

All the **profits** from the auction will go to cancer research.
オークションの□のすべてはガンの研究に回される．

hint オークションで作り出されたものとは？

Q3 out（外に）＋ fit（作る） → See outfit

I bought a new **outfit** for the party.
私はパーティー用に新しい□を買った．

hint 体の外側に作ったものとは？

解答：Q1 手当　Q2 利益　Q3 衣装

benefit
[bénəfit]

名 利益，たすけ，恩恵，手当
動 ためになる，利益を得る

beneficial 形 有益な

語根de連想: 良くするもの ← bene（良い）＋ fit（作る）

The relationship between the two companies has been mutually beneficial.
2つの企業の関係は相互に有益である.

profit
[práfit]

名 利益，収益
動 利益を得る

profitable 形 利益をもたらす，有益な

語根de連想: 前向きに作り出すもの ← pro（前に）＋ fit（作る）

It has developed into a highly profitable business.
それは非常に利益をもたらす事業に成長した.

outfit
[áutfìt]

名 装備一式，用具，衣装(一式)
動 装備させる

語根de連想: 外側に作ったもの ← out（外に）＋ fit（作る）

What a beautiful outfit you're wearing!
何て素敵な衣装を着ているの.

defeat
[difíːt]

動 負かす，破る
名 敗北

語根de連想: 遠ざける ← de（離れて）＋ feat（する）

They narrowly avoided defeat.
彼らは辛うじて敗北を逃れた.

counterfeit
[káuntərfit]

形 偽造の，偽りの
動 偽造する，装う

語根de連想: 本物と反対に作る ← counter（反対に）＋ feit（作る）

Are you aware these notes are counterfeit?
このお札が偽造であることに気づいていますか.

feature
[fíːtʃər]

名 特徴，容貌
動 呼び物にする，特集する

語根de連想: 作られたもの ← feat（作る）＋ ure（名詞）

It was featured on the seven o'clock news.
それは7時のニュースで大々的に取り上げられた.

036 flo, flu＝流れる

❶ track 36

インフルエンザ

ウイルスが人から人へ流れて感染するインフルエンザ(influenza, flu)は「流行性感冒」.

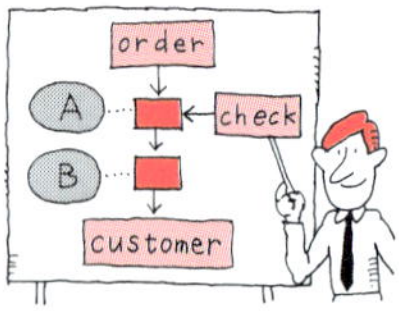

フローチャート

工程や論理の流れを図にしたものがflow chart(流れ図).

「彼女は流れるよう(fluent)に口からイタリア語が出てくる」

Back to Roots

fluの語根を持つ単語は他にも**fluid**(水分・流動体), **flux**(流れ・流転・不安定), **confluence**(合流), **effluence**(流出), **flush**(流して洗う)などがあります.

訳語を考えよう！

Q1 **in**(中に)＋**flu**(流れる)＋**ence**(名詞) → See influence

The banks had too much influence over government policy.
銀行は政府の政策に対して非常に大きな[　　]を持っていた.

hint 流れ込んで与える力とは？

Q2 **super**(上に)＋**flu**(流れる)＋**ous**(形容詞) → See superfluous

Much of the school day is wasted on superfluous activities.
学校の日の多くは[　　]な活動に使われている.

hint あふれている状態とは？

Q3 **fluct**(流れる)＋**ate**(動詞) → See fluctuate

Share prices on the New York Stock Exchange often fluctuate wildly.
ニューヨーク証券取引所の株価は激しく[　　]することがよくある.

hint 株価が流れて一定していない状態とは？

解答：Q1 影響力　Q2 不要　Q3 変動

influence [ínfluəns] 名 影響(力)
influential 形 影響を及ぼす

語根de連想: 流れ込むこと ← in(中に) + flu(流れる) + ence(名詞)

He is one of the most influential politicians in this town.
彼はこの町でもっとも影響力のある政治家の一人です.

---

superfluous [s(j)u(ː)pə́ːrfluəs] 形 余分な, 不要な

語根de連想: あふれて流れている ← super(上に) + flu(流れる) + ous(形容詞)

She worked so well that my help was superfluous.
彼女は十分やったので私の助けは余分だった.

---

fluctuate [flʌ́ktʃuèit] 動 変動する, 動揺する
fluctuation 名 変動, 不安定

語根de連想: 流れて一定していない ← fluct(流れる) + ate(動詞)

During the crisis, oil prices fluctuated between $20 and $40 a barrel.
危機の間, 石油価格は1バレル当たり20ドルから40ドルの間で変動した.

---

flood [flʌd] 名 洪水, 多数 動 水浸しにする

語根de連想: 流れること ← flo(流れる)

The flood caused great damages.
その洪水は大きな損害をもたらした.

---

fluent [flúːənt] 形 流暢(ちょう)な
fluency 名 流暢さ

語根de連想: 流れるような ← flu(流れる) + ent(形容詞)

Applicants should be fluent in German.
応募者はドイツ語が流暢でなければならない.

---

affluent [ǽfluənt] 形 裕福な, 豊富な
affluence 名 富, 裕福

語根de連想: お金が流れている方へ ← a(f)(〜の方へ) + flu(流れる) + ent(形容詞)

We live in an affluent neighborhood.
私たちは豊かな地域に住んでいる.

check1 check2 check3

037 flour, flor＝花, 華

track 37

フラワー・アレンジメント
flower arrangementは洋風の
生け花や飾り花.

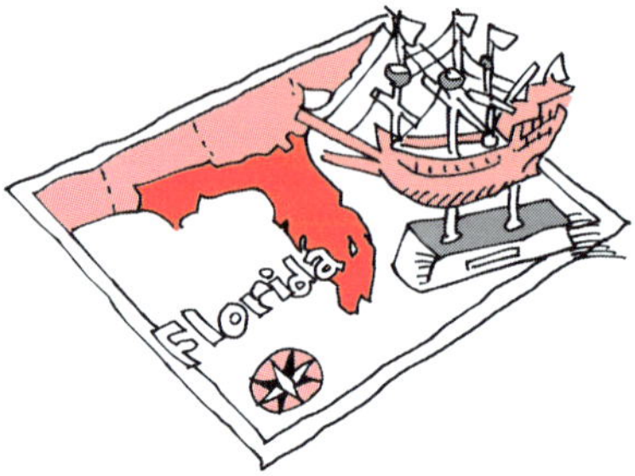

フロリダ州
米国のFloridaは，スペイン語の「花祭り」から.

訳語を考えよう！

Q1 **flor**(花)＋**ist**(人) → See florist

She stopped at the florist on the way home.
彼女は家に帰る途中，□さんに寄った.

hint　花を扱う人とは？

Q2 **flour**(花・華)＋**ish**(動詞) → See flourish

Few businesses are flourishing in the present economic climate.
今の経済情勢では□している企業はほとんどない.

hint　企業が花を咲かせるとは？

Q3 **flor**(花)＋**id**(形容詞) → See florid

He writes in a florid style.
彼は□な文章を書く.

hint　花のような文章とは？

解答：Q1 花屋　Q2 繁栄　Q3 華麗

florist
[flɔ́(ː)rist]

名 生花店，花屋

語根 de 連想
花を扱う人
↑
flor ＋ ist
(花)　(人)

I've ordered some flowers from the florist's.
花屋さんに花を注文した.

flourish
[flə́ːriʃ]

動 繁栄する，活躍する，育つ
名 派手さ

語根 de 連想
花を咲かせる
↑
flour ＋ ish
(花・華)　(動詞)

These plants flourish in a damp climate.
これらの植物は湿った天候で育つ.

florid
[flɔ́(ː)rid]

形 赤らんだ，華麗な，華美な

語根 de 連想
花のある
↑
flor ＋ id
(花)　(形容詞)

He had a florid complexion from clearing the snow off the road.
彼は道の雪かきをしたので赤ら顔をしていた.

floral
[flɔ́ːrəl]

形 花の

flora 名 植物群集

語根 de 連想
花の
↑
flor ＋ al
(花)　(形容詞)

There's a beautiful floral display in front of the station.
駅の前には美しい花が展示されている.

flour
[fláuər]

名 小麦粉

語根 de 連想
小麦の最良質の部分
↑
小麦の花
↑
flour
(花)

Beat the flour and milk together.
小麦粉と牛乳を一緒にかき混ぜてください.

fluorescent
[flù(ə)rés(ə)nt]

形 蛍光性の

fluorescence 名 蛍光(性)

語根 de 連想
花のように光る
↑
fluor ＋ ent
(花)　(光を出す)

These fluorescent pink socks are not suitable for a job interview.
この蛍光ピンク色の靴下は面接試験にはふさわしくない.

check1 check2 check3

038 forc, fort＝強い

❶ track 38

フォルテ
音楽用語で「強く演奏せよ」はforte.

コンフォート・シューズ
足の健康に留意した
comfort shoesを履いて元気を取り戻す.

訳語を考えよう！

Q1 **en**(中に)＋**force**(力) → See enforce

The police are strict here about enforcing the speed limit.
警察はここでの制限速度を□することに関しては厳しい.

hint 制限速度に力を入れるとは？

Q2 **fort**(力)＋**ify**(動詞) → See fortify

They fortified the area against attack.
彼らは攻撃に対してその地域の□を□めた.

hint 敵の攻撃に対してその地域に力を与えるとは？

Q3 **re**(再び)＋**in**(中に)＋**force**(力) → See reinforce

The dam was reinforced with 20,000 sandbags.
そのダムは2万の砂袋で□された.

hint さらに力を加えるとは？

解答：Q1 強制　Q2 防御, 固　Q3 補強

○ **enforce** [infɔ́ːrs]
動 強制する，実施する，執行する

語根 de 連想
力を加える
en + force
(中に) (力)

enforcement 名 強制，実施

United Nations troops enforced a ceasefire in the area.
国連軍はその地域の停戦を実施した.

○ **fortify** [fɔ́ːrtəfài]
動 強化する，補強する，防御を固める

語根 de 連想
力を与える
fort + ify
(力) (動詞)

fortitude 名 不屈の精神

He showed remarkable fortitude in hospital.
彼は入院中，異常なほどの不屈の精神を見せた.

○ **reinforce** [rìːinfɔ́ːrs]
動 補強する，強固にする

語根 de 連想
再び力を加える
re + in + force
(再び) (中に) (力)

This building was reinforced to withstand earthquakes.
このビルは耐震のために補強された.

○ ** **comfortable** [kʌ́mfərtəbl]
形 快適な，心地よい

語根 de 連想
すっかり力強い状態であること
com + fort + able
(完全に) (力) (〜できる)

** **comfort** 名 快適さ 動 元気づける

He didn't feel comfortable with his friends.
彼は友達と一緒にいて落ち着かなかった.

○ **discomfort** [diskʌ́mfərt]
名 不快，不安，苦痛

語根 de 連想
快適でないこと
dis + com + fort
(〜でない) (すっかり) (力)

uncomfortable 形 不快な，不安な

The patient suffered discomfort in his arm.
患者は腕の苦痛に苦しんだ.

○ **fortress** [fɔ́ːrtris]
名 要塞(都市)，堅固な場所
動 要塞を築く

語根 de 連想
力強い場所
fort + tress
(力) (名詞)

fort 名 要塞，砦

The army attacked the fortress high on a hill.
軍隊は丘の上にそびえる要塞を攻撃した.

check1 check2 check3

039 form＝形

track 39

ユニフォーム

みんなが[同じ(uni)形(form)]
という意味のuniform.
制服，軍服，チームウェアなど，
形やデザインが統一された服を指す．

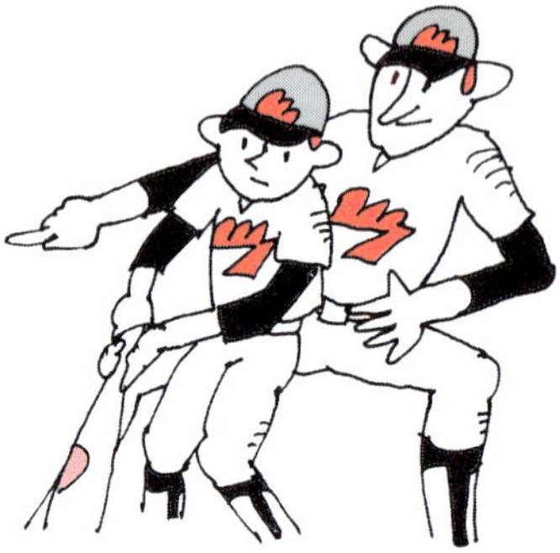

バッティングフォーム

batting formは
バットを振るときの形．

フォーマルウェア

「パーティーには，正式な形にのっとった服装である
formal wearで来てください」

Back to Roots

サッカー，バスケットボール，アメフトなどの攻撃・防御の隊形はフォーメーション(**formation**)．もともとの形をゆがめて描いたものという意味のデフォルメ《仏語》は英語では**deformation**といいます．

訳語を考えよう！

Q1 re(再び)＋form(形) → See reform

He said that the law needs to be reformed.
その法律は□する必要があると彼は言った．

hint 形を変えるとは？

Q2 in(中に)＋form(形) → See inform

Please inform us of any changes of address.
住所に変更があれば私たちに□ください．

hint 頭の中に形作るとは？

Q3 con(共に)＋form(形) → See conform

The company conforms to government regulations on worker safety.
その会社は労働者の安全に関しては政府の規制に□いる．

hint みんな一緒に形作るとは？

解答：Q1 改正　Q2 知らせて　Q3 従って

reform ** [rifɔ́ːrm]　動 改革する，改善する

語根 de 連想：re（再び）＋ form（形）→ 形を変える

reformation　名 改革，改善

The working conditions need to be reformed in this company.
この会社の労働条件は改善される必要がある.

---

inform ** [infɔ́ːrm]　動 知らせる

語根 de 連想：in（中に）＋ form（形）→ 頭の中に形作る

information ***　名 情報

My daughter informed me that she was pregnant.
娘は妊娠していることを私に伝えた.

---

conform [kənfɔ́ːrm]　動 従う，順応させる

語根 de 連想：con（共に）＋ form（形）→ みんな一緒に形作る

conformity　名 一致，服従

He refused to conform to the local customs.
彼は土地の慣習に従うことを拒否した.

---

formulate [fɔ́ːrmjulèit]　動 公式化する，組み立てる

語根 de 連想：form（形）＋ ate（動詞）→ 形にする

formula　名 決まり文句，決まったやり方

formulation　名 公式化

He has many good ideas, but he can't formulate them well.
彼はすばらしい考えをたくさん持っているが，うまく組み立てられない.

---

perform *** [pərfɔ́ːrm]　動 実行する，演じる，上演する

語根 de 連想：per（完全に）＋ form（形）→ 完全な形にする

performance **　名 演技，演奏，上映，実行

The play has never been performed in this country.
その劇はこの国では一度も上演されたことがない.

---

transform * [trænsfɔ́ːrm]　動 変える

語根 de 連想：trans（越えて）＋ form（形）→ 形を越える

transformation　名 変化，変形

It was an event that would transform my life.
それは私の人生を変える出来事であった.

040 frig, frost＝冷たい

track 40

フリーザー
冷蔵庫の冷蔵室よりさらに
冷たいfreezer（冷凍室）.

フローズン・ヨーグルト
frozen yogurtは
冷たく凍ったヨーグルトのこと.

訳語を考えよう！

Q1 **frost**（霜）＋**bite**（噛む） → See frostbite

I nearly got frostbite.
危うく□になるところだった.

hint 体が霜で噛まれたような状態とは？

Q2 **re**（完全に）＋**frig**（冷たい）＋**ate**（動詞） → See refrigerate

Cover the bowl and refrigerate the dough overnight.
ボウルにふたをして，一晩中パン生地を□しなさい.

hint 完全に冷たい状態にするとは？

Q3 **de**（離れて）＋**frost**（霜） → See defrost

It is best to defrost frozen goose slowly in the refrigerator for 1 to 2 days.
冷凍のガチョウは１日から２日かけて冷蔵庫でじっくり□するのが一番だ.

hint 冷凍のガチョウの霜を取るとは？

解答：Q1 凍傷　Q2 冷蔵　Q3 解凍

frostbite
[frɔ́(ː)stbàit]

名 霜焼け，凍傷

語根 de 連想: 霜で噛まれたような状態 ← frost（霜）＋ bite（噛む）

frostbitten 形 霜焼け[凍傷]にかかった，冷淡な

He got frostbite in his toes.
彼はつま先が凍傷になった.

refrigerate
[rifrídʒərèit]

動 冷蔵する，冷凍する

語根 de 連想: 完全に冷たくする ← re（完全に）＋ frig（冷たい）＋ ate（動詞）

refrigerator 名 冷蔵庫(=fridge)

Will you put the milk back in the refrigerator?
牛乳を冷蔵庫に戻してくれますか.

defrost
[dìːfrɔ́(ː)st]

動 解凍する，霜を取る

語根 de 連想: 霜がなくなる ← de（離れて）＋ frost（霜）

Defrost the chicken thoroughly before cooking.
調理する前にチキンを完全に解凍しなさい.

*freeze
[friːz]

動 凍る，凍らせる，動けなくなる

語根 de 連想: 凍るほど冷たい

freezing 形 凍るように，冷淡な

Water freezes into ice at 0 ℃.
水は0 ℃で凍って氷になる.

frost
[frɔ(ː)st]

名 霜，冷淡さ
動 霜が降りる

語根 de 連想: 凍ること

frosty 形 霜で覆われた，冷たい

There were a lot of hard frosts that winter.
その年の冬は霜がひどかった.

frigid
[frídʒid]

形 寒冷の，冷淡な，堅苦しい，性的不感症の

語根 de 連想: 冷たい性質を持った ← frig（冷たい）＋ id（形容詞）

frigidity 名 寒冷，冷淡，堅苦しさ

Few plants can grow in such a frigid environment.
そのような寒冷な環境で育つ植物はほとんどない.

check1 check2 check3

語源de腕試し 2

1 次の単語の意味を下の語群から選びましょう．

1. customary (　　)　2. beneficial (　　)　3. fluorescent (　　)
4. comfortable (　　)　5. frigid (　　)　6. fluent (　　)　7. superfluous (　　)
8. contradictory (　　)　9. equivocal (　　)　10. equivalent (　　)

ア 矛盾した　イ 価値が同じの　ウ はっきりしない　エ 習慣的な　オ 余分な
カ 寒冷の　キ 蛍光性の　ク 有益な　ケ 快適な　コ 流暢な

2 次の①～⑩の (　　) に入る単語を下の語群から選びましょう．

①The company is trying to improve (　　) satisfaction.
その会社は客の満足度の改善に努めている．

②I bought a new (　　) for the party.
私はパーティー用に新しい衣装を買った．

③The army attacked the (　　) high on a hill.
軍隊は丘の上にそびえる要塞を攻撃した．

④He got (　　) in his toes.
彼はつま先が凍傷になった．

⑤The banks had too much (　　) over government policy.
銀行は政府の政策に対して非常に大きな影響力を持っていた．

⑥The (　　) caused great damages.
その洪水は大きな損害をもたらした．

⑦She has a great (　　) for mathematics.
彼女には数学の優れた才能がある．

⑧Surgery may be the only (　　).
手術しか頼るものがないかもしれない．

⑨He gave a talk at the (　　) last week.
彼は先週，会議で講演した．

⑩The earth is about 25,000 miles in (　　).
地球は円周が約2万5000マイルである．

ア recourse　イ fortress　ウ faculty　エ frostbite　オ influence
カ outfit　キ customer　ク flood　ケ conference　コ circumference

解答

1　1. エ　2. ク　3. キ　4. ケ　5. カ　6. コ　7. オ　8. ア　9. ウ　10. イ
2　①キ　②カ　③イ　④エ　⑤オ　⑥ク　⑦ウ　⑧ア　⑨ケ　⑩コ

3 次の単語の意味を下の語群から選びましょう.

1. infantry (　　) 2. costume (　　) 3. profit (　　) 4. feature (　　)
5. florist (　　) 6. preference (　　) 7. indifference (　　)
8. deficit (　　) 9. excursion (　　) 10. addict (　　)

ア 優先　イ 中毒者　ウ 歩兵隊　エ 遠足　オ 利益
カ 赤字　キ 無関心　ク 衣装　ケ 花屋　コ 特徴

4 次の英文の(　　)内の単語を完成させましょう.

①It is difficult to (de□□□□) the border between love and friendship.
愛と友情の境界を定義するのは難しい.

②During the crisis, oil prices (□□□□tuated) between $20 and $40 a barrel.
危機の間, 石油価格は1バレル当たり20ドルから40ドルの間で変動した.

③The working conditions need to be (re□□□□ed) in this company.
この会社の労働条件は改善される必要がある.

④Which color do you (pre□□□), red or yellow?
赤色と黄色のどちらがいいですか.

⑤The new trade agreement should (□□□□□itate) more rapid economic growth.
新しい貿易協定はより急速な経済成長を促進するはずである.

⑥The doctor advised me to (re□□□□) the amount of salt in my diet.
医師は私に食事の塩分量を減らすように忠告した.

⑦This virus (in□□□□ed) thousands of computers within days.
このウイルスは数日内に何千というコンピュータに感染した.

⑧He (□□□□□esied) a Democratic defeat in the next election.
彼は次の選挙での民主党の敗北を予言した.

⑨A Japanese tourist was (ab□□□□ed) in Spain.
スペインで日本人観光客が誘拐された.

⑩It was (pre□□□□ed) that inflation would continue to fall.
インフレ率は引き続き下降すると予測された.

解答

3 1. ウ　2. ク　3. オ　4. コ　5. ケ　6. ア　7. キ　8. カ　9. エ　10. イ

4 ① (de)fine　② fluc(tuated)　③ (re)form(ed)　④ (pre)fer　⑤ facil(itate)
⑥ (re)duce　⑦ (in)fect(ed)　⑧ proph(esied)　⑨ (ab)duct(ed)　⑩ (pre)dict(ed)

041 fuse, fut＝注ぐ, 融ける

track 41

フュージョン
ジャズとロックの混合のように，
別々のジャンルが**融合した**音楽がfusion.

ヒューズ
怒りが頂点に達して「頭のヒューズが飛ぶ」
などと表現するが，本来，fuseは過大な電流が
注がれたときに熱から電気回路を守るもの.

Back to Roots

fuseを語根に持った単語は他にも，**diffuse**[di(f)(離れて)＋fuse(注ぐ)→発散する・広める]，**effusive** [e(f)(外に)＋fuse(注ぐ)→感情を露わにした]，**infuse** [in(中に)＋fuse(注ぐ)→吹き込む・注入する]などがあります.

訳語を考えよう !

Q1 **re**(元に)＋**fuse**(注ぐ) → See refuse

I refused because of a prior engagement.
私は先約があったので[　　].

hint 注がれたものを元に戻すとは？

Q2 **pro**(前に)＋**fuse**(注ぐ) → See profuse

He was sent to the hospital with profuse bleeding.
彼は[　　]出血で病院に送られた.

hint 前に注がれるほどの出血量とは？

Q3 **con**(共に)＋**fuse**(注ぐ) → See confuse

His comments only confused the issue.
彼のコメントは話を[　　]させるだけだった.

hint 一緒に注ぎ合って区別がつかなくなるとは？

解答：Q1 断った　Q2 大量　Q3 混乱

refuse [rifjúːz] 動 断る，拒絶する

語根de連想：注ぎ返す ← re（元に）＋ fuse（注ぐ）

refusal 名 拒絶

She politely refused my invitation.
彼女は私の招待を丁重に断った.

profuse [prəfjúːs] 形 豊富な，気前良く与える

語根de連想：ばらまくほどである ← pro（前に）＋ fuse（注ぐ）

profusion 名 豊富

I've never seen flowers in such profusion.
そんなにたくさん咲いている花を今まで見たことがない.

confuse [kənfjúːz] 動 混同する，混乱させる

語根de連想：一緒に注ぎ合って区別がつかなくなる ← con（共に）＋ fuse（注ぐ）

confusion 名 混乱

The new rules have caused a lot of confusion.
新しい規則はたくさんの混乱を生じさせた.

transfusion [trænsfjúːʒən] 名 輸血，注入，移入

語根de連想：注ぎ込むこと ← trans（越えて）＋ fuse（注ぐ）＋ ion（名詞）

transfuse 動 輸血する，注入する

This project needs a transfusion of cash.
この計画は現金の注入を必要としている.

refute [rifjúːt] 動 論破する，反駁（ばく）する

語根de連想：言い返す ← 注ぎ返す ← re（元に）＋ fute（注ぐ）

refutation 名 論破，反駁

He made an attempt to refute Darwin's theories.
彼はダーウィンの理論に反駁しようと試みた.

futile [fjúːtl] 形 無駄な，無益な

語根de連想：こぼれやすい ← fut（注ぐ）＋ ile（～できる）

Our efforts to revive the dog were futile.
その犬を生き返らせようと私たちは努力したが無駄であった.

check1 check2 check3

042 gen＝生まれる，種 ①

❶ track 42

ジェントルマン

gentleman（紳士）は本来，
生まれつき優しい心を持った人．

ジェンダー

gender（性別）は
生まれたときに決まるもの．

ジャンル

genreはフランス語からきていて，
同じ**種類**を起源とする「類型」のこと．

Back to Roots

kindは**gene**と同様に「生まれや性質を同じくするもの」というのが原義で，男女を分ける「種類」や，生まれながらにして「親切な」という意味を持つようになりました．**be akin to** ～（～に似ている），**kin**（血縁・親類），**kindred**（親類・一族）などの語句も一緒に覚えておきましょう．**kind**の同義語に当たるのが**gentle**（優しい・穏やかな）です．

訳語を考えよう！

Q1 gene（種）＋ tic（形容詞） → See genetic

Some diseases are caused by genetic defects.
□の欠陥で起こる病気がある．

hint 種の時から持っているものとは？

Q2 gene（種）＋ ate（動詞） → See generate

The minister said that the reforms would generate new jobs.
大臣は改革によって新しい職が□と言った．

hint 種に実がなるとは？

Q3 gene（種）＋ al（形容詞） → See general

There will be a general election next year.
来年は□選挙があります．

hint 同じ種類の選挙とは？

解答：Q1 遺伝子　Q2 発生する　Q3 総

○ *genetic 形 遺伝子の
[dʒənétik]

語根de連想
種を持った
gene + tic
(種) (形容詞)

genetics 名 遺伝学
*gene 名 遺伝子

The illness is believed to be caused by a defective gene.
その病気は遺伝子の欠陥が原因と信じられている.

○ generate 動 生み出す，発生させる
[dʒénərèit]

語根de連想
種に実がなる
gene + ate
(種) (動詞)

generator 名 発電機
**generation 名 世代

This custom has been handed down from generation to generation.
この慣習は世代から世代へと引き継がれてきた.

○ ***general 形 一般的な，全般的な
[dʒén(ə)rəl]

語根de連想
同じ遺伝子を持った
gene + al
(種) (形容詞)

***generally 副 一般的に，たいてい
generalize 動 一般化する

She tends to generalize from her husband to all men.
彼女は夫からすべての男性を一般化する傾向がある.

○ *generous 形 気前の良い，豊富な
[dʒén(ə)rəs]

語根de連想
生まれた時の優しい気持ち
gene + ous
(生まれる) (形容詞)

generosity 名 気前の良さ，寛大(さ)

He is always generous to his daughters.
彼は娘たちにはいつも気前がいい.

○ regenerate 動 再生する，改心させる
[ridʒénərèit]

語根de連想
生まれ変わらせる
re + gene + ate
(再び) (種) (動詞)

regeneration 名 再生，改心

The election regenerated people's belief in government.
その選挙で人々の政治に対する信頼が再生した.

○ degenerate 動 退化する，悪化する
[didʒénərèit]

語根de連想
生まれない方向へ
de + gene + ate
(～でない) (種) (動詞)

degeneration 名 退化，悪化

Standards in the administration of justice have degenerated.
司法の執行基準が落ちてしまった.

check1 check2 check3

043 gen＝生まれる，種②

❶ track 43

ホモジーニアス

同一人種から成る日本人は，
一般的にhomogeneousといわれる．
homogeneousとは，［homo（同じ）＋gene（遺伝子）
＋ous（形容詞）］ということから，
「同種の・同質の」「均質の」という意味になる．
反対に，「異質な・雑多な」を意味するheterogeneousは
［hetero（別の=other）＋gene（遺伝子）
＋ous（形容詞）］から．

ジーニアス

生まれ持って備えた才能を持つ者，
geniusは「天才・才能」を意味する．

Back to Roots

語根genを持つ語は他に，**hydrogen**（水素），**oxygen**（酸素），**Genesis**（創世記），**eugenics**（優生学），**engine**（エンジン）などもあります．

訳語を考えよう！

Q1 **indi**（内に）＋**gen**（生まれる）＋**ous**（形容詞） → See **indigenous**

The kangaroo is indigenous to Australia.
カンガルーはオーストラリアに□のものである．

hint その国の中だけで生まれたとは？

Q2 **gen**（生まれる）＋**ine**（形容詞） → See **genuine**

I have a friend who is a genuine cockney.
私には□のロンドンっ子の友達がいる．

hint 生まれたままの状態とは？

Q3 **con**（共に）＋**gen**（生まれる）＋**tal**（形容詞） → See **congenital**

He died of congenital heart disease at 18.
彼は18歳で□な心臓病で亡くなった．

hint 生まれた時から持っているとは？

解答：**Q1** 固有　**Q2** 生粋　**Q3** 先天的

indigenous

[indídʒənəs]

形 固有の，原産の，生まれつきの

語根 de 連想
その中だけで生まれた
↑
indi ＋ gen ＋ ous
(内に) (生まれる) (形容詞)

Who are the indigenous people of this island?
この島の先住民は誰ですか.

genuine

[dʒénjuin]

形 本物の，純粋な，生粋の，純真な

語根 de 連想
生まれたままの
↑
gen ＋ ine
(生まれる) (形容詞)

You are too genuine to believe what he says.
彼の言うことを信じるなんて，君は純真すぎる.

congenital

[kəndʒénətl]

形 先天的な

genital 形 生殖の，性器の

語根 de 連想
生まれた時から持っている
↑
con ＋ gen ＋ tal
(共に) (生まれる) (形容詞)

He is notorious for a congenital liar.
彼は根っからの嘘つきとして有名だ.

genial

[dʒíːniəl]

形 にこやかな，温和な

語根 de 連想
生まれた時のような
↑
gen ＋ ial
(生まれる) (形容詞)

She is always genial and welcoming.
彼女はいつもにこやかで温かく迎えてくれる.

ingenious

[indʒíːnjəs]

形 独創的な，巧妙な

ingenuity 名 発明の才

語根 de 連想
生まれつき才能がある
↑
生まれた時に中に持っている
↑
in ＋ gen ＋ ious
(中に) (生まれる) (形容詞)

The plan you put forward was certainly ingenious.
あなたが提出したプランは確かに独創的でした.

congenial

[kəndʒíːnjəl]

形 気が合った，同じ性質の

語根 de 連想
にこやかな性格を共に持っている
↑
con ＋ genial
(共に) (にこやかな)

I found my new boss congenial to me.
新しい上司は私とは気が合うことがわかった.

check1 check2 check3

044 grad＝段階

❶ track 44

グラデーション

色彩が**段階的**に変化するのが gradation.

グレードアップ

新車のグレードアップ(upgrade)は，車の質を**一段階**向上させること.

訳語を考えよう！

Q1 **grad**(段階)＋**al**(形容詞) → See **gradual**

There has been a **gradual** change in climate.

天候が［　　］変わっている.

hint 段階的な変化とは？

Q2 **grad**(段階)＋**ate**(動詞) → See **graduate**

She **graduated** in physics from Cambridge University.

彼女はケンブリッジ大学で物理学を専攻して［　］した.

hint 大学で段階を経て修了するとは？

Q3 **de**(下に)＋**grade**(段階) → See **degrade**

Don't **degrade** yourself by telling such a lie.

そんな嘘をついて自分の値打ちを［　　］てはいけない.

hint 自分自身の段階を下げるとは？

解答：**Q1** 徐々に　**Q2** 卒業　**Q3** 下げ

○ **gradual** [**] 形 徐々の
[grǽdʒuəl]

語根de連想 段階的な ← **grad**（段階）＋ **al**（形容詞）

gradually 副 徐々に

Heat gradually destroys vitamin C.
熱は徐々にビタミンCを破壊する.

○ **graduate** [**] 動 卒業する，卒業させる
[grǽdʒuèit] 名 卒業生

語根de連想 段階を経て学位を取る ← **grad**（段階）＋ **ate**（動詞）

graduation 名 卒業

He graduated from Sophia University last year.
彼は昨年上智大学を卒業した.

○ **degrade** 動 品位を下げる，左遷する
[digréid]

語根de連想 段階を下げる ← **de**（下に）＋ **grade**（段階）

degradation 名 左遷，下落

Don't degrade yourself by accepting such a poor job offer.
そんなつまらない仕事を受けることで自分の品位を落としてはいけない.

○ **postgraduate** 形 大学院(生)の
[pòus(t)grǽdʒuət] 名 大学院生

語根de連想 学部を卒業した後 ← **post**（後の）＋ **grad**（段階）＋ **ate**（動詞）

He is a postgraduate student at the University of Tokyo.
彼は東京大学の大学院生である.

○ **undergraduate**
[ʌ̀ndərgrǽdʒuət] 名 学部学生

語根de連想 卒業していない ← **under**（下の）＋ **grad**（段階）＋ **ate**（動詞）

We met when we were undergraduates at Oxford.
私たちはオックスフォードの学部生の頃に出会った.

○ **retrograde** 動 後退する，逆行する
[rétrəgrèid] 形 後退する，後ろ向きの

語根de連想 段階を下げる ← **retro**（後ろに）＋ **grade**（段階）

The closure of the factory was considered a retrograde step.
工場の閉鎖は後ろ向きの処置と考えられた.

check1 check2 check3

045 graph＝書く，グラフ

track 45

マンモグラフィー
mammographyは［mamm（乳房）＋graphy（グラフ）］から乳がん検査用のレントゲン撮影のこと．

ポリグラフ
嘘発見器として使われるpolygraphは，感情による心理の変化を多数の線で表したグラフ．

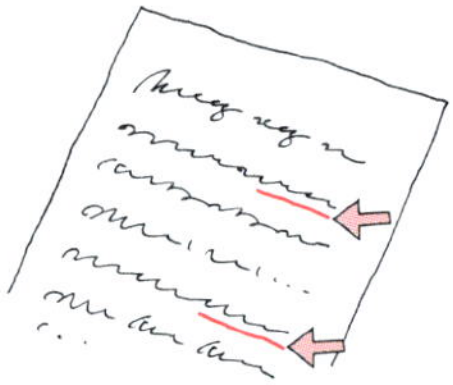

パラグラフ
paragraphは内容の区切りのところで線を［para（脇に）＋graph（書く）］ことから「段落・短い文章」の意味に．

訳語を考えよう！

Q1 tele（遠くに）＋ graph（書く）

→ See telegraph

The kite has caught on a telegraph wire.
凧が□線にかかった．

hint　遠くにいる人に書くものとは？

Q2 auto（自ら）＋ graph（書く）

→ See autograph

Can I have your autograph?
あなたの□をもらえますか．

hint　自分の名前を書いたものとは？

Q3 photo（光）＋ graph（書く）

→ See photograph

He hates having his photograph taken.
彼は□を撮られるのが嫌いだ．

hint　かつては光を当てて写したものとは？

解答：Q1 電　Q2 サイン　Q3 写真

telegraph
[téləgræ̀f]

名 電報，電信装置

語根 de 連想：書いたものを遠くに ← tele（遠くに）+ graph（書く）

The truck crashed into a telegraph pole.
トラックが電柱に激突した．

autograph
[ɔ́:təgræ̀f]

名 サイン，署名
動 サインする

語根 de 連想：自分で書いたもの ← auto（自ら）+ graph（書く）

Can you autograph this T-shirt for me?
このTシャツにサインしてくれませんか．

*** photograph
[fóutəgræ̀f]

名 写真
動 写真を撮る

*** photographer** 名 写真家
photography 名 写真術

語根 de 連想：光で書いたもの ← photo（光）+ graph（書く）

We were photographed kissing in the park.
私たちは公園でキスしているところを写真に撮られた．

graphic
[grǽfik]

形 生き生きとした，生々しい

語根 de 連想：グラフのように写実的な ← graph（グラフ）+ ic（形容詞）

The descriptions of abuse were graphic.
虐待の描写が生々しかった．

phonograph
[fóunəgræ̀f]

名 蓄音機

語根 de 連想：音を書いたもの ← phono（音）+ graph（書く）

Our old phonograph doesn't play any more.
うちの古い蓄音機はもう動かない．

autobiography
[ɔ̀:təbaiɑ́grəfi]

名 自叙伝

語根 de 連想：自分の人生を書くこと ← auto（自ら）+ bio（生きる）+ graph（表）+ y（名詞）

His latest work cannot be categorized either as a novel or an autobiography.
彼の最新の作品は小説とも自叙伝とも分類できない．

check1 check2 check3

046 gress, gree＝歩く，進む

track 46

アグレッシブ

「aggressiveに行こう！」とは，
目的へ向かって積極的に**進もう**ということ．

プログレス

「progressがあった！」とは，
進展があったということ．

訳語を考えよう！

Q1 **con**(共に)＋**gress**(進む) → See congress

The President has lost the support of **Congress**.

大統領は□の支持を失った．

hint 国民に選ばれた人がみんなで行く所とは？

Q2 **a(g)**(～の方へ)＋**gress**(進む)＋**ive**(形容詞) → See aggressive

You have to be **aggressive** to be successful.

成功するためには□にならなければならない．

hint 何かを求めて歩いて行く様子とは？

Q3 **pro**(前に)＋**gress**(進む) → See progress

As the meeting **progressed**, he became more and more bored.

会議が□するにつれて彼はますます退屈になった．

hint 会議が前に進むとは？

解答：Q1 国会　Q2 積極的　Q3 進行

congress ** 名 会議，国会
[káŋgres]

語根 de 連想: con (共に) + gress (進む) → 集まること

congressman 名 国会議員，下院議員
congressional 形 会議の，集会の，国会の

Congress can impose strict conditions on the bank.
国会は銀行に厳しい条件を課すことができる.

---

aggressive 形 攻撃的な，積極的な，活動的な
[əgrésiv]

語根 de 連想: a(g) (〜の方へ) + gress (進む) + ive (形容詞) → 〜に向かって歩いて行く

aggression 名 攻撃，侵略，侵害

His behavior toward her is becoming more and more aggressive.
彼の彼女に対する態度はますます攻撃的になってきた.

---

progress *** 動 前進する，はかどる，進歩する 名 進行，進歩
[prágres]

語根 de 連想: pro (前に) + gress (進む) → 前に進むこと

We have made no progress in controlling inflation.
インフレを抑えるのにまったく前進していない.

---

regress 動 後退する，より悪い状態に戻る 名 後退，退化，悪化
[rigrés]

語根 de 連想: re (後ろに) + gress (進む) → 後ろに進む

His health has regressed to the point that he may die.
彼の体の具合は死亡するかもしれないというところまで悪化した.

---

digress 動 脇道にそれる，脱線する
[daigrés]

語根 de 連想: di (離れて) + gress (進む) → 離れた方向に進む

digression 名 それること，脱線，余談

After several digressions, he finally got to the point.
いくつか余談をした後で彼はようやく本題に入った.

---

degree *** 名 程度，度
[digríː]

語根 de 連想: de (下に) + gree (進む) → 一歩下がること

I agree with you to a certain degree.
私はあなたの意見にはある程度は賛成だ.

check1 check2 check3

047 guard, war(d)＝見守る

❶ track 47

ガードマン
守衛を務める職業は
ガードマン(guard).

ガーディアン・エンジェルズ
国際的な自警団である
Guardian Angelsは,
青少年たちを犯罪から守るため,
街の防犯に当たる.

スチュワード／スチュワーデス
steward(男性)／stewardess(女性)の
本来の意味は「豚小屋(sty)の
番人(ward(ess))」.
現在は性差のないフライト[キャビン]・
アテンダントを使うほうが好まれる.

訳語を考えよう！

Q1 a(～の方へ)＋**ward**(見守る) → See award

He was awarded the first prize in the piano contest.
彼はピアノのコンテストで一等賞を＿＿＿.

hint コンテストでピアノの腕前を見てもらうこととは？

Q2 **re**(後ろを)＋**ward**(見守る) → See reward

You will be properly rewarded for your hard work.
一生懸命に働けばそれにふさわしい＿＿＿がもらえるでしょう.

hint 仕事を見てもらってあとでもらうものとは？

Q3 **re**(後ろを)＋**gard**(見守る) → See regard

Everyone regards her scholarship very highly.
誰もが彼女の学識を非常に高く＿＿＿している.

hint 後ろを振り返って見るとは？

解答：Q1 もらった　Q2 報酬　Q3 評価

** award

[əwɔ́ːrd]

動 与える，裁定する
名 賞品，賞金，裁定額

語根 de 連想
やったことに対して与える
↑
～の方を見守る
↑
a（～の方へ）＋ ward（見守る）

The award ceremony will be held at the Hilton Hotel.
授賞式はヒルトンホテルで行われる.

* reward

[riwɔ́ːrd]

動 報いる
名 報酬

語根 de 連想
やったことに対して報いる
↑
後ろを見守る
↑
re（後ろを）＋ ward（見守る）

I have no reward for all the hard work I did.
私が一生懸命にやったことに対する報酬は全然ない.

*** regard

[rigɑ́ːrd]

動 考える，評価する
名 尊敬，配慮，点，面

語根 de 連想
振り返って見る
↑
re（後ろを）＋ gard（見守る）

She regards her job as the most important thing in her life.
彼女は自分の仕事を人生でもっとも大切なものと考えている.

regardless

[rigɑ́ːrdlis]

形 注意しない，無頓着な

語根 de 連想
後ろを見守らない
↑
re（後ろを）＋ gard（見守る）＋ less（～ない）

Everyone has the right to good medical care regardless of their ability to pay.
支払い能力にかかわらず誰もが十分な医療を受ける権利がある.

ward

[wɔːrd]

名 病棟，区，後見

語根 de 連想
見張る場所
↑
ward（見張る）

She is working as a nurse on the maternity ward.
彼女は産科病棟の看護師として働いている.

warden

[wɔ́ːrdn]

名 監視人，刑務所長

語根 de 連想
見守る人
↑
ward（見守る）＋ en（人）

The prison guards don't like their boss, the warden.
刑務所の守衛たちは上司である刑務所長が好きではない.

check1 check2 check3

048 ior＝比較

track 48

インテリア
interiorは，家の外側と**比べて**内側を飾る室内装飾．

ジュニア
同名の父子，父親と**比較して**
息子のほうがJunior.

訳語を考えよう！

Q1 super（上に）＋ior（より～）
→ See superior

The enemy is superior to us in numbers.
敵は数の上では私たちより□だ．

*hint 私たちよりも上にあるとは？

Q2 infer（下に）＋ior（より～）
→ See inferior

Their performance was inferior to that of our team.
彼らの演技は私たちのチームより□いた．

*hint 私たちのチームよりも下にあるとは？

Q3 exter（外の）＋ior（より～）
→ See exterior

The store deals in both interior and exterior home goods.
その店は家の内装商品と□商品の両方を取り扱っている．

*hint 家の外側のとは？

解答：Q1 優勢　Q2 劣って　Q3 外装

superior * [s(j)u(ː)píə)riər]
形 より優れている，上級の
名 上司，先輩

語根de連想: より上の — super（上に）＋ ior（より〜）

superiority 名 優越，優勢

Your computer is much superior to mine.
君のコンピュータは私のよりはるかに優れている．

---

inferior [infí(ə)riər]
形 より劣った
名 目下の者，後輩

語根de連想: より低い — infer（下に）＋ ior（より〜）

inferiority 名 劣っていること，下位

That country exports a lot of products of a rather inferior quality.
その国はかなり品質の劣った製品をたくさん輸出している．

---

exterior [ekstí(ə)riər]
形 外側の，屋外の
名 外側，外観，外装

語根de連想: より外へ — exter（外の）＋ ior（より〜）

The filming of the exterior scenes was done on the moors.
屋外のシーンの撮影は沼地で行われた．

---

junior ** [dʒúːnjər]
形 年下の
名 年少者，（大学）3年生

語根de連想: より若い — jun（若い）＋ ior（より〜）

senior **
形 年上の
名 年長者，（大学）4年生

That firm is junior to ours by five years.
あの会社はわが社より創立が5年遅い．

---

deteriorate [dití(ə)riərèit]
動 悪化する

語根de連想: より悪い状態になる — deterior（より悪い）＋ ate（動詞）

ameliorate 動 改善する

His health deteriorated rapidly, and he died shortly afterward.
彼の健康は急激に悪化し，その後まもなく亡くなった．

---

prior [práiər]
形 前の，優先する

語根de連想: より前の — pr(e)（前に）＋ ior（より〜）

priority 名 優先権，重要であること

I had to refuse the invitation because of a prior engagement.
私は先約のために招待を断らなければならなかった．

check1 check2 check3

049 is, insul＝島

track 49

アイランド

ハワイ島は常夏のアイランド(island).
islandとは「周囲を水に囲まれたもの」から.

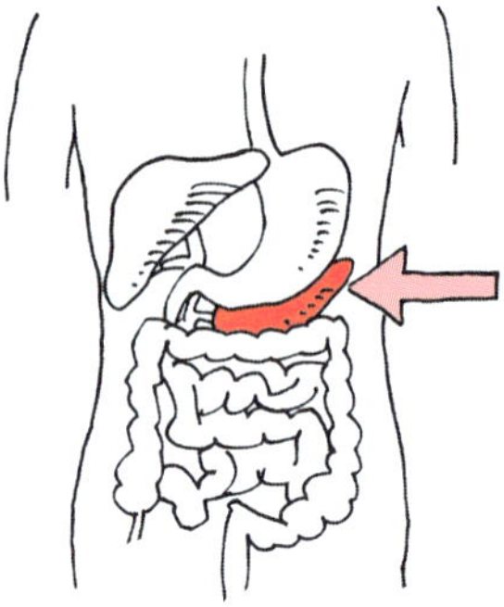

インシュリン

insulinを分泌するのは膵(すい)臓のランゲルハンス島.

訳語を考えよう！

Q1 **isol**(島)＋**ate**(動詞) → See **isolate**

The town was isolated by the floods.
その町は洪水で□した.

hint 町が洪水で島になるとは？

Q2 **insul**(島)＋**ar** (形容詞) → See **insular**

It's a small, insular community in the Midwest.
そこは中西部の小さく□な社会だ.

hint 島のような社会とは？

Q3 **insul**(島)＋**ate**(動詞) → See **insulate**

He insulated his room from noise.
彼は部屋を□にした.

hint 部屋を音から島のようにするとは？

解答：Q1 孤立　Q2 偏狭　Q3 防音

isolate
[áisəlèit]

動 孤立させる

語根de連想: 島にする ← isol（島）+ ate（動詞）

isolation 名 孤立，隔離

No one lives totally alone, isolated from the society around them.
周りの社会から隔離されてたった一人で生活することは誰にもできない.

insular
[íns(j)ulər]

形 島の，島国根性の，偏狭な

語根de連想: 島の性質を持った ← insul（島）+ ar（形容詞）

insularity 名 島国根性

The British are often accused of being insular.
イギリス人はよく偏狭な国民と非難される.

insulate
[íns(j)ulèit]

動 隔離する，絶縁させる，防音[断熱]する

語根de連想: 島にする ← insul（島）+ ate（動詞）

insulation 名 隔離，孤立，絶縁

A lot of parents insulate their children by sending them to private schools.
多くの親たちは私立学校に行かせることによって子供を隔離している.

islander
[áiləndər]

名 島民

語根de連想: 島の人 ← island（島）+ er（人）

Many islanders came to the port to see me off.
たくさんの島民たちが私を見送りに港にやってきた.

isle
[áil]

名 島，小さな島

語根de連想: 小さな島 ← isl（島）+ (c)le（小さなもの）

islet 名 小島(に似たもの)

His family moved to the Isle of Wight.
彼の家族はワイト島に引っ越した.

peninsula
[pinínsələ]

名 半島

語根de連想: ほとんどが島 ← pen（ほとんど）+ insula（島）

peninsular 形 半島の

It took about an hour to walk around the peninsula.
その半島を歩いて一周するのに約1時間かかった.

050 it＝行く

track 50

サーキット
周りを**行く**という意味から，
サーキット場のcircuit
[circu(周りに)＋it(行く)→一周]
は「環状コース」.

ビジター
[見物(vis)に**来る**(it)人(or)]は
visitor(訪問者).

イニシャル
initialは，単語のつづりに
入っていく「先頭の」の意味.

Back to Roots

perishと**issue**の中のishとissもitの変形で，**perish**は[per(完全に)＋ish(行く)]ことから「消滅する」や「死ぬ」の意味に．**issue**は**exit**と同根で「外に出ること」，名詞で「発行・発布・配布」，動詞で「発行する・出版する・支給する・出る」という意味になります．なお，**issue**には会議の場や話題に出ることから「問題(点)」という意味があります．

訳語を考えよう！

Q1 ex(外に)＋it(行く) → See exit

Leave the expressway at the next **exit**.
次の□で高速道路を降りなさい.

hint 外に通じる所とは？

Q2 trans(越えて)＋it(行く) → See transit

The question is whether road **transit** is cheaper than rail.
問題は道路での□が鉄道より安いかどうかである.

hint B地点を越えてC地点まで行くこととは？

Q3 orb(円形)＋it(行く) → See orbit

The satellite is now in a stable **orbit**.
その衛星は現在，安定した□に乗っている.

hint 地球の周りを回る道筋とは？

解答：Q1 出口　Q2 輸送　Q3 軌道

exit [égzit]
名 出口
動 退去する，立ち去る

語根de連想: 外に行く所 ← ex（外に） + it（行く）

We exited via a fire door.
私たちは非常口から退去した.

transit [trǽnsit, trǽnzit]
名 通過，運送，輸送
動 通過する，横切る

transition 名 推移，過渡期
transient 形 一時的な，短期滞在の

語根de連想: 通り過ぎること ← trans（越えて） + it（行く）

It was damaged in transit.
それは輸送中に損傷を受けた.

orbit [ɔ́ːrbit]
名 軌道，（人生の）行路
動 ～の周りを回る

語根de連想: 地球の周りを行く ← orb（円形） + it（行く）

Meteors transit the earth's orbit occasionally.
流星は時々，地球の軌道を通過する.

initiate [iníʃièit]
動 入会させる，始める

initiative
形 手始めの
名 主導権，自発性

語根de連想: 中に入って行く ← in（中に） + it（行く） + ate（動詞）

The peace talks were initiated by a special envoy.
和平会談は特使によって開始された.

*__ambition__ [æmbíʃən]
名 野心，念願，夢

ambitious 形 野心的な

語根de連想: あちこちに行く ← amb（周り） + it（行く） + ion（名詞）
※古代ローマ時代，選挙のために各地を歩き回ったことから

She realized her ambition to become a doctor.
彼女は医者になるという夢を実現させた.

obituary [əbítʃuèri]
名 死亡記事

語根de連想: 反対の世界に逝くこと ← ob（反対に） + it（行く） + ary（名詞）

I read your father's obituary in the Times.
タイムズ紙であなたのお父さんの死亡記事を読みました.

check1 check2 check3

051 ① track 51  ject, jet＝投げる

ジェット
ジェット機（jet plane）は
大空に向かって**投げられた**が原義.

プロジェクター
projectorは,
映像を前に（pro）**投げる（投射する）**
機械のこと.

プロジェクト
projectは，計画が未来に
向かって**投げられた**もの.

Back to Roots

abjectは[ab（離れて）＋ject（投げる）→投げ捨てられた]から「みじめな・落ちぶれた」，**dejected**は[de（下に）＋ject（投げる）→下に投げられた]から「落胆した」の意味に．**adjective**は[ad（～の方へ）＋ject（投げる）→名詞の方へ投げられた]から「形容詞」の意味になりました．

訳語を考えよう！

Q1 re（後ろに）＋ject（投げる） → See reject

He was **rejected** by the army because of his bad eyesight.
彼は視力が悪いために軍隊から□された．

hint 差し戻されるとは？

Q2 e(x)（外に）＋ject（投げる） → See eject

Press the stop button again to **eject** the tape.
テープを□にはもう一度ストップボタンを押します．

hint 投げ出されるとは？

Q3 in（中に）＋ject（投げる） → See inject

The doctor **injected** penicillin into the patient's arm.
医師は患者の腕にペニシリンを□した．

hint 腕にペニシリンを投げ入れるとは？

解答：**Q1** 拒否　**Q2** 取り出す　**Q3** 注射

○ **reject** ** [ridʒékt]　動 拒否する，拒絶する

語根de連想：後ろに投げる ← re（後ろに）＋ ject（投げる）

rejection　名 拒否，拒絶

I sent him a rejection letter.
私は彼に断りの手紙を送った．

○ **eject** [idʒékt]　動 追い出す，取り出す，立ち退かせる

語根de連想：投げ出す ← e(x)（外に）＋ ject（投げる）

ejection　名 追い出し，放出

He was ejected from the restaurant.
彼はレストランから追い出された．

○ **inject** [indʒékt]　動 注入する，注射する

語根de連想：投げ入れる ← in（中に）＋ ject（投げる）

injection　名 注入，注射

Children hate having injections.
子供は注射されるのをいやがる．

○ **subject** *** [動 səbdʒékt] [形名 sʌ́bdʒikt]　動 服従させる　形 従う，受けやすい　名 話題，科目

語根de連想：下に投げる ← sub（下に）＋ ject（投げる）
※頭の下から投げられたことから

subjective　形 主観的な

The king subjected all the surrounding countries to his rule.
王は周辺の国をすべて支配下に置いた．

○ **object** *** [名 ɑ́bdʒikt] [動 əbdʒékt]　名 物体，対象，目的(物)　動 反対する

語根de連想：向かって投げられた(もの) ← ob（～に向かって）＋ ject（投げる）

objection　名 反対

objective　名 目的，目標　形 目標の，客観的な

The majority objected to our plan.
大多数が私たちの計画に反対した．

○ **conjecture** [kəndʒéktʃər]　動 憶測する，推測する　名 憶測，推測

語根de連想：勝負事にみんなで一緒にお金を投げる ← con（共に）＋ ject（投げる）＋ ure（名詞）

The judge dismissed the evidence as pure conjecture.
裁判官は証拠を単なる憶測として退けた．

check1　check2　check3

052 just, jur, jud＝正しい, 法

❶ track 52

ジャスト

「ジャスト(just)12時」は
「**正確に**(ちょうど)12時」.
justは形容詞として使うときは
「公平な・正当な」という意味に.

ジャッジ

スポーツにおいて，**正しい**判断を下すのが審判(judge).
judgeは他に「裁判官」という意味もある.
動詞としては「裁判する・判断する」の意味があり，
名詞形はjudgment(判断・裁判).

Back to Roots

jur, judの語根を持つ単語は他に，**judicial**(裁判の・司法の)，**jurisdiction**(司法権)などもあります.

訳語を考えよう！

Q1 **ad**(～の方へ)＋**just**(正しい) → See adjust

Pull the lever toward you to adjust the speed.
レバーを手前に引いてスピードを□してください.

hint スピードを正しい方向へもっていくとは？

Q2 **just**(正しい)＋**ify**(動詞) → See justify

The law justifies killing someone to defend oneself.
法律は自分を守るために人を殺すことを□している.

hint 人殺しを正しいものとするとは？

Q3 **in**(～でない)＋**jure**(正しい) → See injure

He was badly injured in the car accident.
彼は自動車事故で重□を負った.

hint 体を正しくない状態にするとは？

解答：Q1 調節　Q2 正当化　Q3 傷

*adjust [ədʒʌ́st]
動 調整する，調節する，適合させる

語根 de 連想
正しい方へ
ad (～の方へ) ＋ just (正しい)

adjustment 名 調整，調節

It took a while for my eyes to adjust to the dimness.
暗がりに私の目が合うのに少し時間がかかった.

*justify [dʒʌ́stəfài]
動 正当化する

語根 de 連想
正しいものにする
just (正しい) ＋ ify (動詞)

justification 名 正当化

He is justified in protesting against it.
彼がそれに抵抗するのももっともである.

injure [índʒər]
動 傷つける

語根 de 連想
正しくない状態にする
in (～でない) ＋ jure (正しい)

**injury 名 傷害，損害
injurious 形 害のある

I injured my right knee when I ran in a long race.
長距離レースに参加して私は右膝を痛めた.

**justice [dʒʌ́stis]
名 正義，公正，正当性，裁判

語根 de 連想
正しいこと
just (正しい) ＋ ice (名詞)

injustice 名 不正

Justice has been done.
正義がなされた.

jury [dʒú(ə)ri]
名 陪審(員団)

語根 de 連想
正しくあるべきもの
jur (正しい) ＋ y (名詞)

juror 名 陪審員

The case will be decided by a jury.
その件は陪審員によって判決が出されるでしょう.

prejudice [prédʒədis]
名 偏見，先入観
動 偏見を持たせる

語根 de 連想
前もって正しいと判断すること
pre (前に) ＋ jud (正しい) ＋ ice (名詞)

His judgment was warped by prejudice.
彼の判断は偏見でゆがめられていた.

check1 check2 check3

053 labor＝労働

❶ track 53

コラボレーション

ピアノとバイオリンを共に**活かした**collaboration.

LL教室（language laboratory）は言語を**働かせる**ための研究室.

訳語を考えよう！

Q1 **labor**（労働）＋ **ate**（動詞）＋ **ory**（場所） → *See* **laboratory**

I am in charge of accounting at this **laboratory**.
私はこの□所で会計を担当しています.

hint 労働する場所とは？

Q2 **e(x)**（外に）＋ **labor**（労働）＋ **ate**（動詞） → *See* **elaborate**

Their **elaborate** designs capture the hearts of women.
彼らの□なデザインが女性の心をひきつける.

hint 労働して作ったものとは？

Q3 **co(l)**（共に）＋ **labor**（労働）＋ **ate**（動詞） → *See* **collaborate**

Turkey **collaborated** with Germany during the First World War.
トルコは第一次世界大戦においてドイツに□した.

hint トルコが戦争でドイツと一緒に仕事をするとは？

解答：**Q1** 研究　**Q2** 精巧　**Q3** 協力

laboratory

[lǽb(ə)rətɔ̀ːri]

名 研究室，実験室，研究所

語根de連想
労働する場所
labor + ate + ory
(労働) (動詞) (場所)

Laboratory and field tests have been conducted.
研究室でのテストと実地テストが行われた.

elaborate

[米ilǽbərèit]
[形ilǽbərit]

動 苦心して仕上げる，詳しく述べる
形 手の込んだ，精巧な

語根de連想
労働して作り出した
e(x) + labor + ate
(外に) (労働) (動詞)

He elaborated on the plan to expand the business.
彼は事業を拡大する計画について詳しく述べた.

collaborate

[kəlǽbərèit]

動 協力する，共同研究する

collaboration 名 協力，共同制作

語根de連想
一緒に労働する
co(l) + labor + ate
(共に) (労働) (動詞)

Many scientists are collaborating to develop a new vaccine.
たくさんの科学者たちが新しいワクチンの開発を共同研究している.

labor

[léibər]

名 労働

laborer 名 労働者
labored 形 苦心した，ぎこちない
labor pains 名 陣痛

語根de連想
働くこと
labor
(労働)

The company wants to keep down labor costs.
その会社は労働賃金を削減したがっている.

laborious

[ləbɔ́ːriəs]

形 勤勉な，手間のかかる

語根de連想
よく働く
labor + ous
(労働) (形容詞)

Removing pre-installed software is often laborious.
インストール済みのソフトを取り除くには手間がかかることが多い.

labor-saving

[léibərsèiviŋ]

形 省力の，労力節約の

語根de連想
労働を節約する
labor + saving
(労働) (節約する)

He created a labor-saving device for mixing bread dough.
彼はパン生地を混ぜる省力装置を作り出した.

check1 check2 check3

054 late, lay＝運ぶ, 置く

track 54

バトン・リレー
baton relayは割り当てられた区間,
バトンを運んで次の選手に中継する競技.

ディレードスチール
動かないでおく, と見せかけて
一瞬のすきをついて行う盗塁は,
delayed steal.

訳語を考えよう！

Q1 **trans**(越えて)＋**late**(運ぶ) → See **translate**

Can you translate this sentence into French?
この文をフランス語に□できますか.

hint 文を言語を越えてフランス語に運ぶとは？

Q2 **de**(完全に)＋**lay**(置く) → See **delay**

The opening of the new bridge may be delayed for several months.
新しい橋の開通は数か月□だろう.

hint 橋の開通が数か月置かれるとは？

Q3 **re**(元に)＋**lat**(運ぶ)＋**ive**(形容詞) → See **relative**

Are your relatives from Denmark coming to the wedding?
あなたのデンマークの□は結婚式に来ますか.

hint 元の場所に運ぶ→共通の祖先まで遡るとは？

解答：Q1 翻訳　Q2 遅れる　Q3 親戚

○ *translate [trǽnsleit] 動 翻訳する
translation 名 翻訳

語根de連想: 言語を越えて意思を伝える
trans（越えて） + late（運ぶ）

I'll translate this contract into English.
この契約書を英語に翻訳します.

○ **delay [diléi] 動 遅らせる

語根de連想: すっかりそのまま置いておく
de（完全に） + lay（置く）

My plane was delayed by an hour because of the fog.
私の乗っている飛行機は霧のために1時間遅れた.

○ **relative [rélətiv] 形 関係のある，比較上の 名 親戚

語根de連想: 元の場所に運んで関連づける
re（元に） + lat（運ぶ） + ive（形容詞）

The result of the exams was a relative success.
試験の結果は比較的うまくいった.

○ **relate [riléit] 動 関係づける
**related 形 関連性のある
relation 名 関係，親戚関係

語根de連想: 元の場所に運ぶ
re（元に） + late（運ぶ）

We discussed inflation, unemployment, and related issues.
私たちはインフレと失業とそれに関連した諸問題を討論した.

○ ***lay [lei] 動 置く，横たえる

語根de連想: 横にする
lay（置く）

She laid the baby on the bed.
彼女は赤ちゃんをベッドに寝かせた.

○ superlative [s(j)upə́ːrlətiv] 形 最上(級)の 名 最上級，誇張した表現

語根de連想: 上に置かれた
super（上に） + lat（置く） + ive（形容詞）

'Happiest' is the superlative of 'happy.'
'Happiest' は 'happy' の最上級です.

check1 check2 check3

055 lav, laund, lug, lut, lot =洗う，流す

track 55

コインランドリー
コイン式自動洗濯機を備えたコインランドリーはアメリカではlaundromat，イギリスではlaunderette．

ローション
もともと顔や体を洗うlotionはアルコール分を含む化粧水の総称．

訳語を考えよう！

Q1 **lav**（洗う）＋**ory**（場所） → See lavatory

The public lavatories are situated on the other side of the beach.
公衆□はビーチの反対側にある．

hint 洗う場所とは？

Q2 **lav**（流す）＋**ish**（形容詞） → See lavish

The restaurant has a lavish dessert menu.
そのレストランは□なデザートメニューがある．

hint 洗い流す→湯水のように使えるとは？

Q3 **de**（離れて）＋**luge**（流す） → See deluge

Viewers sent a deluge of complaints about the show.
視聴者はそのショーについて□の不満の声を送った．

hint 洗い流すような不満の声とは？

解答：Q1 トイレ　Q2 豊富　Q3 大量

lavatory [lǽvətɔ̀ːri]

名 トイレ，便所

語根 de 連想: 洗い流す場所 ← lav（洗う）＋ ory（場所）

Smoking is not permitted in the plane's lavatories.
飛行機のトイレは禁煙です．

---

lavish [lǽviʃ]

形 気前の良い，豊富な
動 惜しみなく与える

語根 de 連想: 湯水のように使う ← lav（流す）＋ ish（形容詞）

He lavishes affection on his wife.
彼は妻に愛情を惜しみなく与えている．

---

deluge [délju:dʒ]

名 大洪水，殺到，大量
動 殺到する，押し寄せる

語根 de 連想: 洗い流す ← de（離れて）＋ luge（流す）

The professor was deluged with questions.
教授に質問が殺到した．

---

dilute [dailúːt]

動 薄める，効果を弱める

dilution 名 薄めること，希釈

語根 de 連想: 流して薄める ← di（離れて）＋ lute（流す）

You can dilute your tea with some water.
お茶を水で薄めてもかまいません．

---

lava [lɑ́ːvə]

名 溶岩（層）

語根 de 連想: 大地を洗い流すもの

Lava flowed down the sides of the volcano.
火山の側面に溶岩が流れ落ちた．

---

laundry [lɔ́ːndri]

名 洗濯屋，クリーニング店，洗濯物

語根 de 連想: 洗う場所 ← laund（洗う）＋ ry（場所）

I helped my mother with the laundry.
私は母の洗濯を手伝った．

check1 check2 check3

056
track 56

lax, lack, loose, lease =ゆるむ

リラックス
温泉に入って心を**ゆるめる**と
relaxできる.

スラックス
ゆったりしたズボンはslacks.
slackは「ゆるい, 怠慢な」の意味.

ルーズリーフ
バインダーを**ゆるめて**紙を取り外せる
ノートはloose-leaf notebook.

リリース
新曲をreleaseするとは,
曲を自分の元から**ゆるめて**放つこと.

訳語を考えよう !

Q1 **re**(すっかり) + **lease**(ゆるめる) → See **release**

Her new album will be **released** at the end of the month.
彼女の新しいアルバムは月末に□されるる.

hint アルバムをゆるめて放つとは?

Q2 **re**(すっかり) + **lax**(ゆるめる) → See **relax**

I want to sit down and **relax**.
座って□たい.

hint 体をゆるめるとは?

Q3 **lax**(ゆるめる) + **tive**(形容詞) → See **laxative**

Cascara is a **laxative** herb.
カスカラは□を良くする薬草だ.

hint お腹をゆるめるものとは?

解答: Q1 発売　Q2 くつろぎ　Q3 便通

***release
[rilíːs]

動 解放する，発売する
名 解放，免除，一般公開

語根 de 連想: 閉じたものをゆるめる
re (すっかり) ＋ lease (ゆるめる)

The＿ called for the immediate release of the hostages.
彼らは人質の即座の解放を求めた.

**relax
[rilǽks]

動 くつろぐ，くつろがせる，ゆるめる，ゆるむ

relaxing 形 くつろがせる
relaxation 名 息抜き，休養

語根 de 連想: 緊張をゆるめる
re (すっかり) ＋ lax (ゆるめる)

I'm going to spend the weekend just relaxing.
週末はただくつろいで過ごすつもりです.

laxative
[lǽksətiv]

形 下剤の
名 下剤，通じ薬

語根 de 連想: 便をゆるめる
lax (ゆるめる) ＋ tive (形容詞)

The doctor recommended an effective laxative to me.
医師は私に効果的な下剤を推薦してくれた.

relish
[réliʃ]

名 味，風味，好み，喜び
動 好む，楽しむ，賞味する

語根 de 連想: 中身をゆるめる
re (すっかり) ＋ lish (ゆるめる)

I have no relish for fishing.
私はつりが好きではない.

lease
[liːs]

名 借地［借家］契約，賃貸借，賃借権
動 賃貸する

語根 de 連想: ゆるめて許可を与える

The lease plainly states that damage must be paid for.
損傷に対しては支払わなければならないと借家契約にははっきりうたっている.

*loose
[luːs]

形 ゆるんだ，解き放たれた
副 ゆるく，ゆるんで，ばらで
動 解き放つ，ゆるめる

loosen 動 ゆるめる，緩和する

語根 de 連想: ゆるむ

The tomatoes were sold loose, not in bags.
トマトは袋入りではなくばら売りだった.

check1 check2 check3

057 lea(g), li(g), ly＝結ぶ

❶ track 57

リーグ
国同士が手を結んでできた
国際連盟（the League of Nations）は
現在の国際連合の前身である.

リーグ
leagueは共に
一つの競技で**結ばれた**
「同盟・連盟」の意味.

ラリー
テニスのrallyは[r(e)(再び)＋lly(結ぶ)]から,
ボールのやりとりにおいて
対戦相手同士を再び**結ぶ**こと.
動詞としては他に「再結集する・回復する」
という意味があり, 名詞として使うと
「集会・大会・回復」などの意味に.

訳語を考えよう！

Q1 **re**(再び)＋**lig**(結ぶ)＋**ion**(名詞) → See religion

Buddhism is one of the world's major **religions**.
仏教は世界の主要な□の一つである.

hint 再び神と結びつくこととは？

Q2 **re**(しっかり)＋**ly**(結ぶ) → See rely

You can **rely** on us to help you.
私たちの助けを□にしてもいいですよ.

hint しっかり結ばれた関係にあるとは？

Q3 **a(l)**(〜の方へ)＋**ly**(結ぶ) → See ally

Germany was once **allied** with Italy.
ドイツはかつてイタリアと□であった.

hint イタリアと結ばれた関係にあるとは？

解答：**Q1** 宗教　**Q2** 当て　**Q3** 同盟国

○ **religion** [rilídʒən] 名 宗教

religious 形 宗教的な

語根 de 連想: 神と再び結びつく ← re（再び）＋ lig（結ぶ）＋ ion（名詞）

Religious education is compulsory in all English schools.
イギリスのすべての学校では宗教教育は必須です.

○ **rely** [rilái] 動 頼る

reliance 名 信頼，依存

reliable 形 信頼できる，確実な

語根 de 連想: しっかりと結ぶ ← re（しっかり）＋ ly（結ぶ）

In this area, cell phones are the only reliable way of communicating.
この地域では携帯電話は唯一の確実な伝達方法である.

○ **ally** [動 əlái] [名 ǽlai] 動 同盟する，結びつく 名 同盟国

語根 de 連想: 結びつける ← a(l)（〜の方へ）＋ ly（結ぶ）

Cats are allied to tigers.
猫はトラと近縁である.

○ **alliance** [əláiəns] 名 同盟，提携，協調

語根 de 連想: 結びつけること ← a(l)（〜の方へ）＋ li（結ぶ）＋ ance（名詞）

The company entered into an alliance with a hotel chain.
その会社はホテルチェーンと提携した.

○ **liable** [láiəbl] 形 法的な責任がある，〜しがちである

liability 名 責任，義務

語根 de 連想: 縛ることができる ← li（縛る）＋ able（〜できる）

He is liable to pay a debt.
彼は負債を払う責任がある.

○ **oblige** [əbláidʒ] 動 余儀なくさせる，義務づける，恩義を施す

obligation 名 義務，恩義

obligatory 形 義務的な

語根 de 連想: 〜する方へ縛りつける ← ob（〜に向かって）＋ lig（縛る）

Parents are obliged by law to send their children to school.
両親は子供を学校へ送ることを法律で義務づけられている.

check1 check2 check3

058 lect, leg, lig＝集める，選ぶ

❶ track 58

コレクター

collectorは［一緒に(col)**集める**(lect)人(or)］から「収集家」という意味に.

エレガント

elegant［e(外に)＋leg(選ぶ)＋ant(形容詞)］な女性とは「**選び抜かれた**女性」の意味.

カレッジ

college(単科大学)は共に(col)**選ばれた**(leg)者が学ぶ場所.

Back to Roots

セレクション(**selection**)はたくさんの中から厳選するということ.「同僚(**colleague**)」は専門職や公職の仲間のことで，普通の会社や工場などの同僚は**coworker**といいます.

訳語を考えよう！

Q1 re(再び)＋collect(集める)

→ See recollect

As far as I can recollect, she wasn't present at the meeting.

私が□する限りでは彼女は会議に出席していなかった.

hint 過去の記憶を再び集めるとは？

Q2 neg(～でない)＋lect(選ぶ)

→ See neglect

It seems he's neglected his studies this week.

今週，彼は勉強を□いるようです.

hint 勉強を選ばないということは？

Q3 e(l)(外に)＋lig(選ぶ)＋ible(～できる)

→ See eligible

When are you eligible to vote in your country?

あなたの国ではいつから投票の□がもらえますか.

hint 選び出すことができるために必要な立場とは？

解答：Q1 記憶　Q2 怠って　Q3 資格

recollect [rèkəlékt] 動 **思い出す，記憶する**

語根de連想：過去の記憶を再び集める ↑ re（再び）＋ collect（集める）

recollection 名 記憶，思い出

I cannot recollect the details of the report any more.
報告書の詳細はもう思い出せません.

---

neglect [niglékt] 動 **無視する，怠る，～し忘れる**

語根de連想：選ばない ↑ neg（～でない）＋ lect（選ぶ）

negligent 形 怠惰な，不注意な

negligence 名 怠惰，不注意

She accuses me of negligence if I don't call her every day.
私が毎日電話をしないと彼女は私の怠惰をとがめる.

---

eligible [élidʒəbl] 形 **資格のある，適格の**

語根de連想：選び出すことができる ↑ e(l)（外に）＋ lig（選ぶ）＋ ible（～できる）

He is eligible to run for party leader.
彼は党首に立候補する資格がある.

****elect** [ilékt] 動 **（選挙で）選ぶ**

語根de連想：選び出す ↑ e(x)（外に）＋ lect（選ぶ）

*****election** 名 選挙

He was elected mayor of this city.
彼はこの市の市長に選ばれた.

---

intellect [íntəlèkt] 名 **知性**

語根de連想：中に入って選び分けることができること ↑ intel（間に）＋ lect（選ぶ）

intellectual 形 知性的な

His intellect is known all over the village.
彼の知性は村中に知られている.

****intelligence** [intélədʒəns] 名 **知能，情報**

語根de連想：中に入って選び分けることができること ↑ intel（間に）＋ lig（選ぶ）＋ ence（名詞）

****intelligent** 形 知能が高い，聡明な

A child's intelligence develops rapidly between the ages of four and five.
子供の知能は4歳から5歳の間に急速に発達する.

check1 check2 check3

059 lev＝軽い，持ち上げる

❶ track 59

レバー
leverは，もともと重い物の下に差し入れて
持ち上げる「てこ」のこと．

エレベーター
elevatorは人や荷物を持ち上げたり，
降ろしたりする装置．

訳語を考えよう！

Q1 **re**(再び) ＋ **lieve**(軽い) → See relieve

I was relieved to see him happy.
彼が幸せなのを見て□とした．

hint 不安な気持ちを軽くするとは？

Q2 **a(l)**(〜の方へ) ＋ **levi**(軽い) ＋ **ate**(動詞) → See alleviate

Heavy rains in March alleviated the drought conditions.
3月の豪雨は干ばつの状況を□した．

hint 干ばつの状況を軽い方へ導いたとは？

Q3 **levi**(軽い) ＋ **ate**(動詞) → See levitate

Followers claim that she has levitated frequently during prayer.
信者たちは，彼女が祈りの間たびたび□したと主張している．

hint 体を軽くするとは？

解答：Q1 ほっ　Q2 軽減　Q3 浮揚

relieve
[rilíːv]

動 取り除く，和らげる，ほっとさせる

語根 de 連想: 再び軽くする ← re ＋ lieve (再び) (軽い)

Massage is used to relax muscles and relieve stress.
筋肉をほぐしストレスを和らげるためにマッサージが使われる.

alleviate
[əlíːvièit]

動 軽減する，緩和する

語根 de 連想: 軽い方に向かう ← a(l) ＋ levi ＋ ate (〜の方へ) (軽い) (動詞)

alleviation 名 軽減，緩和

A lot of measures were taken to alleviate the problem.
問題を軽減するためにたくさんの対策が講じられた.

levitate
[lévətèit]

動 空中浮揚する［させる］

語根 de 連想: 体を軽くする ← 軽くする ← levi ＋ ate (軽い) (動詞)

A magician levitated a chair on the stage by waving his hands.
マジシャンは手を振って舞台の上で椅子を浮揚させた.

elevate
[éləvèit]

動 上げる，高める

語根 de 連想: 持ち上げる ← e(x) ＋ lev ＋ ate (外に) (軽い) (動詞)

elevator 名 エレベーター

He was elevated to the post of prime minister.
彼は総理大臣の職に昇進した.

levy
[lévi]

名 徴収，徴収額
動 課す

語根 de 連想: 市民の財布を軽くするもの，取り上げるもの ← lev ＋ y (軽い) (名詞)

America levied economic sanctions against the country.
アメリカはその国に経済的な制裁を科した.

relevant
[réləvənt]

形 関連した，適切な

語根 de 連想: 適切な状況で取り上げる ← re ＋ lev ＋ ant (元に) (軽い) (形容詞)

relevance 名 関連，適切
irrelevant 形 不適切な，関連性のない

That is not relevant to the present problem.
それは当面の問題とは関係がない.

check1 check2 check3

060 loc＝場所

track 60

ローカル
地元の新聞はローカル（local）新聞.

ロケーション
「今回の撮影で，最高のlocationは，
港町の夜景が一望できる場所だった」

ロコモーティブ
ＳＬ蒸気機関車（steam locomotive）の
locomotiveは［loc（場所）＋motive（動く）］から
場所を移動する「機関車」の意味に.

訳語を考えよう！

Q1 a(l)（～の方へ）＋loc（場所）＋ate（動詞）

→ See allocate

The company has allocated $1,000 to the team to get the project started.
その会社はプロジェクトをスタートさせるためにチームに1000ドルを□した.

hint チームに1000ドルを置いたとは？

Q2 dis（離れて）＋loc（場所）＋ate（動詞）

→ See dislocate

He dislocated his shoulder playing baseball.
彼は野球をやって肩を□した.

hint 肩の場所を引き離すとは？

Q3 re（再び）＋loc（場所）＋ate（動詞）

→ See relocate

Many factories are relocating to this area.
多くの工場がこの地域へ□してきている.

hint 工場が場所を変えるとは？

解答：Q1 配分　Q2 脱臼　Q3 移転

allocate [æləkèit] 動 割り当てる，配分する

語根 de 連想: 各場所に置く ← a(l)（〜の方へ） + loc（場所） + ate（動詞）

allocation 名 配分，割り当て

The house allocated to us was pleasant and spacious.
私たちに割り当てられた家は快適で広かった.

dislocate [díslouкèit] 動 脱臼させる，混乱させる

語根 de 連想: 場所から引き離す ← dis（離れて） + loc（場所） + ate（動詞）

dislocation 名 脱臼，混乱

Communications were temporarily dislocated by the bad weather.
通信手段は悪天候により一時混乱状態にあった.

relocate [riːlóukeit] 動 移転する［させる］

語根 de 連想: 場所を変える ← re（再び） + loc（場所） + ate（動詞）

relocation 名 移転，移住

A lot of companies are relocating to the suburbs of London.
たくさんの会社がロンドンの郊外に移転している.

*** **local** [lóukəl] 形 その土地の，地元の，各駅停車の

語根 de 連想: 場所の ← loc（場所） + al（形容詞）

locality 名 地域，場所

We put an ad in the local paper.
私たちは地元紙に広告を出した.

locate [lóukeit] 動 位置を見つける，設置する

語根 de 連想: 場所を置く ← loc（場所） + ate（動詞）

* **location** 名 場所，位置，ロケ

Kasukabe City is located in the east of Saitama.
春日部市は埼玉の東にある.

collocation [kɑ̀ləkéiʃən] 名 連語，（語と語の）結びつき

語根 de 連想: 一緒の場所に並べたもの ← co(l)（共に） + loc（場所） + tion（名詞）

'Commit a crime' is a typical collocation in English.
'commit a crime' という表現は英語の典型的な連語である.

check1 check2 check3

語源de腕試し ③

1
次の単語の意味を下の語群から選びましょう.

1. deluge (　　)　2. relative (　　)　3. election (　　)　4. obligation (　　)
5. religion (　　)　6. adjustment (　　)　7. objective (　　)　8. obituary (　　)
9. reward (　　)　10. transfusion (　　)

ア 輸血　イ 親戚　ウ 目標　エ 調整　オ 義務
カ 死亡記事　キ 報酬　ク 選挙　ケ 宗教　コ 大洪水

2
次の英文の(　　)内の単語を完成させましょう.

①She tends to (□□□□□□lize) from her husband to all men.
彼女は夫からすべての男性を一般化する傾向がある.

②She (re□□□□s) her job as the most important thing in her life.
彼女は自分の仕事を人生でもっとも大切なものと考えている.

③It took a while for my eyes to (ad□□□□) to the dimness.
暗がりに私の目が合うのに少し時間がかかった.

④I (in□□□□d) my right knee when I ran in a long race.
長距離レースに参加して私は右膝を痛めた.

⑤A lot of companies are (re□□□□□ing) to the suburbs of London.
たくさんの会社がロンドンの郊外に移転している.

⑥He was (ele□□□□d) to the post of prime minister.
彼は総理大臣の職に昇進した.

⑦I'll (trans□□□□) this contract into English.
この契約書を英語に翻訳します.

⑧Many scientists are (coll□□□□□□□ing) to develop a new vaccine.
たくさんの科学者たちが新しいワクチンの開発を共同研究している.

⑨She politely (re□□□□d) my invitation.
彼女は私の招待を丁重に断った.

⑩He (gra□□□□□d) from Sophia University last year.
彼は昨年上智大学を卒業した.

解答
1　1. コ　2. イ　3. ク　4. オ　5. ケ　6. エ　7. ウ　8. カ　9. キ　10. ア
2　①genera(lize)　②(re)gard(s)　③(ad)just　④(in)jure(d)　⑤(re)locat(ing)
⑥(ele)vate(d)　⑦(trans)late　⑧(coll)aborat(ing)　⑨(re)fuse(d)　⑩(gra)duate(d)

3 次の単語の意味を下の語群から選びましょう.

1. aggressive (　　) 2. intellectual (　　) 3. reliable (　　)
4. congenial (　　) 5. congenital (　　) 6. general (　　) 7. profuse (　　)
8. relevant (　　) 9. loose (　　) 10. inferior (　　)

ア 豊富な　イ 先天的な　ウ ゆるんだ　エ 気が合った　オ 信頼できる
カ 知性的な　キ 関連した　ク より劣った　ケ 攻撃的な　コ 一般的な

4 次の①～⑩の(　　)に入る単語を下の語群から選びましょう.

①You are too (　　) to believe what he says.
彼の言うことを信じるなんて，君は純真すぎる.

②He is (　　) to pay a debt.
彼は負債を払う責任がある.

③He is (　　) to run for party leader.
彼は党首に立候補する資格がある.

④The filming of the (　　) scenes was done on the moors.
屋外のシーンの撮影は沼地で行われた.

⑤The British are often accused of being (　　).
イギリス人はよく偏狭な国民と非難される.

⑥Their (　　) designs capture the hearts of women.
その精巧なデザインが女性の心をひきつける.

⑦Removing pre-installed software is often (　　).
インストール済みのソフトを取り除くには手間がかかることが多い.

⑧We put an ad in the (　　) paper.
私たちは地元紙に広告を出した.

⑨Our efforts to revive the dog were (　　).
その犬を生き返らせようと私たちは努力したが無駄であった.

⑩He is always (　　) to his daughters.
彼は娘たちにはいつも気前がいい.

ア futile　イ eligible　ウ genuine　エ generous　オ exterior
カ liable　キ local　ク laborious　ケ elaborate　コ insular

解答

3 1. ケ　2. カ　3. オ　4. エ　5. イ　6. コ　7. ア　8. キ　9. ウ　10. ク

4 ①ウ　②カ　③イ　④オ　⑤コ　⑥ケ　⑦ク　⑧キ　⑨ア　⑩エ

061 magn, max = 大きい

track 61

マグニチュード
magnitudeは地震の**大きさ**を表す尺度.

マグナ・カルタ
Magna Cartaは1215年にイギリスで承認された**大憲章**.

訳語を考えよう！

Q1 magn(大きい) + ify(動詞) → See magnify

Don't **magnify** the danger.
その危険性を□してはいけない.

hint 危険を大きくするとは？

Q2 magn(大きい) + fic(作る) + ent(形容詞) → See magnificent

Wolves are **magnificent** and beautiful animals.
オオカミは□とした美しい動物だ.

hint 大きい作りをしたとは？

Q3 max(大きい) + imum(最上級) → See maximum

Forty is the **maximum** number of passengers this bus is allowed to carry.
40がこのバスが乗せられる乗客の□数だ.

hint 一番大きい数字とは？

解答：Q1 誇張　Q2 堂々　Q3 最大

○ **magnify** [mǽgnəfai] 動 拡大する，誇張して言う

magnifier 名 拡大鏡，虫眼鏡

語根 de 連想: 大きくする ← magn（大きい）＋ ify（動詞）

The report tends to magnify the risks involved.
そのレポートは伴う危険性を誇張しがちである.

○ **magnificent** [mægnífəsnt] 形 壮大な，堂々とした，すばらしい

magnificence 名 壮大，豪華

語根 de 連想: 大きく作った ← magn（大きい）＋ fic（作る）＋ ent（形容詞）

The location of the town along the river is magnificent.
川沿いの場所にある町は壮大である.

○ ***maximum** [mǽksəməm] 名 最大限 形 最大限の，最高の

maximize 動 最大にする

maximal 形 最大限の

maxim 名 金言，格言

語根 de 連想: 一番大きい ← max（大きい）＋ imum（最上級）

Diamonds are cut to maximize the stone's beauty.
石の美しさを最大にするためにダイヤモンドはカットされる.

○ **magnitude** [mǽgnət(j)ù:d] 名 大きいこと，大きさ，重要性，マグニチュード

語根 de 連想: 大きいこと ← magn（大きい）＋ tude（名詞）

They don't seem to grasp the magnitude of the problem.
彼らはその問題の重要性を把握していないようだ.

○ **magnate** [mǽgneit] 名 有力者，大事業家，巨頭

語根 de 連想: 影響力の大きい人 ← magn（大きい）＋ ate（名詞）

She married a Texan oil magnate.
彼女はテキサスの石油事業家と結婚した.

○ **magnanimous** [mægnǽnəməs] 形 度量の大きい

語根 de 連想: 大きな心を持った ← magn（大きな）＋ anim（心）＋ ous（形容詞）

He was magnanimous in defeat and praised his opponent's skill.
彼は負けても度量が大きく敵の技術を褒め称えた.

check1 check2 check3

062 man(i), man(u)＝手

❶ track 62

マニュアル
ギアを手で切り替えて
操作するマニュアル(manual)車.

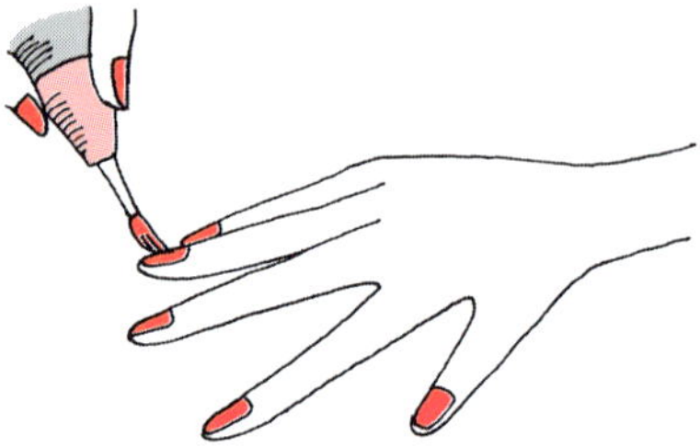

マニキュア
手先の手入れは
manicure.

マニフェスト
マニフェスト(manifesto)を手に持つ政治家.
［手 (mani)で書いたものを表現する (festo)］から
「声明・宣言書」の意味に.

Back to Roots

テーブルマナー(**table manners**)の**manner**とは文字通り,「手で扱う」ということから,「(物事の)方法・やり方・態度・行儀・風習」などの意味で使われます. 日本語で使うマンネリという語の出所は**mannerism**ですが, 英語では「手を加えたわざとらしさ・型にはまった手法」という意味で使われます.

訳語を考えよう！

Q1 **manu**(手)＋**script**(書く) → See manuscript

This is the oldest Hebrew manuscript in existence.
これは現存するもっとも古いヘブライ語の□である.

hint 手で書かれたものとは？

Q2 **mani**(手)＋**fest**(つかんだ) → See manifest

The problems were made manifest in the conference.
会議で諸問題が□にされた.

hint (見えないものを)手でつかんだら？

Q3 **man**(手)＋**cle**(小さな) → See manacle

He manacled the criminal so that he couldn't escape.
彼は犯人が逃げないように□をした.

hint 手の動きを小さくさせるものとは？

解答：Q1 写本　Q2 明らか　Q3 手錠

manuscript 名 原稿，写本，手紙

[mǽnjuskrìpt]

語根 de 連想：手で書かれたもの ↑ manu（手）+ script（書く）

I read her poems in manuscript.
私は彼女の詩を手書きの原稿で読んだ．

manifest 形 明らかな 動 明らかにする

[mǽnəfèst]

語根 de 連想：手でつかんだ状態 ↑ mani（手）+ fest（つかんだ）

The anger he felt is manifest in his paintings.
彼が感じた怒りはその絵の中に明らかだ．

manacle 名 手錠，手かせ，足かせ 動 手錠をかける，足かせをかける

[mǽnəkl]

語根 de 連想：手の動きを小さくさせるもの ↑ man（手）+ cle（小さな）

They had manacled her legs together.
彼らは彼女の両足を縛っていた．

***manage 動 経営する，何とかやり遂げる

[mǽnidʒ]

**management 名 経営，管理

***manager 名 経営者，監督

語根 de 連想：（馬を）手で操る ↑ manage（手で下す）

His father manages some restaurants in Tokyo.
彼の父親は東京でレストランをいくつか経営している．

manipulate 動 操る，操作する（=maneuver）

[mənípjulèit]

manipulation 名 市場操作，操縦

語根 de 連想：手でさばく ↑ man（手）+ pul（形容詞）+ ate（～にする）

The government manipulated statistics.
政府は統計数値を操作した．

manure 名 肥料，肥やし

[mən(j)úər]

語根 de 連想：耕すためのもの ↑ manure（手で耕す）

Farmers use cow manure as fertilizer.
農場経営者は牛の肥やしを肥料として使う．

check1 check2 check3

063 mark, merc=取引

❶ track 63

マーキュリー
ローマ神話のMercuryは
商売の神様.

フリー・マーケット
flea marketは，個人が出店して
不用品の売買をする「ノミの市」.

メリット
取引できるくらい価値あるもの，
つまりmeritは「値打ち，長所」.

訳語を考えよう !

Q1 **com**(共に) + **merc**(取引) + **ial**(形容詞) → See **commercial**

The British Empire was established for commercial as well as political reasons.

大英帝国は政治的な理由だけでなく□的な理由で設立された.

✻hint 双方で取引するとは？

Q2 **merc**(取引) + **ant**(人) → See **merchant**

She was the daughter of a wealthy London merchant.

彼女はロンドンの裕福な□の娘だった.

✻hint 取引する人とは？

Q3 **merc**(取引) + **ary**(形容詞) → See **mercenary**

German mercenary soldiers sacked Rome in 1527.

ドイツ人□は1527年にローマを略奪した.

✻hint 金銭で取引された兵士とは？

解答：Q1 商業　Q2 商人　Q3 傭兵

○ ** **commercial** 形 商業の，営業用の
[kəmə́ːrʃ(ə)l]

commerce 名 商業，貿易

Commerce between the USA and Asia is good.
アメリカ・アジア間の貿易は良好である.

語根 de 連想
一緒に取引をすること
com + merc + ial
(共に) (取引) (形容詞)

○ * **merchant** 名 商人，小売商人，(形容詞的に)商業の
[mə́ːrtʃənt]

Venice was once a city of rich merchants.
ベニスはかつて裕福な商人の都市であった.

語根 de 連想
取引をする人
merc + ant
(取引) (人)

○ **mercenary** 形 報酬目当ての，どん欲な 名 傭兵
[mə́ːrsənèri]

She's interested in him for purely mercenary reasons.
彼女は純粋に金銭的な理由で彼に興味がある.

語根 de 連想
取引された
merc + ary
(取引) (形容詞)

○ **mercy** 名 慈悲，情け
[mə́ːrsi]

merciful 形 慈悲深い
merciless 形 無慈悲な

They showed no mercy to their hostages.
彼らは人質に対して慈悲を見せなかった.

語根 de 連想
労働の結果得られた賃金・報酬

○ **mercantile** 形 商業の，重商主義の
[mə́ːrkəntìːl, mə́ːrkəntàil]

Cotton, wheat, corn, etc were traded on the mercantile exchange.
綿，小麦，コーンなどが商業取引所で売買された.

語根 de 連想
取引の
merc + ant + ile
(取引) (人) (形容詞)

○ **merchandise** 名 商品
[mə́ːrtʃəndàiz]

This store has a wide selection of merchandise for sale.
この店では商品が幅広く選べる.

語根 de 連想
取引されたもの

064 ❶ track 64 ○●○ med(i), mid＝中間

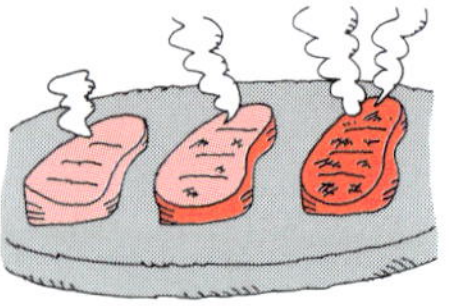

ミディアム
ステーキの焼き具合でmediumといえば，
中くらいに程よく焼くこと．ちなみに，rareは生焼き，
well-doneは肉の中までよく焼けていること．

ミディアム
Mサイズはmedium size
（**中くらい**の大きさ）のこと．

メディア
mediaは，情報を伝えるときに
中間となる媒体．

Back to Roots
「中年の」は**middle-aged**，「真夜中」は**midnight**，「真昼」は**midday**，「真夏」は**midsummer**，「真冬」は**midwinter**といいます．

訳語を考えよう！

Q1 **medi**（中間）＋**ate**（動詞） → See mediate

Former President Bill Clinton agreed to mediate the peace talks.
ビル・クリントン元大統領は和平会談の□□に同意した．

✻*hint* 和平会談の中に入るとは？

Q2 **inter**（間に）＋**medi**（中間）＋**ate**（形容詞） → See intermediate

He is an intermediate learner of English.
彼は□□の英語学習者です．

✻*hint* 学習レベルが「中間の」とは？

Q3 **im**（～でない）＋**medi**（中間）＋**ate**（形容詞） → See immediate

His immediate reaction was shock and horror.
彼の□□の反応はショックと恐怖だった．

✻*hint* 中途半端でない早さとは？

解答：Q1 調停　Q2 中級　Q3 即座

mediate [mí:dièit] 動 仲介する，調停する

語根de連想: 中に入る ← medi (中間) + ate (動詞)

mediation 名 調停，仲裁

Negotiators were called in to mediate between the two sides.
双方の仲介に交渉人が呼ばれた.

---

intermediate [ìntərmí:diət] 形 中間の，中級の 名 中級者

語根de連想: 中間の間の ← inter (間に) + medi (中間) + ate (形容詞)

The ski school coaches beginners, intermediates, and advanced skiers.
そのスキースクールは初心者，中級者，上級者の指導をしている.

**immediate [imí:diət] 形 即座の，直接の

語根de連想: 中途半端でない ← im (～でない) + medi (中間) + ate (形容詞)

***immediately 副 ただちに

She shed tears immediately after she heard the news.
彼女はその知らせを聞くとすぐに涙を流した.

---

mean [mí:n] 形 平均の，並の，普通の，劣った，卑劣な 名 中間(点)，中道

語根de連想: 中間の ← mean (中間)

meantime 名 合間，その間

**meanwhile 副 その間に，一方では

He was incapable of doing such a mean thing.
彼はそんな卑劣なことはできなかった.

---

medieval [mì:dií:v(ə)l] 形 中世の，旧式の

語根de連想: 中間の時代の ← medi (中間) + ev (時代) + al (形容詞)

The college dates back to medieval times.
その大学の創立は中世の時代にまでさかのぼる.

---

mediocre [mì:dióukər] 形 並の，二流の

語根de連想: 丘の中間 ← medi (中間) + ocre (丘)

The team gave another mediocre performance last night.
そのチームは昨夜もまた並の試合をした.

check1 check2 check3

065 memo, min =記憶, 思い起こす

❶ track 65

メモリアル・パーク

戦争を**思い起こす**平和祈念公園はmemorial park.
ただし，これは和製用法で，本来は故人を**しのぶ**ための公園.
つまり共同墓地のこと.

メモ

記憶にとどめるためのmemo
(記録・覚え書き)はmemorandumから.

メモリー

コンピュータのメモリーは**記憶**装置のこと.
「スイート・メモリー(sweet memory)」は
人の心に**記憶された**甘い思い出.

Back to Roots

フランス語からきた**memoirs**(自叙伝・回想録・体験談)は**memory**と同語源.

訳語を考えよう！

Q1 **im**(～でない)＋**memo**(記憶)＋**ial**(形容詞) → See **immemorial**

This castle has remained unchanged from time immemorial.
この城は[　　]から変わらないままでいる.

hint 思い起こせないほどの時とは？

Q2 **com**(共に)＋**memo**(記憶)＋**ate**(動詞) → See **commemorate**

In the USA, they commemorate the Independence Day on July 14th.
アメリカでは7月14日に独立記念日を[　　].

hint 独立記念日をみんなで一緒に思い出して行う行事とは？

Q3 **re**(再び)＋**min**(記憶)＋**ent**(形容詞) → See **reminiscent**

The way he laughs is reminiscent of his father.
彼の笑い方は父親を[　　]させる.

hint 再び思い起こさせるとは？

解答：**Q1** 大昔　**Q2** 祝う　**Q3** 思い出[彷彿]

immemorial 形 太古の，大昔の
[ìməmɔ́ːriəl]

語根 de 連想
思い起こせない
im（～でない）＋ memo（記憶）＋ ial（形容詞）

My family has lived in this area from time immemorial.
大昔から私の家族はこの地域に住んでいる．

commemorate
[kəméməreìt] 動 記念する，祝う

commemorative 形 記念の
名 記念品

commemoration 名 記念（祝典）

語根 de 連想
一緒に思い起こす
com（共に）＋ memo（記憶）＋ ate（動詞）

The town commemorated its 150th anniversary.
その町は150周年を祝った．

reminiscent 形 思い出させる，しのばせる
[rèmənís(ə)nt]

reminisce 動 思い出にふける

語根 de 連想
思い起こさせる
re（再び）＋ min（記憶）＋ ent（形容詞）

I enjoyed reminiscing about my life in Brazil.
私はブラジルでの生活を思い出して楽しんだ．

memorize 動 暗記する，覚える
[méməràiz]

語根 de 連想
記憶する
memo（記憶）＋ ize（動詞）

The actor had to memorize all the lines in a day.
その役者は一日でセリフを全部覚えなければならなかった．

*** remember 動 思い出す，覚えている
[rimémbər]

remembrance 名 記憶，思い出

語根 de 連想
すっかり記憶にとどめる
re（すっかり）＋ mem（記憶）

Remember to send me e-mail when you arrive.
着いたら忘れずにメールをしてください．

** remind 動 思い出させる，気づかせる
[rimáind]

語根 de 連想
思い出す
re（再び）＋ mind（記憶）

The music reminds me of my childhood.
その曲を聴くと子供のころを思い出す．

check1 check2 check3

066 track 66 meter, metr＝計る，測る

バロメーター
健康を**計る**
barometer（指標）となる体重計.

シンメトリー
symmetryは，左右を**測った**ように
釣り合いが取れていること.

メートル
meterは長さを**測る**ための単位.

訳語を考えよう！

Q1 **thermo**(熱) ＋ **meter**(計る) → See thermometer

What does the thermometer say?
□は何度ですか.

hint 熱を測るものとは？

Q2 **dia**(通して) ＋ **meter**(計る) → See diameter

The diameter of the Earth is about 13,000 km.
地球の□は約1万3000㎞だ.

hint 地球の中心を通って計るとは？

Q3 **sym**(共に) ＋**metr**(計る) ＋ **ical**(形容詞) → See symmetrical

The leaves of most trees are symmetrical in shape.
たいていの木の葉は形が□だ.

hint 左右共にはかったようなとは？

解答：Q1 温度計［寒暖計］　Q2 直径　Q3 左右対称

thermometer

[θərmɑ́mətər] 名 温度計，寒暖計

thermostat 名 温度自動調節器

語根 de 連想: 熱を測るもの ← thermo（熱）+ meter（計る）

The thermometer has fallen to zero.
温度計は0℃に下がった.

diameter

[daiǽmətər] 名 直径

diametric 形 直径の

語根 de 連想: 円の中心を通って測る ← dia（通して）+ meter（計る）

We need a pipe with a diameter of about five centimeters.
私たちは直径が約5センチのパイプが必要だ.

symmetrical

[simétrikəl] 形 左右対称の，釣り合いの取れた

symmetry 名 対称，取り合い，調和

語根 de 連想: 左右共に計ったような ← sym（共に）+ metr（計る）+ ical（形容詞）

The layout of the garden was perfectly symmetrical.
庭園のレイアウトは完璧に左右対称であった.

barometer

[bərɑ́mitər] 名 気圧計，晴雨計，尺度

語根 de 連想: 空気の重さを量るもの ← baro（空気の重さ）+ meter（計る）

This survey is considered to be a reliable barometer of public opinion.
この調査は世論の信頼できる尺度であると思われている.

geometry

[dʒiɑ́mətri] 名 幾何学

geometric 形 幾何学の

語根 de 連想: 土地を測ること ← geo（大地）+ metry（計る）

Creating a geometric pattern is a very difficult task for an artist.
幾何学模様を作り出すのは芸術家にとって非常に難しい作業である.

perimeter

[pərímətər] 名 周囲，周辺，視野計

語根 de 連想: 周囲を測るもの ← peri（周り）+ meter（計る）

Calculate the perimeter of the rectangle.
長方形の周囲を計算しなさい.

check1 check2 check3

067 mini＝小さい

❶ track 67

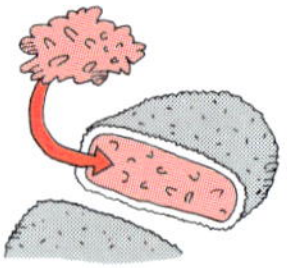

メンチカツ／ミンチカツ

関東ではメンチカツ，関西ではミンチカツだが，
このメンチとミンチは「細かく刻む」
という意味の英語mince からきたもの．
ひき肉はmincemeatという．

ミニチュア

miniature は
「小型版・縮小版」のこと．

ミニマム級

ミニマム級（minimumweight）は
プロボクシングの一番小さい階級．

Back to Roots

レストランで出されるメニュー（menu）は店にある料理を1つの表に“小さく”まとめたものです．数を“減らす”ことを意味するマイナス（minus）も同じminiからきています．

訳語を考えよう！

Q1 **min**（小さい）＋**or**（比較級）→ See minor

She suffered some minor injuries in the accident.
彼女はその事故で□傷を負った．

hint より小さい傷を負うとはどんな怪我？

Q2 **di**（離れて）＋**min**（小さい）＋**ish**（動詞）→ See diminish

The time I spent with my children gradually diminished.
私が子供たちと過ごす時間は徐々に□いった．

hint 時間が小さくなるとは？

Q3 **mini**（小さい）＋**ster**（人）→ See minister

The Russian foreign minister was also present at the meeting.
ロシアの外務□もその会議に出席していた．

hint 本来は国民に仕える小さな存在とは？

解答：Q1 軽　Q2 減って　Q3 大臣

○ *minor 形 小さい方の，重要でない 名 未成年者
[máinər]
*minority 名 少数(派)

語根de連想
より小さい
min ＋ or
(小さい) (比較級)

Only a minority of people support the new law.
ごく少数の人しか新法を支持していない.

○ diminish 動 減少する[させる]，小さくする[なる]
[dimíniʃ]

語根de連想
離れて小さくなる
di ＋ min ＋ ish
(離れて) (小さい) (動詞)

The world's resources are rapidly diminishing.
世界の資源は急激に減少している.

○ ***minister 名 大臣，公使，聖職者
[mínəstər]
**ministry 名 内閣，大臣の任期，聖職者，牧師の職務

語根de連想
国民に仕える人
mini ＋ ster
(小さい) (人)

The Prime Minister is to make a statement to the press this evening.
総理大臣は今夜プレスに声明を出すことになっている.

○ ***minute 名 分 形 微細な，微小な
[名mínit]
[形main(j)úːt]

語根de連想
より小さいもの
minute
(小さくされたもの)

Her writing's so minute that it's difficult to read.
彼女の字は細かくて読みづらい.

○ administer 動 治める，施行する，管理する
[ədmínəstər]
*administration 名 行政，管理
administrative 形 行政の，管理の

語根de連想
大臣になってする
ad ＋ minister
(〜の方へ) (大臣)

The test was administered fairly and impartially.
試験は公正かつ公平に施行された.

○ mince 動 細かく刻む
[mins]

語根de連想
小さくする
mince
(小さい)

Mince the garlic and add to the onion.
ニンニクを細かく刻んでタマネギに添える.

check1 check2 check3

068 miss, mise, mit＝送る①

❶ track 68

ミサイル
敵地に**送る**
弾道弾はmissile.

メッセージ
電話の留守番センターに**送信する**
message（ことづけ）は留守番メッセージ.

メッセンジャー
伝言を**送り届ける**
使者・伝令はmessenger.

Back to Roots

ミッション系の大学とは，キリスト教主義に基づく教育をする大学のことですが，**mission**とは「使節団・布教・使命」の意味で，**missionary**は「宣教師」のことです. mis(e)の語根を持った単語は他にも，**surmise**［sur(上に)＋mise(送る)→推測］，**premise**［pre(前に)＋mise(送る)→前提］，**emissary**［e(外に)＋mis(送る)＋ary(名詞)→使者・スパイ］，**demise**［de(離れて)＋mise(送る)→消滅・終結］などがあります.

訳語を考えよう！

Q1 **dis**(離れた)＋**miss**(送る) → See dismiss

Let's not dismiss the idea without discussing it.
討論もせずにその考えを□ことはやめましょう.

hint 考えを離れた所に送るとは？

Q2 **pro**(前に)＋**mise**(送る) → See promise

I can't promise anything, but I'll do what I can.
何も□はできないが，できることはやります.

hint 相手の前に言葉を送ることとは？

Q3 **com**(共に)＋**promise**(約束) → See compromise

They finally reached a compromise.
彼らはとうとう□した.

hint 共に約束し合うとは？

解答：Q1 退ける　Q2 約束　Q3 妥協

○ *dismiss [dismís] 動 解散させる，退ける 解雇する，捨てる
dismissal 名 解散，解雇

語根de連想：離れたところに送る ← dis（離れた）＋ miss（送る）

It's time to dismiss the class now.
もう生徒を下校させる時間だ.

○ ***promise [prámis] 動 約束する 名 約束
promising 形 前途有望な，よくなりそうな

語根de連想：相手の前で送る言葉 ← pro（前に）＋ mise（送る）

His new venture looks quite promising.
彼の新しい冒険的事業はかなりうまくいきそうだ.

○ compromise [kámprəmàiz] 名 妥協 動 妥協する

語根de連想：一緒に約束する ← com（共に）＋ promise（約束）

Their refusal to compromise will invite more criticism from the UN.
彼らが妥協案を拒否すれば国連からさらに批判を買うでしょう.

○ **admit [ədmít] 動 認める，（入場，入学を）認める
admission 名 入れること

語根de連想：自分の方へ送り入れる ← ad（〜の方へ）＋ mit（送る）

He admitted that he had made a mistake.
彼は間違いをしたことを認めた.

○ omit [oumít] 動 省略する，除外する，怠る
omission 名 省略

語根de連想：かたわらに置く ← o（下に）＋ mit（送る）

We were surprised that Kazu was omitted from the team.
カズがチームから除外されたことに私たちは驚いた.

○ **permit [動 pərmít] [名 pə́ːrmit] 動 許可する 名 許可（書）

語根de連想：通過させる ← per（通して）＋ mit（送る）

I will play golf tomorrow, weather permitting.
天気が許せば明日はゴルフをします.

check1 check2 check3

069 miss, mise, mit＝送る ②

❶ track 69

「風邪のときは，大きなくしゃみをして
周囲の人に（菌を**送って**）
感染（transmit）させないよう
注意しよう」

火山が噴火して，
火の玉を**放出している**(emit).

人々は国王の前で
（身をささげるように）
ひれ伏した(submit).

Back to Roots

コミッショナー（**commissioner**）とは，野球やボクシングに代表されるプロスポーツの世界で，その統制をとる最高権威者の職名ですが，一般には組織における最高の権限を持った責任者のことで，「長官・理事・局長」などの意味で使われます．

訳語を考えよう！

Q1 **co(m)**(共に)＋**mit**(送る) → See commit

The doctor committed the patient to general hospital.
医師はその患者を総合病院に＿＿＿＿.

✻*hint* 患者のすべてを病院に送るとは？

Q2 **re**(元に)＋**mit**(送る) → See remit

Please remit payment by the end of this month.
今月末までに支払い金を＿＿＿してください．

✻*hint* 元の場所に送るとは？

Q3 **inter**(間に)＋**mit**(送る)＋**ent**(形容詞) → See intermittent

After four hours of intermittent rain, the game was canceled.
4時間の＿＿＿＿な雨の後，試合は中止になった．

✻*hint* 間を入れて雨を送るとは？

解答：**Q1** ゆだねた　**Q2** 送金　**Q3** 断続的

○ *commit　動 ゆだねる，犯す
[kəmít]

語根de連想
あるところに身をゆだね，悪い方向に自分を送る
co(m)（完全に） + mit（送る）

*commission　名 手数料，委任
*commitment　名 委託，約束，加担
***committee　名 委員(会)

Most crimes are committed by young men.
ほとんどの罪は若者によって犯される.

○ remit　動 送金する，差し戻す
[rimít]

語根de連想
送り返す
re（元に） + mit（送る）

remittance　名 送金(額)

When can you remit the money to me?
いつそのお金を送金してもらえますか.

○ intermittent　形 断続的な
[ìntərmít(ə)nt]

語根de連想
間に送る
inter（間に） + mit（送る） + ent（形容詞）

intermittently　副 断続的に
intermission　名 休憩時間

It rained intermittently all day.
一日中雨が断続的に降っていた.

○ submit　動 提出する，屈服する，服従させる
[səbmít]

語根de連想
ひれ伏す
sub（下に） + mit（送る）

submission　名 提出，降伏

She refused to submit to threats.
彼女は脅迫に屈服することを拒んだ.

○ transmit　動 伝える，移す，感染させる
[trænsmít]

語根de連想
向こうの方へ送る
trans（越えて） + mit（送る）

transmission　名 伝達，伝染

Cholera is transmitted through contaminated water.
コレラは汚染された水を通して感染する.

○ emit　動 発する，放出する
[imít]

語根de連想
送り出す
e(x)（外に） + mit（送る）

emission　名 排出(物)，放射

Sulfur gases were emitted by the volcano.
火山から硫黄ガスが放出された.

check1 check2 check3

070 mode＝型, 尺度

track 70

モダン
当世風(modern)な建物は
時代の尺度となるもの.

マナーモード
マナーモード (silent mode) は
携帯電話の呼び出し機能の中で,
周囲に配慮して呼び出し音を抑えた型を指す.

ファッションモデル
理想の型を体現する
fashion model は流行の尺度.

Back to Roots

モード(**mode**)とは「様式・方法」の意味. コモディティ(**commodity**)は,「同じ“型”をしたもの」から「必需品・商品」の意味に.

訳語を考えよう !

Q1 **re**(再び)＋**model**(型) → *See remodel*

I'm planning to remodel my kitchen.
私はキッチンを[　　　]する計画を立てている.

hint キッチンの型を変えるとは？

Q2 **mode**(尺度)＋**st**(形容詞) → *See modest*

Though he's an outstanding pianist, he's a modest man.
彼は突出したピアニストだが[　　]な人だ.

hint 尺度に合った人とは？

Q3 **a(c)**(〜の方へ)＋**com**(共に)＋**mod**(型)＋**ate**(動詞)

The dormitory is able to accommodate only 100 students.
その寮は100人の学生しか[　　]できない. → *See accommodate*

hint 学生の数を寮と同じにするとは？

解答：**Q1** リフォーム　**Q2** 謙虚　**Q3** 収容

remodel
[riːmádl]

動 建て替える，形を直す，リフォームする

語根 de 連想
再び型を取る
re + model
(再び) (型)

They are planning to remodel their house next year.
彼らは来年，家を改築する計画を立てている.

modest
[mádist]

形 控えめな，謙虚な

modesty 名 控えめ，謙遜

語根 de 連想
尺度に合った
mode + st
(尺度) (形容詞)

She was very modest about her great achievements.
彼女は自分の偉大な業績についてはとても謙虚だった.

accommodate
[əkámədèit]

動 適応させる，収容する

accommodation 名 収容施設，適応

語根 de 連想
同じ型にする
a(c) + com + mod + ate
(～の方へ) (共に) (型) (動詞)

The new restaurant can accommodate 300 diners.
新しいレストランは300席ある.

mold
[mould]

動 型に入れて作る，形成する
名 鋳型，特性，性質

語根 de 連想
型を作る(もの)
mold
(型)

His personality was molded by his strict father.
彼の個性は厳格な父親によって形成された.

moderate
[形 mádərət]
[動 mádərèit]

形 適度の，節度ある
動 控えめにする，司会をする

moderation 名 適度，節度

語根 de 連想
尺度が規制された
mode + ate
(尺度) (形容詞)

The television debate was moderated by a law professor.
テレビ討論の司会をしたのは法学の教授だった.

modify
[mádəfài]

動 修正する，変更する，緩和する

語根 de 連想
尺度に合わせる
mode + ify
(尺度) (動詞)

Patients were taught how to modify their diet.
患者たちは食事内容の変更の仕方を教わった.

check1 check2 check3

071 mon＝示す，警告する

❶ track 71

モンスター
都市を破壊する巨大monster
は神からの**警告**.

モニュメント
過去を心に**示す**ものが
monument.

モニター
危険性を**示して**,
注意・勧告する人がmonitor.

訳語を考えよう！

Q1 **ad**(〜の方へ)＋**mon**(示す)＋**ish**(動詞) → See **admonish**

He **admonished** me not to do it again.
彼は私に二度とそんなことをしないように□した.

hint 私に向かって示したとは？

Q2 **su(m)**(下に)＋**mon**(示す) → See **summon**

He was **summoned** to attend an emergency meeting.
彼は緊急会議に出席するよう□された.

hint 上から示すとは？

Q3 **de**(完全に)＋**monst**(示す)＋**ate**(動詞) → See **demonstrate**

Please **demonstrate** how the printer works.
プリンターの動かし方を□してください.

hint 動かし方を完全に示すとは？

解答：**Q1** 警告［注意］ **Q2** 呼び出 **Q3** 説明

○ **admonish** [ədmániʃ] 動 警告する，注意する

語根de連想: ～に向かって示す ← ad（～の方へ）＋ mon（示す）＋ ish（動詞）

I was admonished for chewing gum in class.
私は授業中にガムを噛んでいて注意された.

○ **summon** [sʌ́mən] 動 呼び出す，呼び起こす

語根de連想: 上から示す ← su(m)（下に）＋ mon（示す）

He has been summoned to appear in court.
彼は出廷するよう命じられた.

○ ***demonstrate** [démənstrèit] 動 証明する，実演する，説明する

***demonstration** 名 論証，デモ，実演

語根de連想: 完全に示す ← de（完全に）＋ monstr（示す）＋ ate（動詞）

He demonstrated that his theory was right.
彼は自分の理論が正しいことを証明した.

○ **muster** [mʌ́stər] 動 招集する，奮い起こす 名 招集，点呼，集合

語根de連想: 指図する ← monsterの変形

Passengers were mustered to the lifeboats.
乗客たちは救命ボートに招集された.

○ **remonstrate** [rimánstreit] 動 抗議する，異議を唱える

remonstration 名 抗議，いさめ

語根de連想: 自分の意見をしっかり示す ← re（完全に）＋ monstr（示す）＋ ate（動詞）

I went to the farm to remonstrate with the farmer.
私は農場経営者に抗議するために農場に行った.

○ **premonition** [priːməníʃən] 名 予告，予感，警告

語根de連想: 前もって示すこと ← pre（前に）＋ mon（示す）＋ tion（名詞）

I had a premonition that I would never see her again.
私は二度と彼女に会うことはないと予感した.

check1 check2 check3

072 ❶ track 72 

= mot, mob, mov＝動く

スロー・モーション
ゆっくりとした**動き**は
slow motion.

リモコン
離れた所からでも
操作ができるのがremote control.

モバイル
移動中も使える，持ち運び可能な携帯電話は，
mobile phone.

Back to Roots

「映画」は**movie**とか**motion picture**ですが，文字通り“活動”写真と呼ばれた時期もありました．語根momにも「動く」という意味があります．「瞬間(**moment**)」は時間の動きから，形容詞の**momentary**は「瞬間的な」．「勢い・はずみ・運動量」は**momentum**，形容詞は**momentous**（重大な）です．“動きまわって”暴れる「暴徒」は**mob**です．

訳語を考えよう！

Q1 **e**(外へ)＋**mot**(動かす)＋**ion**(名詞) → *See* **emotion**

She is sometimes unable to control her **emotions**.
彼女は□を抑えられない時がある．

hint 心の動きとは？

Q2 **pro**(前に)＋**mote**(動かす) → *See* **promote**

I worked hard and was soon **promoted**.
私は一生懸命働き，すぐに□した．

hint 社員のポストを前に動かすこととは？

Q3 **de**(下に)＋**mote**(動かす) → *See* **demote**

The sergeant was **demoted** to private.
三等軍曹は兵卒に□した．

hint 人のポストを下に動かすこととは？

解答：**Q1** 感情　**Q2** 昇進　**Q3** 降格

emotion ** [imóuʃən] 名 感情，情緒

emotional * 形 感情的な，情緒的な

語根 de 連想: 外への動き
e + mot + ion
(外へ)(動かす)　(名詞)

Laughter is one of the most infectious expressions of emotion.
笑いはもっとも人に移りやすい感情表現の一つです.

---

promote ** [prəmóut] 動 昇進させる，促進する

promotion * 名 昇進，促進

語根 de 連想: 前に動かす
pro + mote
(前に)　(動かす)

She was promoted to top manager.
彼女は最高幹部に昇進した.

---

demote [dimóut] 動 降格させる

demotion 名 降格

語根 de 連想: 下に動かす
de + mote
(下に)　(動かす)

She was demoted because of her poor sales record.
営業成績が悪かったため彼女は降格させられた.

---

motive [móutiv] 名 動機，目的 形 原動力となる

motivate 動 刺激する，刺激して～させる

語根 de 連想: 動かしている
mot + ive
(動かす)　(形容詞)

The motive for the killing is unknown.
殺人の動機は不明である.

---

remote * [rimóut] 形 遠い，へんぴな

語根 de 連想: 後ろに動かす
re + mote
(後ろに)(動かす)

They live in a remote area, inaccessible except by car.
彼らは自動車以外には近づけないへんぴな地域に住んでいる.

---

remove *** [rimúːv] 動 取り除く，脱ぐ，解雇する

removal 名 除去，転居，転勤，解雇

語根 de 連想: 元の状態に戻す
re + move
(元に)　(動かす)

Illegally parked vehicles have been removed.
違法駐車の車は撤去された.

check1 check2 check3

073 mount=盛り上がる，山

❶ track 73

マウント・フジ(Mount Fuji)は日本一の**山**.

マウント・ポジション

格闘技のmount positionは，
相手の胴の上に**こんもりと**馬乗りになった体勢.

訳語を考えよう！

Q1 a(〜の方へ)＋mount(山)

→ See amount

The total snowfall **amounted** to one meter.

総降雪量は１メートルに□た.

hint　降雪量の山の方へとは？

Q2 sur(越えて)＋mount(山)

→ See surmount

She was prepared for the difficulties that had to be **surmounted**.

彼女は□なければならない困難を覚悟していた.

hint　困難の山を越えるとは？

Q3 dis(〜でない)＋mount(山)

→ See dismount

He **dismounted** (from) a horse.

彼は馬から□た.

hint　馬に乗ることの反対の意味は？

解答：Q1 達し　Q2 乗り越え　Q3 降り

amount ***
[əmáunt]
動 (ある数量に)達する
名 総計, 量

語根 de 連想
山頂の方へ
a + mount
(〜の方へ) (山)

The server is designed to store huge amounts of data.
サーバーは巨大な量のデータを保存するように設計されている.

surmount
[səːrmáunt]
動 乗り越える, 打ち勝つ

語根 de 連想
山を越える
sur + mount
(越えて) (山)

We managed to surmount all objections to our plans.
私たちは計画に対するすべての反対を何とか乗り越えた.

dismount
[dismáunt]
動 降りる

mount *
動 登る, 上がる, 増す

語根 de 連想
登らない
dis + mount
(〜でない) (山)

The mayor mounted the platform and addressed the crowd.
市長は演壇に登って群衆に語りかけた.

paramount
[pǽrəmàunt]
形 もっとも重要な, 最高の

語根 de 連想
山頂の側の
para + mount
(そばに) (山)

Education is the paramount issue.
教育はもっとも重要な問題である.

mountainous
[máunt(ə)nəs]
形 山の多い, 山地の, 巨大な

mountain ***
名 山, 多量, 多数

語根 de 連想
山の性質を持った
mount + ous
(山) (形容詞)

The mainland of Greece is mountainous.
ギリシア本土は山が多い.

mountaineering
[màunt(ə)níəriŋ]
名 登山

mountaineer
名 登山家
動 登山をする

語根 de 連想
人が山を登ること
mount + eer + ing
(山) (人) (〜すること)

We are going mountaineering this weekend.
私たちは今週末に登山に行きます.

074 na(n)t, nai＝生まれる

track 74

ネイティブ・スピーカー
英語を母語として**生まれ**育った人は
英語のnative speakerだ.

ナイーブ
生まれたばかりの
赤ちゃんのように,
「無邪気」で「だまされやすい」人は
naïveな人.

ナチュラル・メイク
natural makeupとは,
ありのままのような自然な感じの化粧.

Back to Roots

14世紀〜16世紀にイタリアを中心に西欧で興った, 古代の文化を復興しようとする歴史的・文化的運動, すなわちルネッサンス(**Renaissance**)は「再び生まれる」が原義です.

訳語を考えよう！

Q1 **pre**(前の)＋**nant**(生まれる) → See pregnant

She is about six months **pregnant**.
彼女は□約6か月です.

hint 女性が子供を産む前の状態とは？

Q2 **in**(中に)＋**nat**(生まれる) → See innate

Children have an **innate** ability to learn language.
子供たちは言語を学習する能力を□備えている.

hint 生まれた時に備えているとは？

Q3 **nat**(生まれる)＋**ral**(形容詞)＋**ize**(動詞) → See naturalize

He was **naturalized** as a Japanese 20 years ago.
彼は20年前に日本に□した.

hint そこで生まれついたような自然な状態に返るとは？

解答：Q1 妊娠　Q2 生まれつき　Q3 帰化

pregnant [prégnənt] 形 妊娠している

語根de連想: 生まれる前の ← pre（前の）+ nant（生まれる）

pregnancy 名 妊娠(状態・期間)

He gave up his seat to a pregnant woman.
彼は妊婦に席を譲った.

---

innate [inéit] 形 生まれつきの，固有の

語根de連想: 生まれた時にある ← in（中に）+ nat（生まれる）

Americans have an innate sense of fairness.
アメリカ人は生まれながらに公平さを大切にする.

---

naturalize [nǽtʃ(ə)rəlàiz] 動 帰化させる[する]，順応させる

語根de連想: 自然なものになる ← nat（生まれる）+ ral（形容詞）+ ize（動詞）

She moved to the USA and was naturalized in 2005.
彼女はアメリカに渡り，2005年に帰化した.

---

nationalize [nǽʃ(ə)nəlàiz] 動 国有化する

語根de連想: 国家のものにする ← nation（生まれたもの→国家・国民）+ ize（動詞）

***nation 名 国家，国民
***national 形 国家の，国民の
nationality 名 国籍，国家，国民

The government recently nationalized the railways.
政府は最近，鉄道を国有化した.

---

denationalize [diːnǽʃ(ə)nəlàiz] 動 民営化する，公民権を奪う

語根de連想: 国有化から離れる ← de（離れて）+ nationalize（国有化する）

France denationalized much of her industry.
フランスは産業の多くを民営化した.

---

natal [néitl] 形 出生の，出産の

語根de連想: 生まれに関する ← nat（生まれる）+ al（形容詞）

Green turtles return to their natal island to breed.
ミドリガメは産卵のために生まれた島に帰る.

check1 check2 check3

075 nom(in), onym, noun =名前, 伝える

track 75

アナウンサー
announcerは視聴者に［向かって(an)（ニュースを）伝える(nounce)人(er)］.

ノミネート
名前を言われた人がコンテストのベスト8にnominateされた.

Back to Roots

名前(**name**)の上に(**sur**)くる「名字」は**surname**です.「名詞」は**noun**で,「代名詞」は**pronoun**です.その他にも,**antonym**(反意語),**synonym**(同義語),**onomatopoeia**(擬音・擬声語),**homonym**(同音異義語),**pseudonym**(偽名)なども覚えると便利です.

訳語を考えよう !

Q1 **pro**(前に)＋**nounce**(伝える) → See pronounce

How do you pronounce your last name?
あなたの名字はなんと□しますか.

hint 人の前で名前を伝えるにはどうする？

Q2 **de**(下に)＋**nounce**(伝える) → See denounce

Darwin's theories about evolution were denounced by many people.
ダーウィンの進化論は多くの人に□された.

hint 標準よりも下に伝えるとは？

Q3 **an**(～がない)＋**onym**(名前)＋**ous**(形容詞) → See anonymous

The writer of the poem is anonymous.
その詩の作者は□である.

hint 名前がないとは？

解答：Q1 発音　Q2 非難　Q3 不明

pronounce 動 発音する
[prənáuns]

語根de連想: 人の前で伝える
pro + nounce
(前に) (伝える)

pronunciation 名 発音

His English pronunciation is very good.
彼は英語の発音がとてもうまい.

---

denounce 動 告発する, (公然と)非難する
[dináuns]

語根de連想: 標準よりも下に伝える
de + nounce
(下に) (伝える)

denouncement 名 告発, 非難

She denounced him to the police as a murderer.
彼女は彼を人殺しだと警察に告発した.

---

anonymous 形 匿名の, 名のわからない
[ənánimәs]

語根de連想: 名前のない
an + onym + ous
(〜がない) (名前) (形容詞)

The donor prefers to remain anonymous.
そのドナーは匿名を希望している.

---

nominate 動 指名する, 任命する
[námənèit]

語根de連想: 名前を伝える
nomi + ate
(名前) (動詞)

nomination 名 指名, 任命
nominal 形 名ばかりの, 有名無実の

It was clear that Bush was going to be nominated for President.
ブッシュが大統領に指名されるのは明らかであった.

---

renounce 動 拒否する, 断念する
[rináuns]

語根de連想: 「自分の後ろに」と伝える
re + nounce
(後ろに) (伝える)

We absolutely renounce all forms of terrorism.
私たちはあらゆる形のテロを断固拒否します.

---

renowned 形 有名な
[rináund]

語根de連想: 再び名前を言われた
re + nown + ed
(再び) (名前) (〜される)

The island is renowned for its natural beauty.
その島は自然の美しさで有名です.

check1 check2 check3

076 norm＝標準

❷ track 1

アブノーマル
abnormalな行動とは,
標準から外れた行動＝「異常な」行動.

ノルマ
標準をこなすことが
normをこなすこと.

訳語を考えよう !

Q1 **ab**(離れて)＋**norm**(標準)＋**al**(形容詞) → See abnormal

El Niño is caused by abnormal amounts of warm water in the Pacific Ocean.
エルニーニョ現象は太平洋の□な量の温かい水によって引き起こされる.

hint 標準から離れた量とは？

Q2 **e(x)**(外に)＋**norm**(標準)＋**ous**(形容詞) → See enormous

An elephant is an enormous animal.
象は□な動物だ.

hint 標準を上回る大きさとは？

Q3 **sub**(下に)＋**norm**(標準)＋**al**(形容詞) → See subnormal

California received subnormal rainfall that year.
カリフォルニアはその年，降水量が例年より□かった.

hint 標準より下の降水とは？

解答：Q1 異常　Q2 巨大　Q3 少な

abnormal
[æbnɔ́ːrməl]

形 異常な

語根 de 連想: 標準から離れて
ab (離れて) + norm (標準) + al (形容詞)

The temperatures are abnormal for this time of year.
気温は１年の今頃にしては異常である.

enormous
[inɔ́ːrməs]

形 異常に大きい，巨大な

語根 de 連想: 標準から外れた
e(x) (外に) + norm (標準) + ous (形容詞)

He has enormous power within the party.
彼は党内で巨大な権力を持っている.

subnormal
[səbnɔ́ːrməl]

形 標準以下の

語根 de 連想: 標準以下の
sub (下に) + norm (標準) + al (形容詞)

Hypothermia is the result of subnormal body temperatures caused by exposure to cold.
低体温症は寒さにさらされることから起こる標準以下の体温による.

norm
[nɔːrm]

名 標準，基準，規範，ノルマ

語根 de 連想: もとは大工の使う直角定規から

Nonsmoking is now the norm in most workplaces.
禁煙は今やたいていの職場で規範となっている.

*** normal
[nɔ́ːrməl]

形 標準的な，正常な
名 平常，標準

normalize 動 正常化する
normalization 名 正常化

語根 de 連想: 標準の
norm (標準) + al (形容詞)

The temperature is below normal today.
今日の気温は平均より低い.

enormity
[inɔ́ːrməti]

名 極悪，非道，大罪，巨大さ

語根 de 連想: 標準外
e(x) (外に) + norm (標準) + ity (名詞)

The enormity of our country's economic problems is overwhelming.
我が国の経済問題の大きさは大変なものである.

check1 check2 check3

077 ❷ track 2  ord(er)＝命令, 順序

ラスト・オーダー
last orderはレストランなどで，
その日にお客さんから受ける最後の**注文**.

バッティング・オーダー
batting orderは選手が
バッターボックスに立つ**順序**.

コーディネート
全体的な**統一性**を考えて
coordinateされた服装.

Back to Roots

その他にも，語根ordを持つ単語には，**ordain**（命じる・規定する），**ordinance**（法令・条例），**ordeal**（試練）などがあります.

訳語を考えよう !

Q1 **dis**（～でない）＋**ord(er)**（順序） → See disorder

His room is always in a state of disorder.
彼の部屋はいつも［　　　　］いる.

hint 部屋の様子が順序正しくないとは？

Q2 **ordin**（順序）＋**ary**（形容詞） → See ordinary

The bonds are convertible into ordinary shares.
社債は［　　　］の株に変換できる.

hint 順序が決まっているとは？

Q3 **extra**（超えた）＋**ordinary**（普通の） → See extraordinary

He is a man of extraordinary abilities.
彼は［　　　］外れた能力の持ち主である.

hint 普通を超えた状態とは？

解答：Q1 散らかって　Q2 普通　Q3 人並み

disorder [disɔ́ːrdər]

名 無秩序，混乱，障害

語根 de 連想: 順序正しくないこと ← dis (～でない) ＋ ord(er) (順序)

The hospital specializes in treating disorders of the brain.
その病院は脳障害の治療を専門にしている．

** **ordinary** [ɔ́ːrdənèri]

形 普通の，平凡な

語根 de 連想: 順序が決まっている ← ordin (順序) ＋ ary (形容詞)

The meal was very ordinary.
食事は非常にありふれたものであった．

---

* **extraordinary** [ikstrɔ́ːrdənèri]

形 並外れた，驚くべき，異常な

語根 de 連想: 普通の状態を超えた ← extra (超えた) ＋ ordinary (普通の)

What an extraordinary house!
なんてへんてこな家なんだろう．

---

orderly [ɔ́ːrdərli]

形 整然とした，整頓された

語根 de 連想: 順序正しい ← order (順序) ＋ ly (形容詞)

His office is always orderly and clean.
彼の事務所はいつも整頓されてきれいだ．

---

subordinate [動 səbɔ́ːrd(ə)nèit] [形 səbɔ́ːrd(ə)nət]

動 下に置く
形 副次的な，従属する

語根 de 連想: 順序を下にする ← sub (下に) ＋ ordin (順序) ＋ ate (動詞)

Taking a vacation is subordinate to finishing this project.
休暇をとることより，このプロジェクトを終わらせることを優先させる．

---

coordinate [動 kouɔ́ːrdənèit] [形 kouɔ́ːrdənit]

動 対等にする，調整する
形 同等の

語根 de 連想: 順序を一緒にする ← co (共に) ＋ ordin (順序) ＋ ate (動詞)

They appointed a new manager to coordinate the work of the team.
チームの仕事を調整するために新しい経営者が任命された．

078 or(i), origin＝昇る, 始まる

❷ track 3

オリエンタル

orientalな，とは「東方から昇る太陽」＝「東洋の」という意味.

アボリジニー

オーストラリアは先住民Aborigineの歴史から始まる.

訳語を考えよう！

Q1 **ab**(離れて)＋**ort**(始まる)＋**ive**(形容詞) → See **abortive**

His attempt proved to be abortive.
彼の試みは[　　　]なかった.

hint 彼の試みが成功の始まりとならなかったとは？

Q2 **origin**(始まり)＋**al**(形容詞) → See **original**

I was impressed by the highly original design of the house.
その家の非常に[　　　]なデザインに感心した.

hint 初めてのデザインとは？

Q3 **ab**(～から)＋**origin**(始まり)＋**al**(形容詞) → See **aboriginal**

They appreciate the richness of the heritage of aboriginal people.
彼らは[　　]民の文化遺産の豊かさを理解している.

hint 初めから住んでいる人とは？

解答：**Q1** 実を結ば　**Q2** 独創的　**Q3** 先住

abort
[əbɔ́ːrt]

動 流産する，中絶する，中止する

abortion 名 流産，中絶

abortive 形 実を結ばない，早産の

語根de連想: 始まりから離れる ← ab（離れて）+ ort（始まる）

The virus can cause pregnant animals to abort.
ウイルスによって妊娠した動物が流産することもある．

original
[ərídʒ(ə)nəl]

形 最初の，独創的な

*origin 名 起源，由来，生まれ

originality 名 独創性

語根de連想: 初めからの ← origin（始まり）+ al（形容詞）

The question of the origin of the universe is still hotly debated by scientists.
宇宙の起源の問題は科学者たちにいまだに熱く論じられている．

**aboriginal
[æ̀bərídʒ(ə)nəl]

形 先住民の

aborigine 名 先住民族

語根de連想: 初めからいる ← ab（〜から）+ origin（始まり）+ al（形容詞）

Aboriginal minorities still exist in this country.
少数の先住民族がいまもこの国に存在している．

originate
[ərídʒənèit]

動 創造する，始まる，起こる

語根de連想: 始める ← origin（始まり）+ ate（動詞）

He originated this theory in the early 17th century.
彼は17世紀の初期にこの理論を考案した．

orient
[ɔ́ːriənt]

名 東洋

動 関心を向ける，東向きにする，適応する

oriental 形 東洋の

orientation 名 方向付け，オリエンテーション

語根de連想: 太陽が昇る所 ← 一日が始まる ← ori（始まる）+ ent（形容詞）

Our students are oriented toward science subjects.
私たちの学生は科学系の科目に関心を持っている．

primordial
[praimɔ́ːrdiəl]

形 原始時代の，最初の

語根de連想: 最初に始まった ← prim（第一の）+ ord（始まる）+ ial（形容詞）

Jupiter contains large amounts of primordial gas and dust.
木星には原始時代の大量のガスと塵が含まれている．

check1 check2 check3

079 ❷ track 4 ound, und＝波打つ

サラウンド
波のように音が流れ出て，臨場感を出す
サラウンド(surround)スピーカー.

アンジュレーション
undulationとは,
波のようにうねるゴルフコースの起伏のこと.

訳語を考えよう！

Q1 **ab**(離れて)＋**ound**(波打つ) → See **abound**

This lake **abounds** with fish.
この湖には魚が［　　　］いる.

hint 魚が波打つようにいるとは？

Q2 **re**(再び)＋**und**(波打つ)＋**ant**(形容詞) → See **redundant**

Saying “rare and unusual” is **redundant**.
「まれで珍しい」という言い方は［　　］だ.

hint 波打つような表現とは？

Q3 **sur**(上に)＋**ound**(波打つ) → See **surround**

Mountains **surround** the village on three sides.
山々が三方からその村を［　　　］いる.

hint 波打つように村を覆うとは？

解答：**Q1** たくさん　**Q2** 冗長　**Q3** 囲んで

○ **abound** [əbáund] 動 たくさんある，満ちている

abundant 形 豊富な

abundance 名 豊富，大量

語根de連想：波打つことから ab（離れて）＋ ound（波打つ）

They have abundant evidence to prove her guilt.
彼らには彼女の有罪を証明する証拠がたくさんある.

○ **redundant** [ridʌ́ndənt] 形 冗長な，余分な

redundancy 名 冗長，余分，解雇，余剰労働者

語根de連想：何度も波打っている re(d)（再び）＋ und（波打つ）＋ ant（形容詞）

Two hundred workers now face redundancy.
200人の労働者が今や解雇に直面している.

○ ** **surround** [səráund] 動 囲む，取り巻く

語根de連想：波打つように囲む sur（上に）＋ ound（波打つ）

He's interested in the circumstances surrounding the accident.
彼はその事故を取り巻く環境に興味を持っている.

○ **surroundings** [səráundiŋz] 名 環境，境遇

語根de連想：波打つように囲んでいるもの sur（上に）＋ ound（波打つ）＋ ing（している）

I had trouble getting used to my new surroundings.
私は新しい環境に慣れるのに苦労した.

○ **inundate** [ínəndèit] 動 水浸しにする，押し寄せる，殺到する

語根de連想：中に入って波立つ in（中に）＋ und（波打つ）＋ ate（動詞）

The river inundated the farmland after the typhoon.
台風の後，その川は農地を水浸しにした.

○ **undulate** [ʌ́ndʒulèit] 動 波打つ，起伏する

undulation 名 波のうねり，起伏

語根de連想：波打っている und（波打つ）＋ ate（動詞）

The ground undulates from an earthquake.
地面は地震で緩やかに起伏している.

check1 check2 check3

080 pa(i)r＝用意する

❷ track 5

パレード
parade は事前に準備した行列.

セパレーツ
separate の水着は，２つに分けて用意したもの.

訳語を考えよう！

Q1 **re**(再び)＋**pair**(用意する) → See repair

How much will it cost to have the TV repaired?
テレビを□するのにいくらかかりますか.

hint 壊れたテレビを再び用意するとは？

Q2 **pre**(前に)＋**pare**(用意する) → See prepare

My wife spent all day preparing the meal.
妻はその料理の□に1日かけた.

hint 食事を前もって用意するとは？

Q3 **se**(離れて)＋**par**(用意する)＋**ate**(動詞・形容詞) → See separate

My wife and I have separate bank accounts.
妻と私は□の銀行口座を持っている.

hint 妻と私は銀行口座を離れた所に用意してあるとは？

解答：Q1 修理　Q2 準備　Q3 別々

○ ** **repair** [ripέər]
動 修理する，回復する
名 修理

語根 de 連想: 再び用意する — re（再び）＋ pair（用意する）

This air conditioner needs repairing.
このエアコンは修理の必要がある．

○ *** **prepare** [pripέər]
動 準備する

*** **preparation** 名 準備
preparatory 形 予備の，準備の

語根 de 連想: 前もって用意する — pre（前に）＋ pare（用意する）

The USA is prepared to begin talks immediately.
アメリカは直ちに会談を開始する準備ができている．

○ *** **separate** [動 sépərèit] [形 sépərət]
動 引き離す，離れる，分ける，分かれる
形 離れた，別の

separation 名 分離

語根 de 連想: 離して用意する — se（離れて）＋ par（用意する）＋ ate（動詞・形容詞）

They separated two years ago.
彼らは2年前に別れた．

○ **apparatus** [æpərǽtəs]
名 器具，道具，装置

語根 de 連想: ～に用意するもの — a(p)（～の方へ）＋ par（用意する）

These pieces of apparatus are filters.
これらの装置はろ過器です．

○ **pare** [pεər]
動 皮をむく，削減する

語根 de 連想: 用意する

She pared an apple.
彼女はリンゴの皮をむいた．

○ **reparation** [rèpəréiʃən]
名 補償，賠償（金），埋め合わせ

reparable 形 補償可能な，直せる
irreparable 形 修復できない，取り返しのつかない

語根 de 連想: 元の状態に用意する — re（元に）＋ par（用意する）＋ tion（名詞）

The government agreed to pay reparations to victims.
政府は被害者に賠償金を支払うことに同意した．

check1 check2 check3

語源de腕試し 4

1

次の単語の意味を下の語群から選びましょう.

1. disorder (　　)　2. manacle (　　)　3. manure (　　)　4. minor (　　)

5. commission (　　)　6. geometry (　　)　7. amount (　　)

8. barometer (　　)　9. repair (　　)　10. motive (　　)

ア 肥料　イ 未成年者　ウ 幾何学　エ 手数料　オ 修理
カ 動機　キ 無秩序　ク 量　ケ 手錠　コ 尺度

2

次の①～⑩の (　　) に入る単語を下の語群から選びましょう.

①They showed no (　　) to their hostages.
彼らは人質に対して慈悲を見せなかった.

②The (　　) has fallen to zero.
温度計は0℃に下がった.

③The (　　) of our country's economic problems is overwhelming.
我が国の経済問題の大きさは大変なものである.

④Two hundred workers now face (　　).
200人の労働者が今や解雇に直面している.

⑤The question of the (　　) of the universe is still hotly debated by scientists.
宇宙の起源の問題は科学者たちにいまだに熱く論じられている.

⑥These pieces of (　　) are filters.
これらの装置はろ過器です.

⑦I read her poems in (　　).
私は彼女の詩を手書きの原稿で読んだ.

⑧Their refusal to (　　) will invite more criticism from the UN.
彼らが妥協案を拒否すれば国連からさらに批判を買うでしょう.

⑨Laughter is one of the most infectious expressions of (　　).
笑いはもっとも人に移りやすい感情表現の一つです.

⑩His English (　　) is very good.
彼は英語の発音がとてもうまい.

ア enormity　イ pronunciation　ウ apparatus　エ manuscript
オ thermometer　カ redundancy　キ emotion　ク compromise
ケ mercy　コ origin

解答

1　1. キ　2. ケ　3. ア　4. イ　5. エ　6. ウ　7. ク　8. コ　9. オ　10. カ

2　①ケ　②オ　③ア　④カ　⑤コ　⑥ウ　⑦エ　⑧ク　⑨キ　⑩イ

3 次の語句を日本語にしましょう.

①a mercantile exchange	(　　)取引所
②for mercenary reasons	(　　)な理由で
③the paramount issues	もっとも(　　)な問題
④subnormal body temperatures	(　　)の体温
⑤aboriginal minorities	少数の(　　)
⑥intermediate skiers	スキーの(　　)
⑦from time immemorial	(　　)から
⑧a remote area	(　　)な地域
⑨a pregnant woman	(　　)
⑩a mediocre writer	(　　)の作家

4 次の英文の和訳を完成させましょう.

①He demonstrated that his theory was right.
彼は自分の理論が正しいことを(　　)した.

②Most crimes are committed by young men.
ほとんどの罪は若者によって(　　)される.

③They are planning to remodel their house next year.
彼らは来年,家を(　　)する計画を立てている.

④The government recently nationalized the railways.
政府は最近,鉄道を(　　)した.

⑤She denounced him to the police as a murderer.
彼女は彼を人殺しだと警察に(　　)した.

⑥They appointed a new manager to coordinate the work of the team.
チームの仕事を(　　)するために新しい経営者が任命された.

⑦He originated this theory in the early 17th century.
彼は17世紀の初期にこの理論を(　　)した.

⑧This lake abounds with fish.
この湖には魚が(　　)いる.

⑨The mayor mounted the platform and addressed the crowd.
市長は演壇に(　　)て群衆に語りかけた.

⑩The report tends to magnify the risks involved.
そのレポートは伴う危険性を(　　)しがちである.

解答

3 ①商業　②金銭的　③重要　④標準以下　⑤先住民族　⑥中級者　⑦大昔　⑧へんぴ　⑨妊婦　⑩二流

4 ①証明　②犯　③改築　④国有化　⑤告発　⑥調整　⑦考案　⑧たくさん　⑨登っ　⑩誇張

081 ❷ track 6 part＝分ける，部分

アパート
apartmentは
複数の住戸に**分けられた**共同住宅.

コンパートメント
列車のcompartmentは
個室式に**仕切られた**車室.

デパート
department storeは
売り場が**分かれた**百貨店.

パーティション
partitionは部屋の**仕切り**.

訳語を考えよう！

Q1 **part**(部分)＋**ial**(形容詞) → See partial

The judge of the contest was partial to his daughter.
コンテストの審査員は自分の娘を［　　　］していた.

hint 審査員が部分的な評価をするとは？

Q2 **im**(～でない)＋**partial**(部分的な) → See impartial

The jury must always give an impartial verdict.
陪審員は常に［　］な評決を下さなければならない.

hint 部分的でない評決とは？

Q3 **de**(離れて)＋**part**(分かれる) → See depart

The plane to Osaka departs at 2:00.
大阪行きの飛行機は2時に［　］する.

hint 今いる所を離れるとは？

解答：Q1 えこひいき　Q2 公平　Q3 出発

partial [pά:rʃəl]
形 部分的な，えこひいきする，とても好きな

語根 de 連想: 部分部分の — part（部分）+ ial（形容詞）

She is very partial to sweets.
彼女は甘い物が大好きです.

impartial [impά:rʃəl]
形 公平な，偏らない

語根 de 連想: 部分的でない — im（〜でない）+ partial（部分的な）

A trial must be fair and impartial.
裁判は公正で公平でなければならない.

depart [dipά:rt]
動 出発する

語根 de 連想: 今いるところを離れる — de（離れて）+ part（分かれる）

departure 名 出発

*** **department** 名 部門，学部，学科

The train for New York departs from Platform 3.
ニューヨーク行きの列車は3番線から出ます.

partake [pa:rtéik]
動 参加する，(飲食を)共にする

語根 de 連想: 全体の一部を取る — part（部分）+ take（取る）

They asked me to partake in the ceremony.
彼らは私に儀式に参加するように依頼した.

*** **particular** [pərtíkjulər]
形 特別な

語根 de 連想: 小さな部分の — part（部分）+ icle（小さい）+ ar（形容詞）

particle 名 微量，小さな粒

This particular custom has its origins in Wales.
この特別な慣習はウェールズに起源を持つ.

impart [impά:rt]
動 与える，添える

語根 de 連想: 分け与える — im（中に）+ part（分ける）

The furniture imparts elegance to the room.
家具は部屋に優雅さを添えている.

check1 check2 check3

082 pass, pace =歩, 通り過ぎる

❷ track 7

パス
ゲームでpassすることは,
自分を**飛ばして**,
次のプレーヤーに順番を回すこと.

パスワード
「山」と「川」の
合言葉(password)で
関門を**通過する**.

ペースメーカー
歩調を合わせる
マラソンのpacemaker.

バイパス
bypassは交通量の多い
市街地などを
通り過ぎるための迂回路.

訳語を考えよう !

Q1 **pas**(過ぎる) + **time**(時間) → See pastime

Gardening is my favorite **pastime**.
ガーデニングは私のお気に入りの[　　　]です.

hint 時間を過ごすこととは?

Q2 **sur**(上に) + **pass**(通る) → See surpass

Profits **surpassed** those of last year.
利益は昨年を[　　　].

hint 利益が昨年の上を行くとは?

Q3 **tres**(越えて) + **pass**(通る) → See trespass

He was fined $1,000 for **trespassing** on government property.
彼は政府の所有地を[　　]したとして1000ドルの罰金を科せられた.

hint 境界を越えて政府の所有地を通るとは?

解答: **Q1** 気晴らし　**Q2** 上回った　**Q3** 侵害

pastime [pǽstàim] 名 娯楽，気晴らし

語根de連想: 時間を過ごすこと ← pas（過ぎる）＋ time（時間）

His favorite pastime is golf.
彼の好きな娯楽はゴルフです．

---

surpass [sə:rpǽs] 動 勝る，越える，上回る

語根de連想: 上を越える ← sur（上に）＋ pass（通る）

At last he surpassed the world record.
とうとう彼は世界記録を上回った．

---

trespass [tréspəs] 動 不法侵入する，侵害する

語根de連想: 通り越す ← tres（越えて）＋ pass（通る）

You are trespassing on my land.
あなたは私の土地に不法侵入しています．

** **passenger** [pǽsəndʒər] 名 乗客，旅客

passer-by 名 通行人

語根de連想: （乗り物に乗って）通り過ぎる人 ← pass（通り過ぎる）＋ ing（～している）＋ er（人）

Ten passengers were killed in the accident.
10名の乗客がその事故で亡くなった．

---

passable [pǽsəbl] 形 通行できる，まずまずの，かなり良い

impassable 形 通行不能な

impasse 名 袋小路，行き詰まり

語根de連想: 通ることができる ← pass（通る）＋ able（～できる）

The food was excellent and the wine was passable.
食べ物はすばらしく，ワインはまずまずであった．

** **passage** [pǽsidʒ] 名 通路，道路，通行（権），一節

語根de連想: 通ること ← pass（通る）＋ age（名詞）

The constant passage of big trucks made the street noisy.
大きなトラックが常に通るので通りは騒がしかった．

check1 check2 check3

083 pat(r)=父

❷ track 8

パトリオット・ミサイル
父祖の地を守る
Patriot missile.

パトロン
patronは，経済的に
援助してくれる父のような存在.

訳語を考えよう !

Q1 patron(父)+ize(動詞) → See patronize

More than 500 customers patronize this shop every day.
毎日，500人以上の客がこの店を□にしている.

hint 店を父のように養うとは？

Q2 patri(父)+ot(人)+ic(形容詞) → See patriotic

We felt really patriotic when we won the gold medal.
金メダルを取った時，私たちは本当に□を感じた.

hint 父祖の地を守る人のようにとは？

Q3 re(再び)+patri(父)+ate(動詞) → See repatriate

After the war, prisoners were repatriated.
戦後，囚人たちは本国へ□された.

hint 再び父祖の国へ送るとは？

解答：Q1 ひいき Q2 愛国心 Q3 送還

patronize [péitrənàiz]
動 後援する，ひいきにする

語根de連想: patron（父）＋ ize（動詞） ← 父のように養う

patronage 名 ひいき，愛顧，後援，保護

patron 名 ひいき客，顧客，後援者

Thank you for your patronage.
お引き立てありがとうございます.

---

patriotic [pèitriάtik]
形 愛国的な，愛国心の強い

語根de連想: patri（父）＋ ot（人）＋ ic（形容詞） ← 父祖の地を守る人

patriot 名 愛国者

The patriots formed an army to fight the invading army.
愛国者たちは軍隊を組んで侵略しようとする軍隊と戦った.

---

repatriate [riːpéitrièit]
動 (本国へ)送還する
名 送還者，引き揚げ者

語根de連想: re（再び）＋ patri（父）＋ ate（動詞） ← 父の地に戻す

Many repatriates came back to their country after the war.
戦後，多くの引き揚げ者たちが国に戻った.

---

paternal [pətə́ːrnəl]
形 父の，父らしい，父のような

語根de連想: pater（父）＋ al（形容詞） ← 父親の

paternity 名 父性，父系，出所

He was allowed two days off as paid paternity leave.
彼は夫の出産休暇として２日間の有給休暇を認められた.

---

compatriot [kəmpéitriət]
名 同胞，同国人，(会社の)同僚
形 同胞の

語根de連想: com（共に）＋ patri（父）＋ ot（人） ← 父祖の地を共にする人

Ken defeated his compatriot in the quarter final.
ケンは準決勝で同国人を破った.

---

expatriate [動ekspéitrièit] [名ekspéitriət]
動 国外に追放する
名 国外追放者，国外移住者

語根de連想: ex（外に）＋ patri（父）＋ ate（動詞） ← 父祖の国から出す

There are many expatriates from Russia in this country.
この国にはロシアから移住してきた人たちがたくさんいる.

check1 check2 check3

084 ❷ track 9 path, pass＝感じる，苦しむ

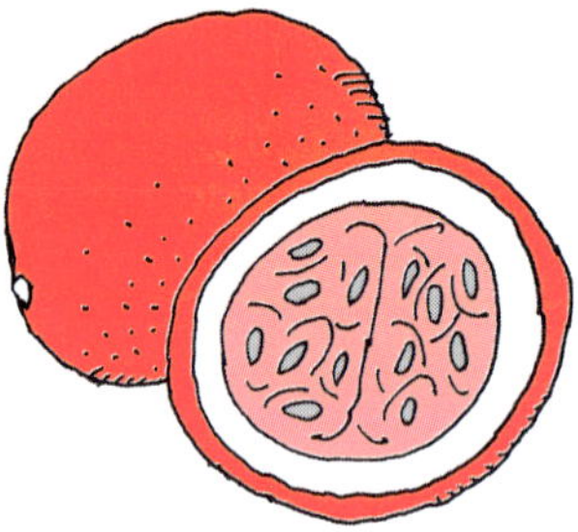

パッション・フルーツ
キリストの**受難**を表すとされる
passion flowerの果実がpassion fruit.
passionは「感情・情熱・激怒」の意味.
その形容詞形はpassionate(情熱的な).
compassionは「共に感じること」から
「哀れみ・同情」の意味に.

テレパシー
telepathyは遠くの
相手に意思や**感情**を伝える能力.

ペーソス
pathos(哀愁)あふれる
もの悲しい映画.

訳語を考えよう！

Q1 **anti**(反対)＋**path**(感じる)＋**y**(名詞) → See antipathy

His letter showed a deep antipathy toward the press.
彼の手紙には報道機関に対する深い□が表れていた.

*hint 反感を持つこととは？

Q2 **a**(～がない)＋**path**(感じる)＋**tic**(形容詞) → See apathetic

Many people today are apathetic about politics.
今日，政治に□な人は多い.

*hint 政治に対して感じることがないとは？

Q3 **pat**(苦しむ)＋**ent**(人) → See patient

This hospital treats about 10,000 patients a month.
この病院では月に約1万人の□を治療している.

*hint 病院で苦しんでいる人とは？

解答：Q1 嫌悪　Q2 無関心　Q3 患者

antipathy [æntípəθi]
名 反感，嫌悪

語根de連想：反感を持つこと ← anti（反対）＋ path（感じる）＋ y（名詞）

She has a great antipathy toward insects.
彼女は昆虫が大嫌いである.

apathetic [əpəθétik]
形 無気力の，無感動の，無関心な

apathy 名 無気力，無感動，無関心
pathetic 形 痛ましい，哀れな

語根de連想：感じない ← a（～がない）＋ path（感じる）＋ tic（形容詞）

The starving children were a pathetic sight.
餓死しかけている子供たちは痛ましい光景だった.

***

patient [péiʃ(ə)nt]
名 患者
形 我慢強い

patience 名 辛抱強さ
impatient 形 我慢できない，待ち望む，いらいらして
impatience 名 短気

語根de連想：苦しんでいる人 ← pat（苦しむ）＋ ent（人）

They were impatient at the delay.
彼らは遅れにいらいらしていた.

sympathize [símpəθàiz]
動 同情する，共感する

*sympathy 名 同情，共感
sympathetic 形 思いやりのある

語根de連想：共に感じる ← syn（共に）＋ path（感じる）＋ ize（動詞）

He liked Max, and sympathized with his ambitions.
彼はマックスが好きで彼の野心に共感した.

passive [pǽsiv]
形 受動的な，消極的な

語根de連想：苦しみに耐える ← pass（苦しむ）＋ ive（形容詞）

She takes a passive attitude toward her job.
彼女は仕事に対して消極的な態度を取っている.

compatible [kəmpǽtəbl]
形 気が合う，矛盾がない，互換性がある

compatibility 名 互換性，適合性
incompatible 形 気が合わない，互換性のない

語根de連想：一緒に感じることができる ← com（共に）＋ pat（感じる）＋ ible（～できる）

His printer is compatible with most computers.
彼のプリンターはたいていのコンピュータと互換性がある.

check1 check2 check3

085 ❷ track 10

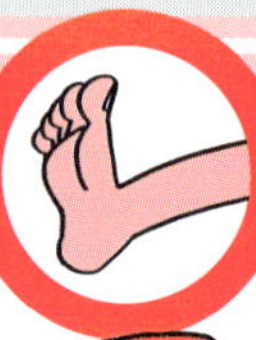

ped(e), pod, pus＝足

自転車のペダル
自転車の足でこぐ
踏み板部分はpedal.

ペディキュア
足のお手入れは
pedicure.

テトラポッド
Tetrapod《商標》は
4つの足を持った護岸用ブロック.

Back to Roots

ほかにも, **centipede**(ムカデ), **pedometer**(万歩計), **biped**(二足動物), **quadruped**(四足動物), **pedestal**(台座), **Ped Xing**(横断歩道: pedestrian crossingと読む), **pedicab**(東南アジアなどの輪タク)などがあります。また, podやpusにも同様に「足」という意味があります.「三脚」は**tripod**, 8本足の「タコ」は**octopus**です.

訳語を考えよう！

Q1 **ped**(足)＋**dle**(反復) → See peddle

Farmers come to Seoul to peddle rice.
農民たちは米を[　　]するためにソウルにやって来る.

hint (商品を持って)歩き回るってどんなこと？

Q2 **ex**(外に)＋**ped**(足)＋**tion**(名詞) → See expedition

We need to find sponsorships for the expedition.
その[　　]のためのスポンサーを見つけなくては.

hint 外に足を向けることってどんなこと？

Q3 **im**(中に)＋**ped**(足) → See impede

Work on the building was impeded by severe weather.
ビルの作業は悪天候に[　　]られた.

hint 進行している作業に足を入れるとは？

解答: **Q1** 行商　**Q2** 探検　**Q3** 妨げ

peddle

[pédl]

動 行商する，売り歩く

語根 de 連想

歩き回る

ped + dle
(足)　(反復)

peddler 名 行商人，麻薬の密売人

These products are generally peddled door to door.
これらの製品は普通，訪問販売される．

expedition

[èkspədíʃən]

名 探検

語根 de 連想

外に足を向けること

ex + ped + tion
(外に)　(足)　(名詞)

He went on an expedition to the North Pole.
彼は北極点に探検に行った．

impede

[impíːd]

動 妨げる

語根 de 連想

足を中に入れる

im + ped
(中に)　(足)

impediment 名 妨害，障害

Fallen rocks are impeding the progress of rescue workers.
落石がレスキュー隊の進行を妨げている．

pedestrian

[pədéstriən]

名 歩行者

語根 de 連想

歩く人

pedester + ian
(足の)　(人)

Pedestrian accidents are up by 5%.
歩行者事故は5%上昇した．

expedite

[ékspədàit]

動 促進する，手早く片づける

語根 de 連想

足かせをはずす

ex + ped + ite
(外に)　(足かせ)　(動詞)

expedient 形 好都合な，得策の　名 手段，処置

The company expedited the shipment by sending it by air.
その会社は空輸することで発送を促進した．

pedigree

[pédəgrìː]

名 系図，家系，血統

語根 de 連想

鶴の足の連想から

ped + gree
(足)　(鶴)

He is by pedigree an aristocrat.
彼の生まれは貴族だ．

check1 check2 check3

086
❷ track 11

pel, puls＝押す, 打つ

プロペラ
propellerは
[前に(pro)**押し進める**(pel)もの(er)]から
「推進する・駆り立てる」の意味に.

パルス
患者の脈(pulse)が
正常に**打っている**かを確認する医師.
動詞形はpulsateで「脈打つ・躍動する」.

アピール
政府に減税をappealする.
appealは[〜に(a(p))**押しかける**(peal)]
ことから「訴える・懇願する」の意味に.

訳語を考えよう !

Q1 **com**(完全に)＋**pel**(押す) → See compel

His illness **compelled** him to stay in bed.
病気になり彼は寝込むことを□なくさせれた.

hint 彼が病気に押し切られたとは?

Q2 **im**(上に)＋**pulse**(打つ) → See impulse

It was an **impulse** buy.
それは□買いだった.

hint 頭を打たれたようにして買ってしまうとは?

Q3 **re**(元に)＋**pulse**(打つ) → See repulse

The enemy attack was quickly **repulsed**.
敵の攻撃はすぐに□された.

hint 敵の攻撃を打ち返すとは?

解答:Q1 余儀　Q2 衝動　Q3 撃退

compel
[kəmpél]

動 強いる，余儀なくさせる

語根de連想: 押し切る ← com（完全に）+ pel（押す）

compulsion 名 強制（すること）

compulsory 形 義務的な，必修の，強制的な　名 規定種目

Attendance at these lectures is not compulsory.
これらの講義への出席は強制的ではない.

impulse
[ímpʌls]

名 衝撃，衝動

語根de連想: 頭を打つ ← im（上に）+ pulse（打つ）

I have never had the impulse to marry her.
私は彼女と結婚したいという衝動に駆られたことは一度もない.

repulse
[ripʌ́ls]

動 撃退する

語根de連想: 打ち返す ← re（元に）+ pulse（打つ）

repulsive 形 不快な

What a repulsive man!
なんて嫌なやつ.

expel
[ikspél]

動 追放する，除名する

語根de連想: 追い出す ← ex（外に）+ pel（押す）

The athlete was expelled for drug-taking.
その選手は薬物使用で追放された.

repel
[ripél]

動 寄せ付けない，拒絶する

語根de連想: 押し返す ← re（元に）+ pel（押す）

repellent 形 反発する，嫌悪感を起こさせる　名 虫除け

His coat repels moisture.
彼のコートは水分を寄せ付けない.

dispel
[dispél]

動 追い散らす，晴らす，一掃する

語根de連想: 押し離す ← dis（離れて）+ pel（押す）

The police moved quickly to dispel the rumors.
警察がすばやく動いてその噂を一掃した.

check1 check2 check3

087 pend＝垂れる，さげる

❷ track 12

ペンダント
胸に**垂れさがる**
pendant.

サスペンダー
ずり落ちないように
ズボンを**つるす**suspenders.

サスペンス
サスペンス映画(suspense movie)を見て，
不安で心が**宙ぶらりん**の状態に．

Back to Roots

垂れさがっている物をイメージさせるpendを含む単語には，**pendulum**(振り子)，**appendix**(付録・付属物・虫垂)，**appendicitis**(虫垂炎・盲腸) などがあります．「その件はまだペンディング状態です」と言うように，**pending**は「未解決の・未決定の」の意味です．

訳語を考えよう！

Q1 **de**(下に)＋**pend**(垂れる) → *See depend*

Japan **depends** on foreign countries for oil.
日本は石油を外国に□している．

hint 寄りかかっている状態とは？

Q2 **in**(～ない)＋**de**(下に)＋**pend**(垂れる)＋**ent**(形容詞)

He is totally **independent** of his parents. → *See independent*
彼は両親から完全に□している．

hint 寄りかかっていない状態とは？

Q3 **sus**(下に)＋**pend**(さげる) → *See suspend*

The student was **suspended** for damaging school property.
その生徒は学校の器物破損で□になった．

hint 生徒としての資格を一時取りさげるとは？

解答：Q1 依存　Q2 独立　Q3 停学

*** **depend** [dipénd]　動 頼る，依存する

dependent　形 依存している

dependence　名 依存

語根 de 連想：下に寄りかかる ← de（下に）＋ pend（垂れる）

He depends on part-time jobs for most of his income.
彼は収入のほとんどをアルバイトに頼っている.

*** **independent** [ìndipéndənt]　形 独立した

** **independence**　名 独立

語根 de 連想：寄りかかっていない ← in（〜ない）＋ de（下に）＋ pend（垂れる）＋ ent（形容詞）

The USA became an independent nation after 1776.
アメリカは1776年の後，独立国になった.

---

suspend [səspénd]　動 一時停止にする，停学［休職・停職］処分にする

suspension　名 一時的な中止，停職，停学，出場停止

語根 de 連想：ぶらさがっている ← sus（下に）＋ pend（さげる）

The athlete was suspended for one year for doping.
その選手はドーピングで1年間の出場停止処分となった.

---

suspense [səspéns]　名 緊張感，サスペンス

語根 de 連想：不安で心が宙ぶらりんの状態 ← ぶらさがっている ← sus（下に）＋ pen(d)（さげる）＋ se（名詞）

Don't keep me in suspense. What happened next?
気をもませないで. 次に何が起こったの？

---

impending [impéndiŋ]　形 今にも起こりそうな

語根 de 連想：上からかかっている ← im（上に）＋ pend（垂れる）＋ ing（形容詞）

The impending crisis over trade made everyone nervous.
今にも起こりそうな貿易危機で誰もが神経質になった.

---

perpendicular [pə̀ːrpəndíkjulər]　形 垂直の，切り立った

語根 de 連想：完全に垂らしている ← per（完全に）＋ pend（垂らす）＋ ular（形容詞）

The lines are perpendicular to each other.
線は互いに直角に交わっている.

check1　check2　check3

088 pend, pens =(吊るして)計る, 支払う

❷ track 13

キャッシュ・ディスペンサー
cash dispenserは
自動的に現金を**払い出す**装置.

エクスペンシブ
expensiveは
[ex(超えて)+pens(払う)→標準を超えて**支払う**]
ことから「高価な」の意味に.

Back to Roots

pend, pensの語根を持つ基本単語に**expense**(費用)があります. 秤にかけて支払うことが原義で, 形容詞形は**expensive**(高価な), 動詞形は**expend**(費やす)です. **expend**の**e**が消えた形は**spend**(使う・費やす)です. じっくり時間をかけて天秤のバランスを取ることから生まれた**ponder**(熟考する)は, さらに形を変えて**poise**(平衡・釣り合い・姿勢), **counterpoise**(平衡力・釣り合い)に変化しました.

訳語を考えよう !

Q1 **dis**(離れて)+**pense**(計る) → See dispense

Villagers dispensed tea to visitors.
村人は訪問客にお茶を□.

hint 計って与えるとは?

Q2 **ex**(外に)+**pend**(払う)+**ure**(名詞) → See expenditure

The government's expenditure for national defense has been reduced.
国の防衛□は削減された.

hint 国が防衛のために払うものとは?

Q3 **com**(共に)+**pens**(払う)+**ate**(動詞) → See compensate

The company compensated employees with bonuses.
会社は従業員にボーナスを払って□した.

hint 労働に対してみんなにお金を払うとは?

解答:**Q1** 出した **Q2** 費 **Q3** 補償

dispense [dispéns] 動 分配する，～なしですます(with)

dispensary 名 調剤室，薬局，医務室，保健室

indispensable 形 絶対に必要な，不可欠の

語根de連想: 支出する ← dis + pense（離れて）（計る）

This book will be indispensable to anyone who learns English.
この本は英語を勉強する人なら絶対に必要なものとなるでしょう.

---

expenditure [ikspénditʃər] 名 支出，経費

語根de連想: 払い出したもの ← ex + pend + ure（外に）（払う）（名詞）

Expenditure on education increased this year.
今年の教育費は増加した.

---

compensate [kάmpənsèit] 動 償う，埋め合わせる，補償する

compensation 名 補償，埋め合わせ

語根de連想: 支払い合う ← com + pens + ate（共に）（払う）（動詞）

He compensated me for my injuries.
彼は私の怪我の補償をした.

---

pension [pénʃən] 名 年金

語根de連想: 国が支払うもの ← pens + ion（払う）（名詞）

How long have you been drawing a pension?
いつから年金を受け取っていますか.

---

pensive [pénsiv] 形 物思いに沈んだ，悲しげな

語根de連想: 天秤の両端を見ている ← pens + ive（払う）（形容詞）

She was more pensive than usual.
彼女はいつもより悲しげだった.

---

recompense [rékəmpèns] 動 弁償をする，報いる 名 弁償，報酬

語根de連想: あとで支払う ← re + com + pense（再び）（共に）（払う）

They were forced to work without recompense.
彼らは無報酬の労働を余儀なくされた.

check1 check2 check3

089 ple, pli, ply =(折り)重なる,(折り)重ねる

❷ track 14

マルチプルチョイス

multiple choice(多肢選択式)は,
たくさん**折り重ねた**多様な選択肢.
動詞はmultiply(増やす・掛ける).

シンプル

simpleは[1回(sim)だけ**重ねた**(ple)]から
「単純な・簡単な」の意味に.
副詞はsimply(単に),
動詞はsimplify(単純化する).

トリプル・プレー

野球のtriple playは
三重殺.

レプリカ

replicaは
[re(再び)+pli(**重ねる**)]
ように作られた複製品.

訳語を考えよう!

Q1 **com**(共に)+**pli**(重ねる)+**ate**(動詞)+**ed**(~される)

The situation is becoming more complicated. → See complicated

事態はますます□になってきた.

*hint 重なり合ってわかりにくくなるとは?

Q2 **du**(2)+**pli**(重ねる)+**ate**(動詞) → See duplicate

There's no point in duplicating work already done.

すでに成された仕事を□しても何にもならない.

*hint 2つを重ね合わせるとは?

Q3 **re**(元に)+**ply**(折る) → See reply

She spoke to me, but I didn't reply.

彼女は私に話しかけたが,私は□なかった.

*hint 折り返すとは?

解答:Q1 複雑 Q2 真似 Q3 答え

○ *complicated 形 複雑な，難しい
[kάmpləkèitid]

語根de連想
重なり合った
com + pli + ate + ed
(共に) (重ねる) (動詞) (〜される)

The new law is very complicated.
新法は非常に複雑である.

○ duplicate 動 複写する，真似する 名 複製，複写 形 複製の，二重の
[動 d(j)ú:pləkèit]
[名形 d(j)ú:pləkit]

語根de連想
2つ重ねる
du + pli + ate
(2) (重ねる) (動詞)

Duplicating this book is illegal.
この本の複写は違法です.

○ ***reply 動 返事をする，答える 名 返事，答え
[riplái]

語根de連想
折り返す
re + ply
(元に) (折る)

Please reply to our invitation quickly.
私たちの招待にすぐに返事をください.

○ explicit 形 明白な，わかりやすい
[iksplísit]

語根de連想
外に折られた
ex + pli + it
(外に) (折る) (〜される)

He gave me very explicit directions on how to get there.
彼は私にそこへの行き方を非常にわかりやすく説明してくれた.

○ implicit 形 暗黙の，それとなしの，絶対的な
[implísit]

語根de連想
内に折られた
im + pli + it
(中に) (折る) (〜される)

She had the implicit trust of her staff.
彼女はスタッフに絶対的な信頼を置いていた.

○ imply 動 暗に意味する，ほのめかす
[implái]
implication 名 含蓄，暗示するもの

語根de連想
内に折る
im + ply
(中に) (折る)

He implied that I was telling a lie.
私が嘘をついていると彼はほのめかした.

check1 check2 check3

090 popul, public, dem = 人, 人々

❷ track 15

パブリック・ビューイング
街頭や公園，競技場などの
大型スクリーンでスポーツなどを**一般公開**する
public viewing. publicは「公の・公開の」の意味.
republic（共和国）は“人々のもの”の意味から.

デマ
デマ(demagoguery)を飛ばして
人々をあおる扇動政治家(demagogue).
基本単語のpeople（人々）も同じ語根から.
demography（人口統計学）は
“人々の分布を書いたもの”から.

ポピュラー
大衆音楽はpopular music.
popularは**人々**に
「人気のある・一般的な」という意味.

訳語を考えよう！

Q1 demo(人々)＋cracy(統治)
→ See democracy

Democracy had its beginnings in ancient Greece.
古代ギリシアで□主義が始まった.

hint 人々が統治する政治形態とは？

Q2 publ(人々)＋ish(動詞)
→ See publish

I was 35 years old when my first book was published.
初めての本を□した時，私は35歳だった.

hint 人々の前に出すとは？

Q3 epi(上に)＋dem(人々)＋ic(形容詞)
→ See epidemic

There are epidemics of influenza nearly every winter.
ほとんど毎年冬になるとインフルエンザが□する.

hint 人々の上にのしかかるものとは？

解答：Q1 民主　Q2 出版　Q3 流行

** **democracy** 名 民主主義，民主政治
[dimɑ́krəsi]

語根 de 連想: 人々が統治する — demo（人々）＋ cracy（統治）

** **democratic** 形 民主主義の

* **democrat** 名 民主主義者

He is supported by the Democratic Party.
彼は民主党に支持されている．

*** **publish** 動 発表する，出版する
[pʌ́bliʃ]

語根 de 連想: 人々の前に出す — publ（人々）＋ ish（動詞）

* **publication** 名 発表，出版（物）

Moby-Dick was first published in London in 1851.
『モービーディック（白鯨）』は1851年にロンドンで初めて出版された．

---

epidemic 形 伝染性の，流行する 名 伝染病，流行，同種の犯罪
[èpədémik]

語根 de 連想: 人々の上にのしかかる — epi（上に）＋ dem（人々）＋ ic（形容詞）

Crime and poverty are epidemic in the city.
その都市では犯罪と貧困がはびこっている．

*** **population** 名 人口
[pɑ̀pjuléiʃən]

語根 de 連想: 人々を住まわせること — popul（人）＋ tion（名詞）

populous 形 人口の多い

The population almost doubles in summer because of the jazz festival.
夏の間はジャズ祭のために人口はほぼ倍になる．

---

endemic 形 （一地方）特有の，固有の
[endémik]

語根 de 連想: 人々の中に — en（中に）＋ dem（人々）＋ ic（形容詞）

Corruption is endemic in the system.
汚職はその制度に特有のものである．

---

pandemic 形 広域的な，全国的な
[pændémik]

語根 de 連想: すべての人々に行き渡る — pan（すべての）＋ dem（人々）＋ ic（形容詞）

Pandemic influenza outbreaks can kill millions of people.
広域的なインフルエンザの発生で何百万という人たちが命を失うこともあり得る．

091 port＝運ぶ，港

❷ track 16

サポーター

supporterはひいきのチームを
［下で(sup)**支える**(port)人(er)］.

レポーター

reporterは元の場所に
足を**運んで**「報告・報道」する人.

ポータブルテレビ

portableTVは**持ち運ぶ**ことが
できる大きさのテレビ.

Back to Roots

重要な(**important**)は，［中に(im)運ぶ(port)］ほど「重要な」の意味.

訳語を考えよう！

Q1 ex(外に)＋port(運ぶ)

→ See export

The company made a dramatic entrance into the **export** market.
その会社は□市場に劇的な参入を果たした.

hint 港の外に出すとは？

Q2 im(中に)＋port(運ぶ)

→ See import

They **import** a large number of cars from Japan.
彼らは日本からたくさんの車を□している.

hint 港の中に入れるとは？

Q3 op(～の方へ)＋port(港)＋une(形容詞)

→ See opportune

The law reforms were **opportune** and important.
法制改革は□かつ重要であった.

hint 港に近いということは？

解答：Q1 輸出　Q2 輸入　Q3 適切

export 動 輸出する 名 輸出(品)
[動ikspɔ́ːrt]
[名ékspɔːrt]
exportation 名 輸出

語根de連想: 港の外に出す ← ex（外に）＋ port（運ぶ）

An international agreement restricts the export of missiles.
国際協定ではミサイルの輸出を制限している.

---

import 動 輸入する 名 輸入(品)
[動impɔ́ːrt]
[名ímpɔːrt]
importation 名 輸入

語根de連想: 港の中に入れる ← im（中に）＋ port（運ぶ）

Oil imports have risen recently.
最近, 石油の輸入が増加している.

---

opportune 形 適切な, 好都合の
[àpərt(j)úːn]
opportunity 名 機会

語根de連想: 港に近い ← op（～の方へ）＋ port（港）＋ une（形容詞）

He grasped the opportunity to work abroad.
彼は海外で働く機会を得た.

---

support 動 支える, 養う 名 支え, 支持
[səpɔ́ːrt]

語根de連想: 下で支えながら運ぶ ← su(p)（下に）＋ port（運ぶ）

He doesn't have the means to support a wife and child.
彼には妻子を養う財力がない.

---

transport 動 輸送する 名 輸送
[動trænspɔ́ːrt]
[名trǽnspɔːrt]
transportation 名 輸送

語根de連想: 場所を越えて運ぶ ← trans（越えて）＋ port（運ぶ）

We needed to get to London, but we had no means of transport.
私たちはロンドンにたどり着く必要があったが, 輸送手段がなかった.

---

deport 動 国外に追放する
[dipɔ́ːrt]
deportation 名 国外追放

語根de連想: 遠くに運ぶ ← de（離れて）＋ port（運ぶ）

The government deported the Cuban refugees.
政府はキューバの難民を国外追放した.

check1 check2 check3

092 pose, posit=置く, 止まる①

❷ track 17

ポーズ
動きを**止めて**
カメラに向かってposeを取る.

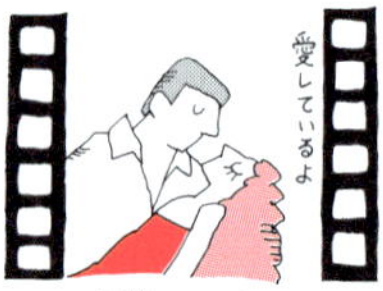

字幕スーパー
映画の画面に重ねた字幕
「字幕スーパー」はsuperimposeの略.
フィルムの[上から(super)**押しつけた**
(impose)もの]というのが原義.

ポーズ
リモコンでpauseを
押して画面を**停止**する.

訳語を考えよう!

Q1 **pur**(前に)＋**pose**(置く) → See purpose

Their campaign's main **purpose** was to raise money.
彼らのキャンペーンの主な□は募金でした.

hint 前に置いて目指すものとは？

Q2 **pro**(前に)＋**pose**(置く) → See propose

The principal **proposed** to keep the school open all summer.
校長は夏の間ずっと学校を開放することを□した.

hint 会議でみんなに差し出すとは？

Q3 **im**(上に)＋**pose**(置く) → See impose

A new tax was **imposed** on fuel.
新税が燃料に□られた.

hint 政府が国民の上に押しつけるとは？

解答：**Q1** 目的　**Q2** 提案　**Q3** 課せ

○ ***purpose [pə́ːrpəs]
名 目的，意図
語根de連想: 前に置いて目指すもの ← pur（前に）+ pose（置く）

He stepped on my foot on purpose.
彼はわざと私の足を踏んだ.

○ **propose [prəpóuz]
動 提案する，(結婚を)申し込む
**proposal 名 提案，結婚の申し込み
語根de連想: 相手の前に差し出す ← pro（前に）+ pose（置く）

Developers are proposing to build a hotel on this site.
開発業者はこの場所にホテルを建てることを提案している.

○ *impose [impóuz]
動 課す，科す，押しつける
imposition 名 課税，負担
imposing 形 堂々とした，壮大な
語根de連想: 押しつける ← im（上に）+ pose（置く）

Heavy fines are imposed on speeders.
スピード違反者には重い罰金が科せられる.

○ *expose [ikspóuz]
動 さらす
exposure 名 さらすこと，暴露
exposition 名 展覧会
語根de連想: 外に置いておく ← ex（外に）+ pose（置く）

Babies should not be exposed to strong sunlight.
赤ちゃんは強い日光にさらされるべきではない.

○ repose [ripóuz]
動 休息する，載っている
名 休息
語根de連想: 家に帰って再び身を置く ← re（元に）+ pose（置く）

He reposed on the sofa and fell asleep.
彼はソファに横になって寝た.

○ **suppose [səpóuz]
動 思う，想像する，もし～するとしたら
supposition 名 仮定，推測
語根de連想: 下に置く ← su(p)（下に）+ pose（置く）

Public spending is supposed to fall in the next few years.
公費は次の数年で下がると思われる.

check1 check2 check3

093 pose, posit=置く，止まる②

❷ track 18

将棋盤に並べられた先手側と
反対側に**並べられた**(oppose)後手側の駒.

将棋盤にきちんと**並べられた**駒.
先手を構成(compose)する布陣.

将棋盤にバラバラに**置かれた**
(decompose)駒.

訳語を考えよう！

Q1 com(共に)＋pose(置く) → See compose

Mozart composed his last opera shortly before he died.
モーツァルトは死ぬ直前に最後のオペラを[　　]した.

hint 音符を組み立てるとは？

Q2 dis(離れて)＋pose(置く) → See dispose

He had rough time disposing of his opponent.
彼は相手を[　　　　]のに苦労した.

hint 相手を離れた方へ置くとは？

Q3 de(下に)＋pose(置く) → See depose

The president was deposed in a military coup.
大統領は軍事クーデターで[　　]させられた.

hint 上に立つ大統領が下に置かれるとは？

解答：**Q1** 作曲　**Q2** 始末する　**Q3** 退陣

○ **compose** [kəmpóuz] 動 作曲する，構成する，作詞する

composition 名 作文，作品，構成

語根de連想
組み立てる
↑
同じ場所に置く
↑
com ＋ **pose**
(共に)　(置く)

Twenty people compose the committee.
その委員会は20人で構成されている.

○ **dispose** [dispóuz] 動 処分する(of)，始末する，したい気にさせる

disposal 名 処分(の自由)，配列

disposition 名 気分，配列

語根de連想
離して置いておく
↑
dis ＋ **pose**
(離れて)　(置く)

The money is at your disposal.
そのお金はあなたが自由に使ってもよい.

○ **depose** [dipóuz] 動 退ける，免職する

語根de連想
身分を下に置く
↑
de ＋ **pose**
(下に)　(置く)

He has been deposed in this case.
彼はこの事件で免職になった.

○ *__oppose__ [əpóuz] 動 反対する

**__opposition__ 名 反対，野党

opposite 形 反対の，逆の

語根de連想
相手と反対側に身を置く
↑
op ＋ **pose**
(反対に)　(置く)

The politician opposed changing the law.
その政治家は法律の改正に反対した.

○ **composure** [kəmpóuʒər] 名 落ち着き，平静

語根de連想
気持ちを整理すること
↑
気持ちを組み立てること
↑
com ＋ **pos** ＋ **ure**
(共に)　(置く)　(名詞)

He was trying to regain his composure.
彼は落ち着きを取り戻そうとしていた.

○ **decompose** [dìːkəmpóuz] 動 分解する[させる]，腐敗する[させる]

語根de連想
バラバラにする
↑
組み立てない
↑
de ＋ **com** ＋ **pose**
(〜でない)　(共に)　(置く)

Over time, dead leaves decompose into the ground.
やがて枯れ葉は分解して大地に吸収される.

check1 check2 check3

094 posit, pone＝置く

❷ track 19

ポジション
選手が**配置**される
位置がposition.

コンポ
component stereoは,
各部がそれぞれ独立した
機器として**構成**されているステレオのこと.

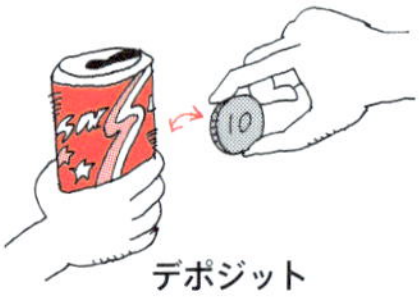

デポジット
depositは一時的に**置いておく**お金のこと，つまり「預かり金」.
デポジット制は，あらかじめ販売代金に預かり金を含めておき，
使用済みの空き缶・空き瓶を店に返すと，そのお金が返ってくること.

Back to Roots

compoundは複数のものが1つの構成物となっていること．つまり「混合物・合成の」の意味．名詞の前に“置かれる”「前置詞」は**preposition**.

訳語を考えよう！

Q1 post(後に)＋pone(置く)

→ See postpone

The chairman **postponed** the meeting until next week.
議長は会議を来週まで□した.

hint 会議を後に置くとは？

Q2 op(反対に)＋pone(置く)＋ent(人)

→ See opponent

She defeated her **opponent** in the final.
彼女は決勝で□を負かした.

hint 決勝戦で自分と反対側にいる人とは？

Q3 pro(前に)＋pone(置く)＋ent(人)

→ See proponent

He is a **proponent** of lowering taxes.
彼は減税の□である.

hint 自分の前に出てくれる人とは？

解答：Q1 延期　Q2 敵　Q3 支持者

postpone [pous(t)póun] 動 延期する

語根 de 連想: 期日より後ろに置く
post（後に）+ pone（置く）

The fireworks display was postponed on account of the typhoon.
花火大会が台風のために延期になった.

opponent * [əpóunənt] 名 敵，相手

語根 de 連想: 自分と反対側にいる人
op（反対に）+ pone（置く）+ ent（人）

My opponent called me a liar to my face.
相手は面と向かって私を嘘つき呼ばわりした.

proponent [prəpóunənt] 名 支持者，提案者

語根 de 連想: 自分の前に出てくれる人
pro（前に）+ pone（置く）+ ent（人）

The politician is known as a proponent of birth control.
その政治家は産児制限の支持者として知られている.

positive ** [pázətiv] 形 明確な，確信した，積極的な，陽性の

語根 de 連想: 場所が確定した
pos（置く）+ tive（形容詞）

He is positive about his success.
彼は成功することを確信している.

opposite ** [ápəzit] 形 反対側の，正反対の

語根 de 連想: 反対側に置かれた
op（反対に）+ pos（置く）+ ite（形容詞）

He jumped in and swam to the opposite bank.
彼は飛び込んで反対側の岸まで泳いだ.

deposit * [dipázit] 動 置く，預金する 名 預金，頭金

語根 de 連想: 下に置かれた
de（下に）+ pos（置く）+ it（～される）

Deposits can be made at any branch.
預金はどこの支店でもできます.

check1 check2 check3

095 press＝押す

❷ track 20

プレス報道

pressは，印刷機から押し出されてくる新聞を作る「報道機関・報道陣・記者団」のこと．

プレッシャー

心が押しつぶされるような圧力はpressure.

エクスプレス

秋葉原～つくば間の移動時間をぎゅっと短縮するつくばエクスプレス(express).

Back to Roots

コンプレッサー（compressor）は圧縮を目的とした機器・機械のこと．

訳語を考えよう！

Q1 **de**(下に)＋**press**(押す) → See depress

The new policy will depress the economy.

新しい政策で経済は□するでしょう．

hint 経済を押し下げるとは？

Q2 **ex**(外に)＋**press**(押す) → See express

He can't express what he means.

彼は自分の言いたいことが□できない．

hint 自分の言いたいことを押し出すとは？

Q3 **im**(上に)＋**press**(押す) → See impress

I was very impressed by his sincerity.

私は彼の誠実さに強い□を受けた．

hint 彼の誠実さが私の胸に押しつけるとは？

解答：**Q1** 低迷　**Q2** 表現　**Q3** 印象

depress [diprés]
動 低迷させる，落胆させる，弱める
語根 de 連想: 押し下げる ← de（下に）+ press（押す）

depression 名 不況，意気消沈
depressing 形 気のめいるような，憂鬱な，重苦しい

The country passed through a severe depression.
その国は深刻な不況を切り抜けた．

***express [iksprés]
動 表現する
形 はっきりした
名 急行列車，速達
語根 de 連想: 飛び抜けたもの ← 気持ちを押し出す ← ex（外に）+ press（押す）

**expression 名 表現，表情
expressive 形 表情[表現力]豊かな

Will you send this parcel by express?
この小包を速達で送ってくれませんか．

---

*impress [imprés]
動 印象を与える，押しつける
語根 de 連想: 胸に押し当てる ← im（上に）+ press（押す）

**impression 名 印象
*impressive 形 印象的な

What is your first impression of Tokyo?
東京の第一印象はどうですか．

---

pressing [présiŋ]
形 差し迫った，緊急な
語根 de 連想: 押しつけている ← press（押す）+ ing（～している）

The most pressing question is what we should do next.
もっとも緊急な問題は次に何をするべきかである．

---

oppress [əprés]
動 圧迫する，虐げる，重圧を感じる
語根 de 連想: 押し当てる ← op（反対に）+ press（押す）

oppression 名 圧迫，虐待
oppressive 形 過酷な，重苦しい

Religious minorities were oppressed by the government.
宗教的に少数派の人たちは政府に虐げられた．

---

suppress [səprés]
動 鎮圧する，抑える
語根 de 連想: 押し下げる ← su(p)（下に）+ press（押す）

suppression 名 鎮圧，抑えること

The Hungarian uprising in 1956 was suppressed by the Soviet Union.
1956年のハンガリーの動乱はソビエト連邦に鎮圧された．

check1 check2 check3

096 pri(n), pri(m) =1番目の, 1つの

❷ track 21

プリマ・ドンナ
オペラのprima donnaは**第一の**女性，
つまり「主役女性歌手」の意味.

プリンス
princeは王様という地位を継ぐ
第1番目の候補者.

プレミア・リーグ
イングランドのプロサッカー**最高の**
リーグが Premier League.

Back to Roots

テレビにおいて，午後7時から9時のもっとも視聴率の高い時間帯をゴールデンアワーやゴールデンタイムといいますが，英語では**prime time**といいます.

訳語を考えよう！

Q1 **prem**(第一の)＋**er**(人) → See premier

The premier of Italy visited Tokyo.
イタリアの□が東京を訪問した.

hint イタリアで一番の人とは？

Q2 **prin**(第一の)＋**cip**(つかむ)＋**al**(形容詞) → See principal

His mother is the principal of a high school in Saitama.
彼の母親は埼玉の高校の□先生です.

hint 高校で第一の地位をつかんだ人とは？

Q3 **prim**(第一の)＋**tive**(形容詞) → See primitive

Primitive tribes live in this region.
□な部族がこの地域に住んでいる.

hint 歴史の最初からいた部族とは？

解答：Q1 首相　Q2 校長　Q3 原始的

premier

[primíər, príːmiər]

名 首相，総理大臣
形 最高の，主要な

語根de連想
一番の人
↑
prem + er
(第一の)　(人)

He is the premier violinist for his generation.
彼はその世代の最高のバイオリニストだ.

**principal

[prínsəp(ə)l]

形 主要な，もっとも重要な
名 頭，社長，校長

語根de連想
第一の地位をつかんだ
↑
prin + cip + al
(第一の)　(つかむ)　(形容詞)

New roads will link the principal cities of the area.
新しい道路によってその地域の主要な都市が結ばれるであろう.

primitive

[prímətiv]

形 原始(時代)の，原始的な

語根de連想
歴史の最初からいた
↑
prim + tive
(第一の)　(形容詞)

The facilities on the campsite were very primitive.
キャンプ場の設備はとても原始的なものだった.

**principle

[prínsəpl]

名 原理，主義

語根de連想
大事なこと
↑
第一につかむこと
↑
prin + cip + le
(第一の)　(つかむ)　(小さい)

It's against my principles to work on Sundays.
日曜日に働くのは私の主義に反する.

*primary

[práimeri]

形 第一位の，もっとも重要な，最初の

語根de連想
第一の
↑
prim + ary
(第一の)　(形容詞)

My primary concern is my son's safety.
私が一番心配しているのは息子の安全です.

*prime

[praim]

形 第一の，もっとも重要な
名 最高の状態，全盛期

語根de連想
第一の
↑
prim
(第一の)

She's a prime candidate for promotion.
彼女は昇進の第一の候補である.

check1 check2 check3

097 pris(e), pre(hend) = つかむ

❷ track 22

犯罪者をつかんで
「刑務所に入れる」ことを
imprisonという.

surpriseは
不意に上から(sur)つかまれる(prise)こと,
つまり「びっくりする」.

Back to Roots

「起業家, 事業家」を意味する, フランス語由来の**entrepreneur**という語がありますが, この語にも語根preが含まれています. 同じくフランス語由来のentree（アントレ）は,「オードブル, 前菜」を指すことからもわかるように,「前に」という意味を持ちます. つまり, これらの意味が含まれる**entrepreneur**は「ビジネスを先取りする人」が原義です. ちなみに, 英語で**enterprise**といえば「事業・企業・冒険心」のことです.

訳語を考えよう！

Q1 **im**(中に) + **prison**(刑務所) → See imprison

He was imprisoned for possession of drugs.
彼は麻薬所持で□された.

hint 刑務所に入れるとは？

Q2 **con**(共に) + **prise**(つかむ) → See comprise

Women comprise 44% of hospital medical staff.
病院の医療スタッフの44%を女性が□している.

hint みんな一緒に手をつないでいるってどんなこと？

Q3 **com**(完全に) + **prehend**(つかむ) → See comprehend

I don't comprehend his behavior.
彼の行動は□できない.

hint すっかり手につかんだ状態とは？

解答：Q1 投獄　Q2 構成　Q3 理解

imprison 動 投獄する
[imprízn]

語根de連想: 刑務所の中に ← im（中に）+ prison（刑務所）

** prison 名 刑務所
imprisonment 名 投獄，留置

The judge imprisoned the criminal for theft.
裁判官は犯人を窃盗で投獄した.

comprise 動 構成する，含む
[kəmpráiz]

語根de連想: 一緒に手をつかむ ← con（共に）+ prise（つかむ）

Hindus comprise about 81% of India's population.
ヒンドゥー教徒はインドの人口の約81％を構成する.

comprehend 動 理解する，把握する，包含する
[kàmprihénd]

語根de連想: 完全に手でつかむ ← com（完全に）+ prehend（つかむ）

comprehensive 形 広範囲な，包括的な
comprehension 名 理解（力）

She cannot comprehend the extent of the disaster.
彼女は災害の大きさを理解できない.

apprehend 動 逮捕する，理解する
[æprihénd]

語根de連想: 犯人をつかむ ← a(p)（〜を）+ prehend（つかむ）

apprehension 名 懸念，気遣い，理解（力）

The police have finally apprehended the killer.
警察はとうとう殺人犯を逮捕した.

apprentice 名 見習い工，奉公人
[əpréntis]

語根de連想: 一生の間，自由を取られた状態 ← a(p)（〜を）+ pre（つかむ）+ ice（名詞）

Most of the work was done by apprentices.
その仕事の大部分は見習い工によって行われた.

prey 名 餌食，犠牲，食い物 動 食い物にする，捕食する
[prei]

語根de連想: 強いものにつかまった弱いもの ← 捕らわれたもの

Elderly people are easy prey for dishonest salesmen.
お年寄りは不誠実なセールスマンにとって格好の餌食である.

check1 check2 check3

098 punct, point＝突く，さす，点

❷ track 23

パンク
タイヤに釘を**刺して**パンク(puncture) させる.

ピンポイント
針で**突く**ように要所をピンポイント(pinpoint)で攻撃する.

訳語を考えよう！

Q1 **a(p)**(〜の方へ)＋**point**(指す) → See appoint

He was **appointed** as chairperson.
彼は議長に[　　]された.

hint 彼が議長として指をさされたとは？

Q2 **dis**(〜でない)＋**appoint**(指す) → See disappoint

We were **disappointed** with the result.
私たちはその結果に[　　　　]した.

hint 私たちの狙っていた結果をささなかったとは？

Q3 **punct**(指す)＋**ual**(形容詞) → See punctual

We cannot guarantee the **punctual** flight in heavy weather.
荒天の場合は[　　]のフライトは保証できません.

hint ピンポイントのフライトとは？

解答：Q1 指名　Q2 がっかり［失望］　Q3 定時

*appoint [əpɔ́int] 動 指名する，任命する，指定する

*appointment 名 指名，(会う)約束，予約

語根 de 連想: ～を指さす — a(p) (～の方へ) + point (指す)

I have an appointment with Professor Currie at one o'clock.
1時にカリー教授に会う約束をしている.

---

disappoint [dìsəpɔ́int] 動 失望させる，がっかりさせる

disappointment 名 失望

語根 de 連想: 狙った点をそらす — dis (～でない) + appoint (指す)

The Giants have been a disappointment all season.
今シーズンのジャイアンツにはずっとがっかりさせられた.

---

punctual [pʌ́ŋ(k)tʃuəl] 形 時間を守る，固く守る，几帳面な

punctuality 名 時間厳守，几帳面

語根 de 連想: 点を突いたような — punct (指す) + ual (形容詞)

He is always punctual for an appointment.
彼はいつも約束を固く守る.

---

pungent [pʌ́ndʒənt] 形 つんとする，強く刺激する，辛辣な

語根 de 連想: 鼻を突くような — pung (突く) + ent (形容詞)

The pungent smell of spices came from the kitchen.
スパイスのつんとする臭いがキッチンからした.

---

punctuate [pʌ́ŋ(k)tʃuèit] 動 句読点を付ける，強調する，何度も中断する

punctuation 名 句読法，句読点

語根 de 連想: 点を付ける — punct (点) + ate (動詞)

His speech was punctuated by cheers.
歓声で彼の演説は何度も中断した.

---

acupuncture [ǽkjupʌ̀ŋ(k)tʃər] 名 針療法

acupuncturist 名 針療法師

語根 de 連想: 針を刺した状態 — acu (針) + punct (刺す) + ure (名詞)

Acupuncture originated in China.
針療法は中国で生まれた.

099 quiz, quire, quest =求める, 探る

❷ track 24

クエスチョンマーク
question markは
答えを**求める**疑問文につける.

リクエスト
requestに応える流しの演歌歌手.
[re (再び)＋quest (**求める**)]ということから
「依頼(する)」の意味に.

クイズ
問題を出して,
答えを**求める**のがquiz.

Back to Roots

人気ゲームソフト『ドラゴンクエスト(Dragon Quest)』のもともとのゲーム内容は,さらわれた姫を助けるために竜王を“捜し求める (**quest**)”というものでした.

訳語を考えよう !

Q1 **con**(完全に)＋**quest**(求める) → See **conquest**

The Norman Conquest took place in 1066.
ノルマン人のイングランド□は1066年に起こった.

hint 敵に対してすべてを求める状態とは?

Q2 **ex**(外に)＋**qui**(求める)＋**ite**(形容詞) → See **exquisite**

Her room was decorated in exquisite taste.
彼女の部屋は□された趣味で飾られていた.

hint 外に出て探し求めたほどのものとは?

Q3 **a(c)**(〜の方へ, 〜を)＋**quire**(求める) → See **acquire**

The company has just acquired new premises.
その会社は新しい店舗を□したばかりだ.

hint 新しい店舗を自分の方へ求めるとは?

解答:**Q1** 征服 **Q2** 洗練 **Q3** 獲得

conquest [kάnkwest] 名 征服

語根 de 連想: 完全に何かを求める — con（完全に）＋ quest（求める）

conquer 動 征服する

The Spanish conquered the New World in the 16th century.
スペイン人は16世紀に新世界を征服した.

---

exquisite [ékskwizit, ekskwízit] 形 （この上なく）すばらしい，洗練された，立派な

語根 de 連想: 外に出て探し求めたほどの — ex（外に）＋ qui（求める）＋ ite（形容詞）

Her dance performance was exquisite.
彼女のダンスの演技はすばらしかった.

---

* **acquire** [əkwáiər] 動 獲得する，得る，身につける

語根 de 連想: ～を自分の方へ求める — a(c)（～の方へ，～を）＋ quire（求める）

acquisition 名 獲得，習得

acquirement 名 獲得，習得

The company paid $20 million to acquire the concert hall.
その会社はコンサートホールを獲得するために2000万ドル払った.

** **require** [rikwáiər] 動 要求する，必要とする

語根 de 連想: 何度も求める — re（再び）＋ quire（求める）

* **requirement** 名 必要なもの

requisite 形 必要な
名 必要品，必要条件

All passengers are required to show their tickets.
すべての乗客は切符を見せることを要求される（乗客のみなさまの切符を拝見いたします）.

---

inquire [inkwáiər] 動 尋ねる，問う

語根 de 連想: 相手に答えを求める — in（中へ）＋ quire（求める）

inquiry 名 質問，問い合わせ

They inquired about my past experience as a salesperson.
彼らは販売員としての私の過去の経験について尋ねた.

---

questionnaire [kwèstʃənέər] 名 アンケート

語根 de 連想: 質問する人 — question（質問）＋ naire（人）

All the students were asked to fill out a questionnaire.
生徒は全員アンケートに記入するように頼まれた.

100 rat＝数える

❷ track 25

レート
1ドルに対して円がいくらかを**数える**のが，
通貨の交換レート（exchange rate）．

ファースト・レート
「一番よいと**評価**された first rate の
ホテルに泊まりたい」

訳語を考えよう！

Q1 **rate**（数える） → See **rate**

The company doesn't seem to **rate** him very highly.
会社は彼をあまり高く□していないようだ．

hint 彼を高く数えるとは？

Q2 **under**（下に）＋**rate**（数える） → See **underrate**

He is the most **underrated** player on the team.
彼はチームでもっとも□されている選手だ．

hint もっとも下に数えられている選手とは？

Q3 **over**（上に）＋**rate**（数える） → See **overrate**

This is the most **overrated** movie of the year.
これは今年もっとも□されている映画だ．

hint もっとも上に数えられている映画とは？

解答：**Q1** 評価　**Q2** 過小評価　**Q3** 過大評価

rate ***
[reit]

名 割合，料金，速度，等級
動 評価する，見積もる，見なす

語根de連想：数えられた部分

The rainforests are disappearing at an alarming rate.
熱帯雨林は驚くべき速度で消えつつある.

---

underrate
[ʌ̀ndəréit]

動 過小評価する

語根de連想：下に数える ← under（下に）＋ rate（数える）

You must not underrate your opponent in a political contest.
政治的な競争では相手を過小評価してはいけません.

---

overrate
[òuvəréit]

動 過大評価する

語根de連想：上に数える ← over（上に）＋ rate（数える）

I think his books have been overrated.
彼の本は過大評価されていると思う.

---

rational
[rǽʃ(ə)nəl]

形 理性のある，合理的な

irrational **形** 理性のない，非合理的な

語根de連想：割り当てられた量の ← ration（割当量）＋ al（形容詞）

He sometimes becomes irrational and violent when he drinks a lot.
彼はお酒を飲み過ぎると理性をなくし暴力的になることがある.

---

ration
[rǽʃən]

名 割当量，配給量
動 制限する，配給する

語根de連想：数えること ← rat（数える）＋ ion（名詞）

During the war, the government rationed food supplies.
戦争中，政府は食糧の供給を制限した.

---

ratio
[réiʃou]

名 比，比率，歩合

語根de連想：数えること

The school is trying to improve its pupil-teacher ratio.
その学校は生徒と先生の比率を改善しようとしている.

語源de腕試し 5

1 次の単語の意味を下の語群から選びましょう.

1. patriot (　　)　2. acupuncture (　　)　3. ratio (　　)　4. passenger (　　)
5. patient (　　)　6. pedestrian (　　)　7. prey (　　)　8. apprentice (　　)
9. principle (　　)　10. opponent (　　)

ア 奉公人　イ 餌食　ウ 針療法　エ 患者　オ 歩行者
カ 愛国者　キ 原理　ク 敵　ケ 比率　コ 乗客

2 次の英文の(　　)内の単語を完成させましょう.

①At last he (□□□passed) the world record.
とうとう彼は世界記録を上回った.

②Fallen rocks are (im□□□ing) the progress of rescue workers.
落石がレスキュー隊の進行を妨げている.

③He was (ap□□□□□ed) as chairman.
彼は議長に指名された.

④The athlete was (sus□□□□ed) for one year for doping.
その選手はドーピングで1年間の出場停止処分となった.

⑤I was very (im□□□□□ed) by his sincerity.
私は彼の誠実さに強い感銘を受けた.

⑥The train for New York (de□□□□s) from Platform 3.
ニューヨーク行きの列車は3番線から出ます.

⑦The Hungarian uprising in 1956 was (sup□□□□□ed) by the Soviet Union.
1956年のハンガリーの動乱はソビエト連邦に鎮圧された.

⑧He liked Max, and (sym□□□□ized) with his ambitions.
彼はマックスが好きで彼の野心に共感した.

⑨You must not (under□□□□) your opponent in a political contest.
政治的な競争では相手を過小評価してはいけません.

⑩The government (de□□□□ed) the Cuban refugees.
政府はキューバの難民を国外追放した.

解答

1　1. カ　2. ウ　3. ケ　4. コ　5. エ　6. オ　7. イ　8. ア　9. キ　10. ク

2　①sur(passed)　②(im)ped(ing)　③(ap)point(ed)　④(sus)pend(ed)　⑤(im)press(ed)
⑥(de)part(s)　⑦(sup)press(ed)　⑧(sym)path(ized)　⑨(under)rate　⑩(de)port(ed)

3 次の単語の意味を下の語群から選びましょう.

1. **partial** (　　) 2. **apathetic** (　　) 3. **impending** (　　)
4. **pensive** (　　) 5. **explicit** (　　) 6. **epidemic** (　　)
7. **impartial** (　　) 8. **principal** (　　) 9. **exquisite** (　　) 10. **primary** (　　)

ア 主要な　イ 今にも起こりそうな　ウ 洗練された　エ 最初の　オ 明白な
カ 悲しげな　キ 伝染性の　ク 公平な　ケ 無気力の　コ えこひいきする

4 次の語句を日本語にしましょう.

①be punctual for an appointment
→約束を(　　　)

②the opposite bank
→(　　　)の岸

③particular custom
→(　　　)な慣習

④a pathetic sight
→(　　　)光景

⑤a passive attitude
→(　　　)な態度

⑥the implicit trust
→(　　　)な信頼

⑦an independent nation
→(　　　)国

⑧pandemic influenza
→(　　　)なインフルエンザ

⑨the most pressing question
→もっとも(　　　)な問題

⑩a prime candidate
→(　　　)の候補

解答

3 1. コ　2. ケ　3. イ　4. カ　5. オ　6. キ　7. ク　8. ア　9. ウ　10. エ
4 ①(固く)守る　②反対側　③特別　④痛ましい　⑤消極的　⑥絶対的　⑦独立　⑧広域的　⑨緊急　⑩第一

101 reg＝王, 支配

❷ track 26

レギュラー
regularは試合を**支配**するいつも出場する選手のこと.

イレギュラー
irregularなバウンドは,
予測に**支配**されないボールの弾み方.

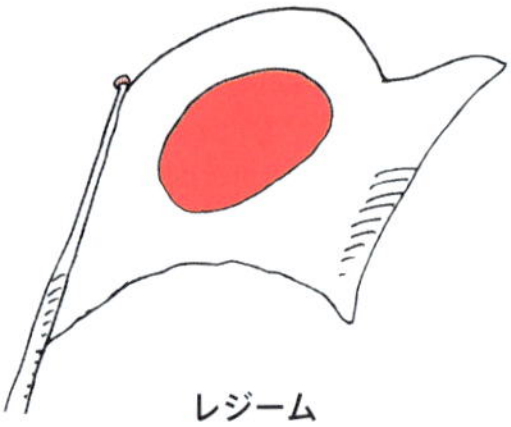

レジーム
「戦後レジーム（regime）からの脱却」は
"戦後"という体制に**支配**されないこと.

訳語を考えよう！

Q1 **reg**(支配)＋**u(a)l**(形容詞)＋**ate**(動詞) → See **regulate**

The activities of credit companies are regulated by law.
販会社の活動は法律で□されている.

✻hint　かつて王が決めたこととは？

Q2 **reg**(王)＋**al**(形容詞) → See **regal**

She dismissed him with a regal gesture.
彼女は□としたジェスチャーで彼を解雇した.

✻hint　王様のようなジェスチャーでとは？

Q3 **sove**(super＝上に)＋**reign**(支配) → See **sovereign**

The sovereign of England during World War II was King George VI.
第二次世界大戦中のイングランドの□はジョージ6世だった.

✻hint　上から支配する人とは？

解答：Q1 規制　Q2 堂々　Q3 君主

regulate
[régjulèit]
動 規制する，調整する

語根de連想　王が支配する
reg（支配） ＋ u(a)l（形容詞） ＋ ate（動詞）

*regulation　名 規制
***regular　形 規則正しい，いつもの，正規の
　名 レギュラー選手，常連，常客，正社員
irregular　形 不規則な

The building regulations are very strict about the materials you can use.
使える資材に関する建築規制はとても厳しい．

regal
[ríːg(ə)l]
形 堂々とした，威厳のある，王の

語根de連想　王様のような
reg（王） ＋ al（形容詞）

He made a regal entrance.
彼は堂々と登場した．

sovereign
[sάvrən]
形 最高の，絶対の，王位の
名 君主，主権者

語根de連想　上から支配する
sove（super＝上に） ＋ reign（支配）

reign　名 統治，治世
　動 君臨する，統治する

George VI reigned from 1936 to 1952.
ジョージ6世は1936年から1952年まで君臨した．

**region
[ríːdʒən]
名 地域，地方，領域

語根de連想　王が支配した領域
reg（王） ＋ ion（名詞）

The big problem is how to create new jobs in the outlying region.
大きな問題はどのように地方に新たな雇用を創出するかである．

regime
[rəʒíːm]
名 政権，政治形態，摂生規則

語根de連想　王の支配体制

The coup brought his corrupt regime to an end.
クーデターで彼の腐敗した政権は終わった．

realm
[rélm]
名 領域，範囲，王国

語根de連想　王が支配した

A fall of 50% on prices is not beyond the realms of possibility.
物価を50％下げることは不可能な範囲ではない．

check1　check2　check3

102 rupt, route =破れる, 崩れる

❷ track 27

ルート

ルート（国道）1号(Route 1)は
東京から大阪までの**切り開かれた**道.

ルーチン

日々**崩れる**ことのない日課はroutine.
［rout（道）+ine（小さな）］は,
「（いつもの）小さな道」から「日課, いつもの手順」の意味に.

訳語を考えよう！

Q1 bank（銀行）＋ rupt（崩れる） → See bankrupt

These poor sales will make us go **bankrupt**.
こんなに売り上げが少ないと, 我々は□するだろう.

hint 銀行が崩れるとは？

Q2 inter(間に) ＋ rupt(破る) → See interrupt

Don't **interrupt**. I haven't finished yet.
□しないで. まだ終わっていません.

hint 間に入って静寂を破るとは？

Q3 co(r)(共に) ＋ rupt(崩れる) → See corrupt

Corrupt customs officials have helped the drug trade to flourish.
□した税関職員は麻薬貿易が蔓延する手助けをしてきた.

hint 崩れた税関職員とは？

解答：Q1 破産　Q2 邪魔　Q3 堕落

bankrupt [bǽŋkrʌpt]
形 破産した
名 破産者，支払い不能者

bankruptcy 名 破産，倒産

語根 de 連想: 財政が破綻すること ← bank（銀行）＋ rupt（崩れる）

Corporate bankruptcies increased last year.
昨年，企業の倒産が増加した.

---

*interrupt [ìntərʌ́pt]
動 邪魔をする，中断する

interruption 名 邪魔，中断，休止

語根 de 連想: 間に入って静寂を破る ← inter（間に）＋ rupt（破る）

She worked all morning without interruption.
彼女は午前中ずっと休まずに働いた.

---

corrupt [kərʌ́pt]
形 堕落した
動 堕落させる

corruption 名 堕落，汚職

語根 de 連想: 共に崩れた状態 ← co(r)（共に）＋ rupt（崩れる）

The minister was accused of corruption and abuse of power.
大臣は汚職と権力の乱用で告発された.

---

abrupt [əbrʌ́pt]
形 急な，突然の

語根 de 連想: ～から崩れる ← ab（～から離れて）＋ rupt（崩れる）

These policies have sent the construction industry into an abrupt nosedive.
これらの政策で建設産業は急落に追い込まれた.

---

erupt [irʌ́pt]
動 噴火する，爆発する

eruption 名 噴火

語根 de 連想: 外に崩れる ← e（外に）＋ rupt（崩れる）

This volcano could erupt at any time.
この火山はいつでも噴火する可能性がある.

---

disrupt [disrʌ́pt]
動 崩壊させる，分裂させる，混乱させる

disruption 名 分裂，崩壊，混乱

語根 de 連想: 崩れ落ちる ← dis（離れて）＋ rupt（崩れる）

The heavy snow disrupted the city's transport system.
大雪は都市の輸送システムを混乱させた.

check1 check2 check3

103 scal, scend, scent, scan =登る

❷ track 28

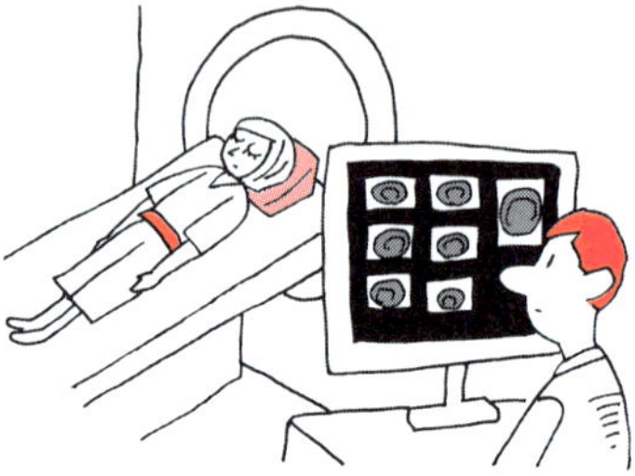

エスカレーター
「escalatorで
3階まで**上がって**ください」

スキャン
scanは，ひとつひとつの情報を，一歩ずつ**登る**ように読み取ること．足を上下させて韻律を整えることから「細かく調べる」が原義．

訳語を考えよう !

Q1 **de**(下に) + **scend**(登る) → See descend

The plane started to **descend**.
飛行機は□し始めた．

✻hint 飛行機が下に登るとは？

Q2 **a**(〜の方へ) + **scend**(登る) → See ascend

The path started to **ascend** more steeply.
その道はもっと険しく□始めた．

✻hint 道が上に登るとは？

Q3 **trans**(越えて) + **scend**(登る) → See transcend

The beauty of her songs **transcends** words.
彼女の歌の美しさは言葉では□.

✻hint 言葉を越えているとは？

解答：Q1 降下　Q2 上がり　Q3 表現できない

○ **descend** 動 下る，降りる
[disénd]

descent 名 降下

語根 de 連想: 登らない ↑ 下に登る ↑ de ＋ scend (下に) (登る)

The plane began its descent to Haneda.
飛行機は羽田に降下し始めた.

○ **ascend** 動 登る，立ちのぼる，(道が)上りになる
[əsénd]

ascent 名 上昇，進歩

語根 de 連想: ～を登る ↑ a ＋ scend (～の方へ) (登る)

She was the first woman to ascend Mount Everest.
彼女はエベレスト山に最初に登った女性でした.

○ **transcend** 動 越える，超越する
[trænsénd]

語根 de 連想: 登って越える ↑ trans ＋ scend (越えて) (登る)

His concern about his business transcends money.
彼の事業に対する関心事はお金を超越している.

○ ** **scale** 動 登る 名 規模，目盛り，段階
[skeil]

語根 de 連想: 登る

On a global scale, 77% of energy is created from fossil fuels.
世界的な規模ではエネルギーの77％が化石燃料からつくり出される.

○ **escalate** 動 段階的に拡大する，エスカレートする
[éskəlèit]

語根 de 連想: どんどん登っていく ↑ e ＋ scale ＋ ate (外に) (登る) (動詞)

The protests escalated into five days of rioting.
抗議は５日間の暴動にエスカレートしていった.

○ **descendant** 名 子孫
[diséndənt]

語根 de 連想: 未来に降りていく世代 ↑ de ＋ scend ＋ ant (下に) (登る) (人)

He claims to be a descendant of Napoleon.
彼はナポレオンの子孫だと主張している.

check1 check2 check3

104 scrip, scrib(e)＝書く

❷ track 29

PS(postscript)は手紙の後に書く「追伸」.

スクリプト

scriptは映画や舞台のために書かれた「台本・脚本」.

訳語を考えよう！

Q1 **pre**(前に)＋**scribe**(書く) → See prescribe

The doctor prescribed a new medicine for my stomachache.
医師は私の胃痛に新薬を□した.

*hint 医者が患者のために前もって書くとは？

Q2 **con**(完全に)＋**scrip**(書く)＋**t**(される) → See conscript

Peter was conscripted into the German army.
ピーターはドイツの軍隊に□された.

*hint 軍隊の名簿に書かれるとは？

Q3 **de**(下に)＋**scribe**(書く) → See describe

Can you describe your missing dog in more detail?
行方不明の犬についてもっと詳しく□くれますか.

*hint 行方不明の犬について書き下ろすとは？

解答：Q1 処方　Q2 徴兵　Q3 特徴を述べて

prescribe [priskráib] 動 処方する，規定する

prescription 名 処方箋

語根 de 連想: 医者が前もって書く — pre（前に）+ scribe（書く）

The doctor gave me a prescription for medicine for my cold.
医師は風邪薬の処方箋をくれた.

---

conscript [kánskript] 動 徴兵する

conscription 名 徴兵(制)

語根 de 連想: 完全に徴兵名簿に書かれる — con（完全に）+ scrip（書く）+ t（される）

When was conscription introduced in Korea?
韓国で徴兵制が導入されたのはいつですか.

*** **describe** [diskráib] 動 描写する，特徴を述べる

* **description** 名 描写，説明

語根 de 連想: 書き下ろす — de（下に）+ scribe（書く）

Tom gave the police a description of the car.
トムは警察にその車の特徴を述べた.

---

subscribe [səbskráib] 動 購入を申し込む，寄付する

subscription 名 予約購読(料)，寄付

語根 de 連想: 書類の下に名前を書く — sub（下に）+ scribe（書く）

I subscribed for 20,000 shares in the new company.
私は新会社に２万株を申し込んだ.

---

ascribe [əskráib] 動 原因を～に帰する

語根 de 連想: ～だと書く — a（～の方へ）+ scribe（書く）

He ascribed his failure to bad luck.
彼は自分の失敗を運が悪いせいにした.

---

scribble [skríbl] 動 走り書きする

語根 de 連想: 何度も書く — scrib（書く）+ ble（反復）

He scribbled a note to his friend.
彼は友達にメモを走り書きした.

check1 check2 check3

105 ❷ track 30  sent, sense＝感じる

センセーション
ワールドカップの日本開催を国民は
熱く**感じて**一大sensationとなった.

コンセンサス
みんな(con)が同じことを**感じて**(sense),
意見が一致するのがconsensus.

センチメンタル
sentimentalな映画とは,
お涙ちょうだいで**感傷的な**映画のこと.

Back to Roots

senseは「感覚・自覚・判断力・分別・意味」などの意味を持っています. senseを語根に持つ以下の派生語を覚えましょう. **sensitive** (敏感な), **sensible** (分別のある), **sensual** (性欲をそそる), **sensuous** (感性に訴える).

訳語を考えよう！

Q1 **con**(共に)＋**sent**(感じる) → See consent

You can't publish my name without my consent.
あなたは□なしに私の名前を公表できません.

hint 同じように感じて与えるものとは？

Q2 **dis**(離れて)＋**sent**(感じる) → See dissent

Anyone wishing to dissent from the motion should now raise their hand.
動議に□がある人は挙手してください.

hint 動議から離れた方に感じるとは？

Q3 **re**(再び)＋**sent**(感じる) → See resent

I really resent the way he treated me.
彼の私の扱い方には本当に□している.

hint 私の扱いを思い出して感じるとは？

解答：Q1 許可　Q2 異議　Q3 憤慨

consent [kənsént]
動 同意する
名 同意，許可

語根 de 連想
同じように感じる
con + sent
(共に) (感じる)

Her father gave her his consent to the marriage.
彼女の父親は結婚に同意した.

dissent [disént]
動 異議を唱える
名 意見の相違，異議

語根 de 連想
離れた方に感じる
dis + sent
(離れて) (感じる)

No one dissented the decision to unify.
統合の決定に誰も異議を唱えなかった.

resent [rizént]
動 憤慨する

resentment 名 憤慨
resentful 形 憤慨した

語根 de 連想
思い出して感じる
re + sent
(再び) (感じる)

He strongly resented my remarks.
彼は私の言葉にひどく憤慨した.

assent [əsént]
動 賛成する
名 賛成，同意

語根 de 連想
感じる方向へ
a(s) + sent
(～の方へ) (感じる)

Everyone assented to the terms they proposed.
彼らが提案した条件に全員が賛成した.

*** **sentence** [séntəns]
動 判決を下す，宣告する
名 判決，文

語根 de 連想
感じたことを述べる
sent + ence
(感じる) (名詞)

The prisoner was sentenced to life imprisonment.
その受刑者は終身刑の宣告を受けた.

scent [sent]
名 香り，におい

語根 de 連想
鼻で感じること
sent
(感じる)

These flowers have no scent.
これらの花には香りがない.

106 sent, est, ess＝ある，いる

❷ track 31

バニラ・エッセンス

vanilla essenceはバニラのエキス．
essenceは本来**ある**性質，
つまり「本質・エキス」．

プレゼント

presentは
［前に(pre)＋**ある**(sent)］．
つまり，目の前に差し出されるもの．

プレゼン

presentationは
みんなの前に**ある**状態の提案．

訳語を考えよう !

Q1 **inter**(間に)＋**est**(ある) → See interest

Interest rates have risen by 1%.
□率は1％上昇した．

hint 貸し手と借り手の間にあるものとは？

Q2 **ab**(離れて)＋**sent**(いる) → See absent

He was absent from lectures today.
今日，彼は講義を□した．

hint 講義の場所から離れているとは？

Q3 **re**(再び)＋**pre**(前に)＋**sent**(ある) → See represent

He represented Japan at the conference.
彼は日本の□として会議に□した．

hint 人の前に立って自分を再び差し出すとは？

解答：Q1 利　Q2 欠席　Q3 代表，出席

○ ***interest [ínt(ə)rist]
名 利害，利益，利子，興味，関心，趣味
動 興味を持たせる

語根de連想: 利害関係にある ↑ お互いの間にある ↑ inter（間に）＋ est（ある）

Golf is one of my interests.
ゴルフは私の趣味の一つです．

○ absent [形 ǽbs(ə)nt] [動 æbsént]
形 欠席の，不在の
動 欠席する
*absence 名 欠席，不在
absentee 名 欠席者，不在者

語根de連想: 離れている ↑ ab（離れて）＋ sent（いる）

In the absence of any evidence, the police had to let Myers go.
証拠がないので警察はマイヤーズを釈放するしかなかった．

○ **represent [rèprizént]
動 表す，代表する，描く
representation 名 代表，表現

語根de連想: 再び差し出す ↑ re（再び）＋ pre（前に）＋ sent（ある）

Dots represent towns on this map.
この地図では点は町を表す．

○ **essential [isénʃəl]
形 不可欠な
名 不可欠なもの
essence 名 根本，本質

語根de連想: 存在している ↑ essen（ある）＋ tial（形容詞）

The villagers regard a car as an essential.
村人たちは車を不可欠なものと考えている．

○ ***present [形名 préznt] [動 prizént]
形 (出席して)いる，現在の
名 現在，プレゼント
動 贈る，提供する
**presence 名 出席，面前

語根de連想: 差し出す ↑ pre（前に）＋ sent（ある）

More than 100 students were present at the ceremony.
100人以上の生徒がその儀式に出席していた．

○ **representative [rèprizéntətiv]
名 代表者，下院議員
形 代表する，表現する

語根de連想: 再び差し出す ↑ re（再び）＋ pre（前に）＋ sent（ある）＋ ive（形容詞）

He once served as Japan's representative to the United Nations.
彼はかつて国連の日本代表を務めていた．

107 ❷ track 32 serv＝保つ，仕える，役立つ

サーバー
serverは大型の器や
取り分け用のスプーンなど，
いわゆる「給仕用具」，
あるいは「給仕する者」のこと．

セルフサービス
self-serviceとは
「自分に仕える」こと．

サーブ／サービス
バレーボールはserviceで
相手にボールを提供することによって
プレーが開始する．

Back to Roots

サーバント(**servant**)は主人に“仕える”「召使い」のこと．食後のデザート(**dessert**)は[de(離れて)＋sert(仕える)]ことから，給仕の手から離れるコースの最後の料理という意味です．その他にも，**reservoir**（貯水池・貯蔵），**sergeant**（軍曹・巡査部長），**subservient**（卑屈な・追従する），**servitude**（強制労働）などの語があります．

訳語を考えよう！

Q1 **con**(共に)＋**serve**(保つ) → See conserve

Everyone needs to make efforts to conserve water.
誰もが水を□に□努力が必要である．

hint 一緒に持っていて使わないとは？

Q2 **re**(後ろに)＋**serve**(保つ) → See reserve

He reserved the tablecloth for special occasions.
彼は特別な機会のためにテーブルクロスを□おいた．

hint 使わずに後ろに持っているとは？

Q3 **pre**(前に)＋**serve**(保つ) → See preserve

The house is part of local history and should be preserved.
その家は地元の歴史の一部なので□されるべきである．

hint 前もって取っておくとは？

解答：Q1 大切，使う　Q2 取って　Q3 保存

○ **conserve** 動 保存する，大切に使う
[kənsə́ːrv]

語根de連想: 一緒に持っていて使わない ← con（共に）＋ serve（保つ）

conservation 名 保存，保護

It is important to conserve energy.
エネルギーを大切に使うことが大切である．

○ ***reserve** 動 取っておく，予約する 名 備蓄，準備金
[rizə́ːrv]

語根de連想: 後ろに持っている ← re（後ろに）＋ serve（保つ）

***reservation** 名 予約

***reserved** 形 予約された，控えめな

It's a popular restaurant, and you'll have to reserve in advance.
そこは人気のあるレストランなので，前もって予約しなくてはいけません．

○ ***preserve** 動 保存する，保護する 名 禁漁[猟]区
[prizə́ːrv]

語根de連想: 前もって取っておく ← pre（前に）＋ serve（保つ）

preservation 名 貯蔵

preservative 形 防腐用の 名 防腐剤

This bread has a lot of preservatives in it.
このパンには防腐剤がたくさん入っている．

○ ***conservative** 形 保守的な，控えめな，地味な 名 保守的な人
[kənsə́ːrvətiv]

語根de連想: みんなで一緒に持っている ← con（共に）＋ serve（保つ）＋ tive（形容詞）

He wore a conservative business suit for his interview.
彼は面接用に地味なスーツを着ていた．

○ ****observe** 動 観察する，気づく，守る，従う，祝う
[əbzə́ːrv]

語根de連想: ～に対して注意を保つ ← ob（～に対して）＋ serve（保つ）

***observation** 名 観察，観測

observance 名 順守，従うこと，祝うこと

You can avoid danger by observing these simple rules.
これらの単純な規則を守ることによって危険を回避することができる．

○ ***deserve** 動（受けるに）値する，価値がある
[dizə́ːrv]

語根de連想: 全部持っている ← de（完全に）＋ serve（保つ）

deserving 形 値する

They deserve punishment which matches the gravity of their crime.
彼らは犯した罪の重さに見合う罰を受けるに値する．

check1 check2 check3

108 sid(e), sess, sed＝座る

❷ track 33

ジャム・セッション
即興的に行われるjam session.
もともとsession（開会・会期・集まり）は
席に座って行われたから.

プレジデント
president（社長・大統領）は
[前に(pre)座っている(side)人(ent)]
という意味から.

セダン
ゆったりと座れる
sedanタイプの車.

Back to Roots

その他にも，**assiduous**（机に向かって座っている→根気強い・勤勉な），**sedate**（平静な），**sedative**（鎮静剤），**sediment**（沈殿物）などの語があります.

訳語を考えよう！

Q1 **pre**(前に)＋**side**(座る) → See preside

I presided over a meeting of finance committee.
私は財政委員会の会議で□を務めた.

hint 会議でみんなの前に出るとは？

Q2 **re**(後ろに)＋**side**(座る) → See reside

He resides with his invalid mother in London.
彼は病弱な母親とロンドンに□いる.

hint ゆったりと座っているとは？

Q3 **sub**(下に)＋**side**(座る) → See subside

He took an aspirin and the pain gradually subsided.
彼はアスピリンを飲むと痛みが徐々に□.

hint 痛みが座り込むとは？

解答：Q1 議長　Q2 住んで　Q3 おさまった

preside [prizáid] 動 (議長・司会を)務める，統括する

語根de連想: みんなの前に座る ← pre（前に）＋ side（座る）

*** **president** 名 大統領，社長，学長

The president has presided over the depression.
大統領は不況に対して陣頭指揮をとった.

---

reside [rizáid] 動 住む，居住する

語根de連想: ゆったりと座っている ← re（後ろに）＋ side（座る）

** **resident** 名 居住者，住人 / 形 居住している

residential 形 住宅の

The government ordered the residents to evacuate.
政府は住人に避難命令を出した.

---

subside [səbsáid] 動 沈下する，おさまる

語根de連想: 座り込む ← sub（下に）＋ side（座る）

Many houses in this neighborhood are subsiding.
近所の多くの家が沈下している.

---

possess [pəzés] 動 持っている，所有する

語根de連想: 力を持って座っている ← pos（力がある）＋ sess（座る）

possession 名 所有(物)

possessive 形 所有の

She has been indicted for possessing cocaine.
彼女はコカイン所持で起訴された.

---

obsess [əbsés] 動 (受動態で)取りつかれる，～が頭から離れない

語根de連想: 自分と反対側に座っている ← ob（反対に）＋ sess（座る）

obsession 名 妄想，取りつかれること

I'm completely obsessed with her.
私は彼女のことが完全に頭から離れない.

---

assess [əsés] 動 算定する，評価する

語根de連想: 補佐として判事の横に座る ← a(s)（～の方へ）＋ sess（座る）

assessment 名 査定，評価

They assessed my gold watch at its value.
私の金時計は真価通りに評価された.

check1 check2 check3

109 sign＝印

❷ track 34

デザイン
下絵に用いられるdesignは
［de（下に）＋sign（印）］から
「設計する・計画・下心・陰謀」の意味に.

サイン
プレーの指示を
手の合図で送る監督のsignは
「兆候・形跡・手まね」の意味.

シグナル
交通信号（traffic signal）の
赤は“止まれ”の印.

訳語を考えよう！

Q1 **sign**（印）＋ **ify**（動詞） → See signify

An arrow **signifies** the correct direction.
矢は正しい方向を［　　　　］.

✻hint　正しい方向の印となるとは？

Q2 **de**（下に）＋ **sign**（印）＋ **ate**（動詞） → See designate

Cities are **designated** on this map as red dots.
都市はこの地図では赤い点で［　　　　］いる.

✻hint　下に印をしてあるとは？

Q3 **a(s)**（〜の方へ）＋ **sign**（印） → See assign

Much work was **assigned** to me.
たくさんの仕事が私に［　　　　］られた.

✻hint　仕事が私に印を付けるとは？

解答：Q1 示している　Q2 示されて　Q3 割り当て

signify 動 示す，意味する
[sígnəfài]

語根de連想: 印を付ける ← sign (印) ＋ ify (動詞)

signification 名 意味，意義

He signified his agreement with a nod.
彼はうなずいて同意したことを示した.

---

designate 動 指定する，示す，指名する
[dézignèit]

語根de連想: 下に印を付ける ← de (下に) ＋ sign (印) ＋ ate (動詞)

designation 名 指定，指名

This region is designated as a national park.
この地域は国立公園に指定されている.

---

assign 動 割り当てる，任命する，命じる
[əsáin]

語根de連想: ある方向に印を付ける ← a(s) (〜の方へ) ＋ sign (印)

assignment 名 割り当て，宿題

He was assigned to wait on the man.
彼はその男の世話をするように命じられた.

**significant 形 意味のある，重大な
[signífəkənt]

語根de連想: 印の付けられた ← sign (印) ＋ ify (動詞) ＋ cant (形容詞)

insignificant 形 取るに足らない，無意味な

significance 名 意義，意味

His gesture was significant of refusal.
彼の身振りは拒絶を表していた.

---

*resign 動 辞任する，辞職する
[rizáin]

語根de連想: 署名して後退する ← re (後ろに) ＋ sign (印)

resignation 名 辞任，辞職

You should think carefully before you resign.
辞職する前にじっくり考えるべきだ.

---

consign 動 引き渡す
[kənsáin]

語根de連想: 同じ印を付けて渡す ← con (共に) ＋ sign (印)

consignment 名 委託(販売)

The goods will be consigned to you by air.
商品は航空便で引き渡されるでしょう.

check1 check2 check3

110 simi(l), seem, sem =同じ, 似ている

❷ track 35

ファクシミリ
送信元と**同じ**書類が
送信されてくるfacsimile.
[fac(作る)+simile(同じ)]から.

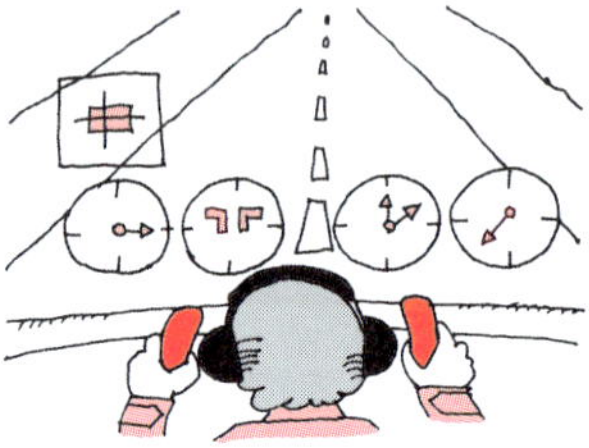

シミュレーション
simulationとは
実戦に**似せた**「模倣実験」のこと.
動詞はsimulate(まねをする・ふりをする).

Back to Roots

seemは「～のように見える, 思える」, **seemingly**は「うわべは・見たところでは」という意味. 2つの"似通った"事物を直接的に比較して示すことが「直喩(**simile**)」です.

訳語を考えよう !

Q1 **a(s)**(～の方へ)+**sem**(同じ)+**ble**(反復) → See assemble

We were told to **assemble** in the meeting room after lunch.
私たちは昼食後, 会議室に□ように言われた.

hint みんなが同じ方向に行くとは?

Q2 **a(s)**(～の方へ)+**simil**(同じ)+**ate**(動詞) → See assimilate

They had difficulty **assimilating** into the community.
彼らは地域社会に□するのに苦労した.

hint 地域社会と同じ方向へ行くとは?

Q3 **re**(再び)+**sem**(同じ)+**ble**(反復) → See resemble

You **resemble** your father very closely.
あなたはお父さんに非常に□います.

hint 同じような顔を再び見るとは?

解答：Q1 集まる　Q2 同化　Q3 似て

assemble [əsémbl] 動 集まる，集める，組み立てる

語根de連想 a(s)（～の方へ）＋ sem（同じ）＋ ble（反復）→ 同じ方向へ行く

*assembly 名 集会，議会

There is a school assembly in the first period.
1時間目に全校集会がある。

---

assimilate [əsíməlèit] 動 同化させる［する］

語根de連想 a(s)（～の方へ）＋ simil（同じ）＋ ate（動詞）→ 同じ方向へ行く

assimilation 名 同化

The newcomers were assimilated into rural life.
新しく来た人たちは田舎の生活に同化した。

---

resemble [rizémbl] 動 似る **

語根de連想 re（再び）＋ sem（同じ）＋ ble（反復）→ 同じようなものを再び見る

resemblance 名 類似(点)

semblance 名 外見

He resembles his brother in appearance.
彼はお兄さんに外見が似ている。

---

similar [símələr] 形 似ている ***

語根de連想 simil（同じ）＋ ar（形容詞）→ 同じような

similarity 名 類似点

The two approaches are basically very similar.
その2つの方法は基本的に非常に似ている。

---

simultaneous [sàiməltéiniəs] 形 同時の

語根de連想 simul（同じ）＋ eous（形容詞）→ 同じ時間に

There were several simultaneous attacks by the terrorists.
テロリストたちによる同時攻撃が数回あった。

---

dissemble [disémbl] 動 隠す，偽る

語根de連想 dis（～でない）＋ sem（同じ）＋ ble（反復）→ 同じにしない

dissemblance 名 偽装

She dissembled about her past employment history.
彼女は過去の職歴について偽った。

check1 check2 check3

111 sist＝立つ

❷ track 36

アシスト
フォワード選手を**立たせた**
良いassistでゴールを演出する．

アシスタント
司会者の横に**立って**
補佐するassistantは
[a(s)（～の方へ）＋sist（立つ）＋ant（人）]から．

レジスタンス
resistanceは
[re（後ろに）＋sist（立つ）＋ance（名詞）]
から敵の攻撃に後ずさりして，
立ちはだかって抵抗すること．

訳語を考えよう！

Q1 ex（外に）＋(s)ist（立つ） → See exist

Do you think ghosts really **exist**?
幽霊は本当に［　　］すると思いますか．

hint 外に出て立っているとは？

Q2 con（共に）＋sist（立つ） → See consist

The committee **consists** of ten members.
委員会は10人で［　　］されている．

hint 10人が一緒に手をつないで立っているとは？

Q3 per（通して）＋sist（立つ） → See persist

He **persisted** in smoking even after having a heart attack.
彼は心臓発作を起こしてからも喫煙し［　　］．

hint 一貫して立つとは？

解答：Q1 存在　Q2 構成　Q3 続けた

***exist** [igzíst]
動 存在する，生存する

*existence 名 存在
coexist 動 共存する

語根 de 連想: 外に出て立っている — ex + (s)ist （外に）（立つ）

No one can prove the existence of God.
誰も神の存在を証明することはできない．

***consist** [kənsíst]
動 ～から成る，～にある

consistent 形 一致する，矛盾しない

語根 de 連想: 一緒に手をつないで立っている — con + sist （共に）（立つ）

The audience consists mainly of teenagers.
聴衆は主に10代の若者で構成されている．

---

persist [pərsíst]
動 固執する，持続する

persistent 形 しつこい，持続する

語根 de 連想: 一貫して立つ — per + sist （通して）（立つ）

He has a persistent cough because of his smoking.
彼はタバコを吸っているので咳がなかなか治らない．

****resist** [rizíst]
動 抵抗する，耐える，我慢する

resistant 形 抵抗する
**resistance 名 抵抗，反抗

語根 de 連想: 後ろに立って抵抗する — re + sist （後ろに）（立つ）

I just can't resist chocolate.
どうしてもチョコレートを我慢することができません．

****insist** [insíst]
動 主張する，要求する

insistent 形 しつこい

語根 de 連想: 上に立って主張する — in + sist （上に）（立つ）

He kept insisting on his innocence.
彼は無実を主張し続けた．

---

subsist [səbsíst]
動 生計を立てる，生きながらえる，生き残る

subsistence 名 生存，生計

語根 de 連想: 下で支える — sub + sist （下に）（立つ）

We had to subsist on very small incomes.
私たちは非常に少ない収入で生計を立てなければならなかった．

check1 check2 check3

112 sol＝1番目の, 1つの, 太陽

❷ track 37

パラソル
日よけのparasolは
［太陽(sol)のために(para)］
使うもの.

ソロ
1人で歌ったり, 演奏したりする
「独唱・独奏」はsolo.

ソーラーカー
solar carは太陽エネルギーを
動力源として走る「電気自動車」.

Back to Roots

カンツォーネの人気曲『オー・ソレ・ミオ(O Sole Mio)』はイタリア語で「おお, 我が(Mio)太陽(Sole)」という意味.

訳語を考えよう！

Q1 **sol**(1つ)＋**ar**(形容詞) → See **solar**

Solar panels are used to power satellites.
□電池板は衛星の動力に使われている.

hint 太陽系の中心, 1つしかないものとは？

Q2 **sol**(1つ)＋**ary**(形容詞) → See **solitary**

He is a solitary man who avoids the society of others.
彼は他人との交際を避ける□な男である.

hint 自分一人しかしない状態とは？

Q3 **de**(完全に)＋**sol**(1つ)＋**ate**(動詞・形容詞) → See **desolate**

His family was desolated by his sudden death.
彼の突然の死に家族は□だ.

hint 完全に一人になった状態とは？

解答：Q1 太陽　Q2 孤独　Q3 悲しん

solar
[sóulər]

形 太陽の

語根de連想: 1つしかない ← sol + ar (1つ) (形容詞)

The picture shows six of the eight planets in the solar system.
その写真には太陽系の8つの惑星のうち6つの惑星が写っている.

solitary
[sálətèri]

形 一人だけの，孤独な

語根de連想: 一人しかいない ← sol + ary (1つ) (形容詞)

solitude 名 孤独

He needs solitude in order to paint his pictures.
絵を描くために彼には孤独が必要だ.

desolate
[形 désəlit]
[動 désəlèit]

形 荒廃した，孤独な
動 荒廃させる，悲しくさせる

語根de連想: 完全に一人になった ← de + sol + ate (完全に)(1つ)(動詞・形容詞)

desolation 名 荒廃，寂しさ

War has desolated the city of Beirut.
戦争でベイルートの都市は荒廃した.

solstice
[sálstis]

名 至日

語根de連想: 太陽が止まった状態 ← sol + sti + ice (太陽) (止まる，立つ) (名詞)

When is the summer solstice this year?
今年の夏至はいつですか.

solarium
[səlé(ə)riəm]

名 日光浴室，サンルーム

語根de連想: 日光を浴びる場所 ← solar + ium (太陽の) (場所)

Keep fit, sauna and solarium.
サウナと日光浴室で健康を維持しなさい.

sole
[soul]

名 ヒラメ，カレイ
形 唯一の，単独の

語根de連想: 目が1つしかない魚 ← sole (1つの)

The chef used sole for the main dish.
シェフはメインディッシュにヒラメを使った.

check1 check2 check3

113 ❷ track 38 spec, spic, spis＝見る

スペシャル
ほかのランチと**見た目**から違う
特別なランチがspecial lunch.
動詞はspecialize(専門とする),
名詞はspecialty(専門).

スパイ
spyは隠れたものをこっそり**見る**情報員.
スパイ活動はespionage.

スパイス
spiceは**見た目**の異なる種(species)が
入り混じった香辛料.

Back to Roots

"見るからに" ほかと異なるという意味の「特に」は**especially**. **auspicious**は, 鳥の飛行を "見て" 吉兆を占ったことから,「幸運な」の意味になりました.

訳語を考えよう !

Q1 de(下に)＋spise(見る) → See despise

He despises me for cheating in the exam.
彼は私が試験でカンニングをしたことを□している.

hint 私を下に見るとは？

Q2 con(完全に)＋spic(見る)＋ous(形容詞) → See conspicuous

He posted all the advertisements in a conspicuous place.
彼はすべての広告を□場所に貼り付けた.

hint はっきり見えるとは？

Q3 spec(見る)＋men(もの) → See specimen

He is a fine specimen of health.
彼は健康の□のようなものである.

hint 他の人が見るべきものとは？

解答：**Q1** 軽蔑　**Q2** 目立つ　**Q3** 見本

despise 動 軽蔑する

[dispáiz]

語根 de 連想: 見下す ← de + spise（下に）（見る）

He despised himself for being such a coward.
彼は自分が臆病なことに対して自己嫌悪に陥った.

conspicuous 形 目立つ，顕著な

[kənspíkjuəs]

語根 de 連想: はっきり見える ← con + spic + ous（完全に）（見る）（形容詞）

She was conspicuous in jeans at the party.
彼女はパーティーではジーンズをはいて目立っていた.

specimen 名 見本，標本

[spésəmən]

語根 de 連想: 他の人が見るべきもの ← spec + men（見る）（もの）

Astronauts have brought back rock specimens from the moon.
宇宙飛行士は月から岩の標本を持って帰った.

** species 名 種，種類

[spíːʃiːz]

語根 de 連想: 形 ← 見えるもの

This species of bird is decreasing in numbers every year.
この種の鳥は毎年数が減少している.

** specific 形 特定の，明確な

[spəsífik]

specify 動 具体的に挙げる

語根 de 連想: 物の形が見える ← speci + ic（見る）（形容詞）

The meeting is for the specific purpose of discussing the merger.
その会議は特に吸収合併について話し合うためのものである.

** despite 前 ～にもかかわらず (=in spite of)

[dispáit]

語根 de 連想: 下を見る ← de + spite（下に）（見る）

Many people were surfriding in the ocean despite the hurricane warning.
ハリケーン警報にもかかわらず多くの人たちが海でサーフィンをしていた.

check1 check2 check3

114 spect=見る ①

❷ track 39

スペクタクル
大掛かりで壮大なシーンが
見せ場の映画はspectacle.

レトロ
昔をふり返って**見る**
レトロな(retrospective)風景.
[retro(後ろを)+spect(見る)]
から「追想・回想」の意味に.

訳語を考えよう！

Q1 **spect**(見る)+ **or**(人) → See spectator

The stadium was packed with cheering spectators.
球場は応援する□でごった返していた.

hint 球場で見る人とは？

Q2 **in**(中に)+ **spect**(見る) → See inspect

He inspected the car for defects.
彼は欠陥がないかどうか車を念入りに□した.

hint 車の中を見るとは？

Q3 **re**(後ろを)+ **spect**(見る) → See respect

The couple respects each other.
その夫婦はお互いに□し合っている.

hint ふり返って見るとは？

解答：Q1 観客　Q2 点検　Q3 尊敬

spectator
[spékteitər]

名 観客

語根 de 連想
見る人
spect ＋ or
(見る)　(人)

The game was watched by more than 40,000 spectators.
その試合は4万人以上の観客に観戦された.

inspect
[inspékt]

動 点検する，視察する，査察する

inspection 名 検査，調査

語根 de 連想
内部を見る
in ＋ spect
(中に)　(見る)

Our school was inspected this May.
私たちの学校は今年の5月に査察を受けた.

*** respect
[rispékt]

動 尊敬する，尊重する
名 尊敬，敬意，細目

respectful 形 敬意を表す，丁重な

語根 de 連想
ふり返って見る
re ＋ spect
(後ろを)　(見る)

Always be respectful toward him when you speak to him.
彼に話しかける時はいつも敬意を払いなさい.

spectacle
[spéktəkl]

名 光景，見せ物，メガネ

spectacular 形 目を見張る

語根 de 連想
見るための小さいもの
spect ＋ cle
(見る)　(小さいもの)

My father always carries a spectacle case.
父はいつもメガネケースを携帯している.

** aspect
[æspekt]

名 外見，側面

語根 de 連想
物を見ること
a ＋ spect
(～を)　(見る)

We should consider this problem from every aspect.
私たちはあらゆる面からこの問題を考えなければならない.

specter
[spéktər]

名 亡霊，不安材料

語根 de 連想
見えるもの
spect ＋ er
(見る)　(もの)

The specter of war hung over the nation.
戦争の不安が国中に漂っていた.

check1　check2　check3

115 spect=見る ②

❷ track 40

変装して近づくオオカミの
足下を**見て**「疑う」(suspect)少女.

スペクトル
spectrumは
目を閉じたときに**見える**残像.

遠近法(perspective)を使って
描かれた「最後の晩餐」.
[per (通して)＋spect (**見る**)
＋ive (形容詞)→見通す]から
「大局観」の意味に.

訳語を考えよう !

Q1 **pro**(前を)＋**spect**(見る) → See **prospect**

They set up the company in the prospect of large profits.
彼らは大きな収益を□で会社を立ち上げた.

hint 先を見るとは?

Q2 **ex**(外を)＋**(s)pect**(見る) → See **expect**

We are expecting a rise in house prices in a few years.
私たちは数年後に家の値段が上がると□している.

hint 何かを求めて外を見るとは?

Q3 **expect**(予想する)＋**ancy**(名詞) → See **expectancy**

A number of social factors influence life expectancy.
たくさんの社会的な要因が平均□に影響を与えている.

hint 寿命を予測することとは?

解答: **Q1** 見込ん **Q2** 期待 **Q3** 余命

○ *prospect 名 見込み，予想，眺め
[práspekt]
prospective 形 見込みのある，予想される

語根de連想：先を見る ← pro（前を）＋ spect（見る）

Her prospective employment with this company will be decided next month.
彼女がこの会社に雇われる見込みは来月決定される．

○ ***expect 動 期待する，予期する，(be expecting) 出産予定である
[ikspékt]
*expectation 名 予期する[される]こと

語根de連想：何かを求めて外を見る ← ex（外を）＋ (s)pect（見る）

His wife is expecting a baby in June.
彼の妻は6月に出産予定である．

○ expectancy 名 予測数値
[ikspékt(ə)nsi]
expectant 形 期待を示す

語根de連想：予想[期待]されるもの ← expect（予想する）＋ ancy（名詞）

Expectant crowds waited outside the theater.
群衆が期待を示して劇場の外で待っていた．

○ speculate 動 推測する，投機する
[spékjulèit]
speculation 名 思索，推測
speculative 形 投機的な，思索的な

語根de連想：(将来を)見る ← spec（見る）＋ ula（部分）＋ ate（動詞）

He likes to speculate on the stock market.
彼は株式に投機するのが好きである．

○ perspective 名 大局観，見方，遠近法 形 遠近法の
[pərspéktiv]

語根de連想：完全に見通した ← per（完全に）＋ spect（見る）＋ ive（形容詞）

He wrote this book from the perspective of a victim.
彼は被害者の視点からこの本を書いた．

○ **suspect 動 疑う 名 容疑者
[動 səspékt]
[名 sʌ́spekt]
suspicion 名 疑い
suspicious 形 怪しい，疑念に満ちた

語根de連想：足下を見る ← su(s)（下を）＋ spect（見る）

The suspect was taken to the nearest police station for questioning.
容疑者は尋問のために最寄りの警察署に連行された．

check1 check2 check3

116 stand, stant, stance =立つ，耐える

❷ track 41

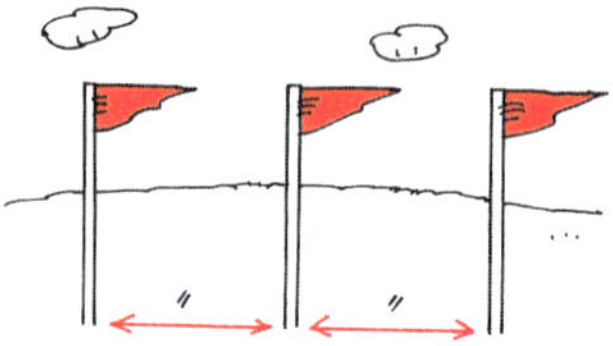

コンスタント
constantな間隔で立っている旗．
［con（共に）＋stant（立っている）］から．

スタンス
しっかりとstance（立ったときの足の開き）を取ってゴルフボールを打つ．

スタンダード
standardは旗を立てて集まる場所を示したことから「基準・標準」の意味に．

Back to Roots

インスタント（**instant**）は［in（近くに）＋stant（立っている）］から「即時の・即席の」の意味に．その形容詞形の**instantaneous**は「即座の・瞬間の」の意味に．**distant**は［di（離れて）＋stant（立っている）］から「遠い」の意味になりました．また，**stand**には，座らないで立っていることから「耐える」の意味があります．**bystander**は［by（そばに）＋stander（立っている人）］から「傍観者・見物人」という意味です．

訳語を考えよう！

Q1 **stand**（立つ）＋**off**（離れて）＋**ish**（形容詞） → See standoffish

She was cold and standoffish.
彼女は冷たく［　　　　］かった．

hint 他の人から離れて立っているとは？

Q2 **out**（外に）＋**stand**（立つ）＋**ing**（している） → See outstanding

He has outstanding powers of observation.
彼は特に［　　　　］観察力を持っている．

hint 一人だけ抜きん出ているとは？

Q3 **circum**（周囲）＋**stance**（立つ） → See circumstance

Under no circumstances are you to go out.
どんな［　　］でもあなたは外出してはいけない．

hint 周囲にあるものとは？

解答：**Q1** よそよそし　**Q2** すぐれた　**Q3** 状況

standoffish [stæ̀ndɔ́ːfiʃ]

形 よそよそしい，無愛想な

語根de連想
他の人から離れて立っている
stand + off + ish
(立つ) (離れて) (形容詞)

Sociologists have to be standoffish in a sense.
社会学者はある意味でよそよそしくなる必要がある.

***outstanding** [àutstǽndiŋ]

形 目立った，顕著な，すぐれた，未払いの

語根de連想
1人だけ抜きん出ている
out + stand + ing
(外に) (立つ) (している)

Ken is an outstanding baseball player.
ケンはすぐれた野球選手です.

***circumstance** [sə́ːrkəmstæ̀ns]

名 事情，状況，境遇

circumstantial 形 付随的な

語根de連想
周囲にあるもの
circum + stance
(周囲) (立つ)

Circumstances prevented him from attending the meeting.
事情があって彼は会議に出席できなかった.

---

standstill [stǽn(d)stìl]

名 停止，休止

語根de連想
じっと立っている
stand + still
(立つ) (じっと)

Traffic was at a standstill.
交通が停止していた.

---

withstand [wiðstǽnd]

動 耐える，持ちこたえる，抵抗する

語根de連想
逆らって立つ
with + stand
(逆らって) (立つ)

The bridge is built to withstand an earthquake of 8.3 magnitude.
その橋はマグニチュード8.3の地震に耐えられるように建てられている.

***substance** [sʌ́bstəns]

名 物質，実質，中身，内容

substantial 形 実質的な

語根de連想
もとになっているもの
sub + stance
(下に) (立っている)

It was an entertaining speech, but without much substance.
おもしろいスピーチだったが，あまり内容のないものであった.

117 ❷ track 42 st(a)＝立つ, 建てる

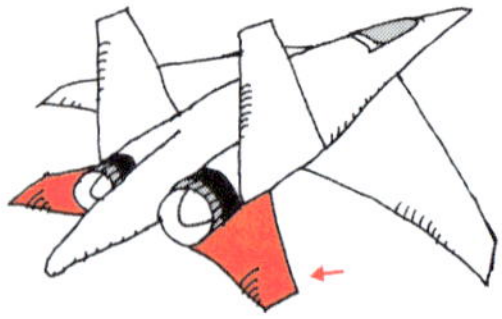

スタビライザー
左右の尾翼を安定させるstabilizerは
［sta(**立つ**)＋ble(できる)＋er(もの)］
から「安定させるもの」の意味に.

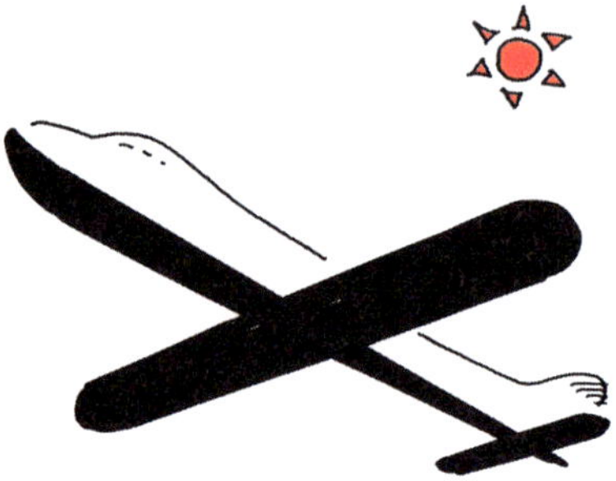

コントラスト
光と影のcontrastは
［contra(反対に)＋st(**立つ**)］
から「対照・対比・差異」の意味に.

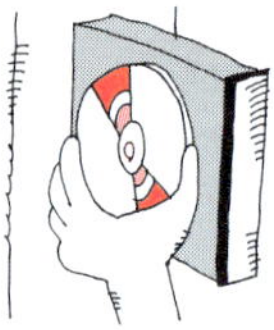

インストール
ソフトをハードに取り込むinstallは
［in(中に入って)＋stall(**立てる**)］
から「取り付ける」の意味に.

訳語を考えよう！

Q1 ob(対して)＋sta(立つ)＋cle(小さいもの) → See obstacle

The greatest **obstacle** to economic growth has been mass unemployment.
経済成長のもっとも大きな□は大量の失業である.

✲hint 経済成長に対して立つものとは？

Q2 re(後ろに)＋st(立つ) → See rest

She was always ahead of the **rest** of the class.
彼女はいつもクラスの□の生徒よりもまさっていた.

✲hint クラスで彼女の後ろに立っているものとは？

Q3 re(再び)＋store(立てる) → See restore

Experts are still working to **restore** the painting.
専門家たちはいまだにその絵の□作業をしている.

✲hint 絵を立て直すとは？

解答：Q1 障害　Q2 他　Q3 修復

obstacle [ɑ́bstəkl]
名 障害(物)，邪魔(物)

語根 de 連想: 逆らって立っているもの
ob + sta + cle
(対して) (立つ) (小さいもの)

Money seems to be no obstacle.
お金が障害とはならないようです.

*** **rest** [rest]
名 残り，その他の人々[物]，休息
動 休む，静止する，頼る

語根 de 連想: 後ろに立っているもの
re + st
(後ろに) (立つ)

Does anyone want the rest of this pizza?
誰かこのピザの残りをほしい人はいますか.

---

* **restore** [ristɔ́ːr]
動 回復する，復帰させる，戻す，修復する

restoration
名 復帰，復活，修復，返却

語根 de 連想: 立て直す
re + store
(再び) (立てる)

The ousted former president was restored to power.
失脚した前大統領が権力に返り咲いた.

---

stall [stɔːl]
動 立ち往生する，行き詰まる，ぐずぐずする，ごまかす
名 露店，一仕切りの部屋

語根 de 連想: 立ちつくす
stall
(立つ)

Many consumers are stalling the purchase of new cars.
多くの消費者は新車の購入をためらっている.

---

install [instɔ́ːl]
動 取りつける，任命する

installment
名 分割払込金，月賦

installation
名 取りつけ，架設，装置

語根 de 連想: 中に入って立てる
in + stall
(中に) (立てる)

The company is installing a new computer system.
その会社は新しいコンピュータシステムを取りつけている.

---

forestall [fɔːrstɔ́ːl]
動 先んじる，買い占める

語根 de 連想: 人より先に立つ
fore + stall
(前に) (立つ)

The National Guard was sent in, to forestall any trouble.
問題に先んじて州兵が送り込まれた.

check1 check2 check3

118 ❷ track 43 stat＝立つ

ステータス

高度経済成長期，3Cと呼ばれるcar(自動車)，
cooler(クーラー)，color TV(カラーテレビ)は
地位の象徴(status symbol)だった．

ステーション

stationは駅員が立つ持ち場，
つまり「駅」のこと．派生語のstationaryは
「動かないで止まっている」という意味の形容詞．
似た語のstationeryは，かつて教会の前で
筆記具を立ち売りしていたことから
「文房具・筆記具」の意味に．

エンパイアステート・ビル

堂々と(stately)そびえ立つ
摩天楼Empire State Building.

訳語を考えよう！

Q1 **state**(立つ)＋**man**(人) → See statesman

He got a reputation as an international statesman.
彼は国際的な□としての名声を得た．

hint 国民の前に立つ人とは？

Q2 **sta**(立つ)＋**ure**(状態) → See stature

His father is small in stature.
彼の父親は□が低い．

hint 立っている状態とは？

Q3 **stat**(立つ)＋**ue**(名詞) → See statue

The statue was carved out of a single piece of stone.
その□は1つの石から彫られたものだった．

hint 石で建てられたものとは？

解答：Q1 政治家　Q2 身長[背]　Q3 像

statesman
[stéitsmən]

名 政治家

語根 de 連想: 国民の前に立つ人 ↑ state（立つ）＋ man（人）

*** **state**

名 状態，様子，国家
動 (はっきり) 述べる

The state of the ecomony is improving.
経済状況は改善している.

stature
[stǽtʃər]

名 身長

語根 de 連想: 立っている状態 ↑ sta（立つ）＋ ure（状態）

Most professional basketball players are tall in stature.
プロバスケットボールのたいていの選手は身長が高い.

* statue
[stǽtʃuː]

名 像

語根 de 連想: 立てられたもの ↑ stat（立つ）＋ ue（名詞）

The citizens put up a statue of the mayor.
市民は市長の像を建てた.

statute
[stǽtʃuːt]

名 法令，法規

語根 de 連想: 立てられたもの ↑ stat（立つ）＋ ute（名詞）

Corporal punishment was banned by statute in 1987.
1987年に体罰は法令で禁止された.

statistics
[stətístiks]

名 統計(学)
※統計学の意味では単数扱い

語根 de 連想: 地位・身分の状態の学問 ↑ statis（地位・身分）＋ ics（学問）

These statistics are unreliable.
これらの統計は信頼できない.

** estate
[istéit]

名 地所，財産

語根 de 連想: 地面，または地面に立っているもの ↑ 立っている状態

He made a fortune in real estate.
彼は不動産でひと儲けした.

check1 check2 check3

119 ② track 44

stick, sting, stim =刺す, 突く

ステッカー
突き刺したかのように,
ぴったりと貼り付けるものはsticker.
動詞のstickは「くっつける」という意味.
形容詞のstickyは「べとべとした」の意味.

ステッキ
地面を突いて歩く杖はstick.
動詞は「くっつける・突く・刺す」という意味.

Back to Roots

エチケット(**etiquette**)とは, 宮廷の儀式の正しい進め方を札に貼り付けたことから生まれた言葉です.「切符」や「入場券」を表す**ticket**（本来は, 貼り札の意味）はこの**etiquette**からきたもの. 名詞で「ひと針・縫い目」, 動詞で「縫う」を表す**stitch**も同じ語源を持つ語です.

訳語を考えよう！

Q1 **di**(離れて)＋**sting**(刺す)＋**ish**(動詞) → See distinguish

I can't distinguish between the twins.
私はその双子の□がつかない.

hint 双子を引き離せないとは？

Q2 **ex**(外に)＋**(s)ting**(刺す)＋**ish**(動詞) → See extinguish

It took about one year to extinguish the bush fire.
山火事を□のに約1年かかった.

hint 刺して外に出すとは？

Q3 **in**(上に)＋**stinct**(刺す) → See instinct

Many birds have a remarkable homing instinct.
注目に値する帰巣□を持った鳥がたくさんいる.

hint 鳥の心に突き刺すものとは？

解答：Q1 区別　Q2 消す　Q3 本能

distinguish [dɪstíŋgwɪʃ]
動 区別する

distinct 形 異なった，はっきりした
distinction 名 区別，特徴

語根de連想: 刺して引き離す
di (離れて) + sting (刺す) + ish (動詞)

This book is divided into two distinct parts.
この本は2つの異なった部分に分かれている.

extinguish [ɪkstíŋgwɪʃ]
動 消す，絶やす

extinct 形 消えた，絶滅した
extinction 名 消化，絶滅

語根de連想: 刺して外に出す
ex (外に) + (s)ting (刺す) + ish (動詞)

This species is in danger of becoming extinct.
この種は絶滅の危機に瀕している.

instinct [ínstɪŋ(k)t]
名 本能

instinctive 形 本能的な

語根de連想: 心に突き刺すもの
in (上に) + stinct (刺す)

She has a strong maternal instinct.
彼女は母性本能が強い.

sting [stɪŋ]
動 刺す，ひりひりする

語根de連想: 刺すように痛む
sting (刺す)

He was stung on the leg by a bee.
彼はハチに脚を刺された.

stimulate [stímjulèɪt]
動 刺激する

stimulus 名 刺激

語根de連想: 刺して刺激を与える
stimu (刺す) + ate (動詞)

Tax cuts will stimulate the economy.
減税は経済を刺激するであろう.

stink [stɪŋk]
動 におう

語根de連想: 鼻を刺す
stink (刺す)

Your breath stinks of garlic.
あなたの息はニンニクのにおいがする.

check1 check2 check3

120 stitute＝立つ

❷ track 45

サブ
サッカーなどで，スタメン選手の
次に控える選手はsubstitute.
[sub（下で）＋stitute（立つ）]から.

街頭に立って客引きをする
売春婦はprostitute.
[pro（前に）＋stitute（立つ）]から.

訳語を考えよう！

Q1 **de**（～でない）＋**stitute**（立つ）→See destitute

The rest of her family all died, leaving her destitute.
彼女の家族は皆死んでしまい，彼女は□の状態になった.

hint 立つこともできないほどの生活状態とは？

Q2 **in**（上に）＋**stitute**（立つ）→See institute

The committee was instituted in 1999.
その委員会は1999年に□された.

hint 上に建てるとは？

Q3 **con**（共に）＋**stitute**（立つ）→See constitute

Alaska is the largest of the fifty states that constitute the USA.
アラスカはアメリカを□する50州の中で一番大きい.

hint 共に立ってアメリカを作るとは？

解答：Q1 極貧　Q2 設立　Q3 構成

◯ **destitute** [déstət(j)ù:t]

形 困窮した，極貧の

語根 de 連想: 立てないほどの
de（〜でない）＋ stitute（立つ）

When he died, his family was left completely destitute.
彼が亡くなり，彼の家族はまったく困窮した状態になった.

◯ *institute [ínstət(j)ù:t]

動 設立する，実施する
名 (学)会，研究所

**institution

名 設立，組織，機関，施設

語根 de 連想: 上に建てる
in（上に）＋ stitute（立つ）

He decided not to put his mother in an institution.
彼は母親を施設に入れないことに決めた.

◯ **constitute** [kάnstət(j)ù:t]

動 構成する，設置する

語根 de 連想: みんなで立って形作る
con（共に）＋ stitute（立つ）

They constituted a committee last week.
彼らは先週，委員会を設立した.

◯ *constitution [kὰnstət(j)ú:ʃən]

名 構成，組織，体質，憲法

語根 de 連想: 共に立っていること
con（共に）＋ stitute（立つ）＋ ion（名詞）

Freedom of speech is written into the Constitution of Japan.
言論の自由は日本国憲法に書かれている.

◯ **prostitute** [prάstət(j)ù:t]

名 売春婦
動 (お金のために才能や名誉を)売る，売春をする

語根 de 連想: 男の前に立っている
pro（前に）＋ stitute（立つ）

He doesn't prostitute his talents.
彼はお金のために自分の才能を売ることはない.

◯ **substitute** [sʌ́bstət(j)ù:t]

動 代わりに用いる
名 代用品，補欠，代理人

substitution

名 代理，代用

語根 de 連想: 下に立っている
sub（下に）＋ stitute（立つ）

You can substitute margarine for butter in this recipe.
この調理法ではバターの代わりにマーガリンを使うことができます.

check1 check2 check3

語源de腕試し 6

1
次の単語の意味を下の語群から選びましょう.

1. scent (　　)　2. assent (　　)　3. presence (　　)　4. prostitute (　　)
5. instinct (　　)　6. stature (　　)　7. obstacle (　　)　8. regulation (　　)
9. regime (　　)　10. description (　　)

ア 売春婦　イ 本能　ウ 描写　エ 香り　オ 規制
カ 政権　キ 身長　ク 障害物　ケ 出席　コ 同意

2
次の英文の和訳を完成させましょう.

①The activities of credit companies are regulated by law.
信販会社の活動は法律で (　　) されている.

②Tax cuts will stimulate the economy.
減税は経済を (　　) するであろう.

③This volcano could erupt at any time.
この火山はいつでも (　　) する可能性がある.

④The audience consists mainly of teenagers.
聴衆は主に10代の若者で (　　) されている.

⑤He strongly resented my remarks.
彼は私の言葉にひどく (　　) した.

⑥Dots represent towns on this map.
この地図では点は町を (　　).

⑦It's a popular restaurant, and you'll have to reserve in advance.
そこは人気のあるレストランなので, 前もって (　　) しなくてはいけません.

⑧The president has presided over the depression.
大統領は不況に対して (　　) をとった.

⑨You should think carefully before you resign.
(　　) する前にじっくり考えるべきだ.

⑩Our school was inspected this May.
私たちの学校は今年の5月に (　　) を受けた.

解答
1　1. エ　2. コ　3. ケ　4. ア　5. イ　6. キ　7. ク　8. オ　9. カ　10. ウ
2　①規制　②刺激　③噴火　④構成　⑤憤慨　⑥表す　⑦予約　⑧陣頭指揮　⑨辞職　⑩査察

3 日本語の意味になるように，(　　) に適当な英語を入れましょう．

①(　　) a note	メモを走り書きする
②(　　) a new medicine	新薬を処方する
③go (　　)	破産する
④(　　) margarine for butter	バターの代わりにマーガリンを使う
⑤(　　) between the twins	双子を区別する
⑥(　　) Manchuria to China	満州を中国に返還する
⑦(　　) each other	お互いに尊敬し合う
⑧ghosts really (　　)	幽霊は本当に存在する
⑨(　　) punishment	罰を受けるに値する
⑩(　　) energy	エネルギーを大切に使う

4 次の英文の和訳を完成させましょう．

①The two approaches are basically very similar.
その２つの方法は基本的に非常に (　　) いる．

②She was conspicuous in jeans at the party.
彼女はパーティーではジーンズをはいて (　　) いた．

③Always be respectful toward him when you speak to him.
彼に話しかける時はいつも (　　) を払いなさい．

④When he died, his family was left completely destitute.
彼が亡くなり，彼の家族はまったく (　　) した状態になった．

⑤He made a regal entrance.
彼は (　　) と登場した．

⑥Corrupt customs officials have helped the drug trade to flourish.
(　　) した税関職員は麻薬貿易が蔓延する手助けをしてきた．

⑦He was absent from lectures today.
今日，彼は講義を (　　) した．

⑧He wore a conservative business suit for his interview.
彼は面接用に (　　) なスーツを着ていた．

⑨His gesture was significant of refusal.
彼の身振りは拒絶を (　　) いた．

⑩There were several simultaneous attacks by the terrorists.
テロリストたちによる (　　) 攻撃が数回あった．

解答

3 ①scribble　②prescribe　③bankrupt　④substitute　⑤distinguish　⑥restore　⑦respect　⑧exist　⑨deserve　⑩conserve

4 ①似て　②目立って　③敬意　④困窮　⑤堂々　⑥堕落　⑦欠席　⑧地味　⑨表して　⑩同時

121
❷ track 46

string, strict =結ぶ, 縛る, 引く, 伸ばす

ストリング・オーケストラ
弦楽器によるstring orchestra.
stringは強く**伸ばした**「弦」のこと.

ボア・コンストリクター
獲物を**絞め殺す**ヘビは
boa constrictor. constrictorは
[con(完全に)+strict(縛る)+or(もの)]から.

訳語を考えよう !

Q1 **di**(離れて) + **strict**(引く) → See district

The two district courts reached opposite conclusions.
2つの[　　]裁判所は反対の結論を出した.

hint 地図上で線を引いて分離させたものとは?

Q2 **re**(後ろに) + **strict**(引く) → See restrict

Many cities have restricted smoking in public places.
多くの都市では公共の場所での喫煙を[　　]している.

hint 喫煙を後ろから引っ張るとは?

Q3 **con**(完全に) + **strict**(縛る) → See constrict

Avoid clothing that constricts the blood circulation in your legs.
脚の血液の循環を[　　]するような衣服は避けなさい.

hint 血液の循環を強く縛るとは?

解答: **Q1** 地方 **Q2** 制限 **Q3** 圧迫

district
[dístrikt]

名 地方，地域，地区

語根de連想: 線を引いて分離させたもの ← di（離れて）＋ strict（引く）

Wall Street is in the financial district of New York.
ウォール街はニューヨークの金融街にある.

restrict
[ristríkt]

動 制限する，限定する

語根de連想: 後ろから引っ張る ← re（後ろに）＋ strict（引く）

restriction 名 制限，限定

Access to the club is restricted to members only.
クラブへの入場は会員のみに限定される.

constrict
[kənstríkt]

動 圧縮する，圧迫する，束縛する

語根de連想: 強く縛る ← con（完全に）＋ strict（縛る）

constriction 名 圧縮，収縮

The drug causes the blood vessels to constrict.
その薬で血管が圧縮される.

*strict
[strikt]

形 厳しい

語根de連想: 強く縛られた ← strict（縛る）

Japan has very strict laws against drugs and guns.
日本には麻薬と銃に対してとても厳しい法律がある.

**string
[striŋ]

名 ひも，糸，弦(楽器)

語根de連想: 強く縛ったもの ← string（縛る）

I need a piece of string to tie this package.
この包みを結ぶひもが1本欲しい.

stringent
[stríndʒənt]

形 厳しい，厳格な

語根de連想: 縛った ← string（縛る）＋ ent（形容詞）

There are now stringent controls on pollution from all power stations.
今はすべての発電所から出る汚染に関して厳しい規制がある.

check1 check2 check3

122 strai(n), stre =結ぶ, 縛る, 引く, 伸ばす

❷ track 47

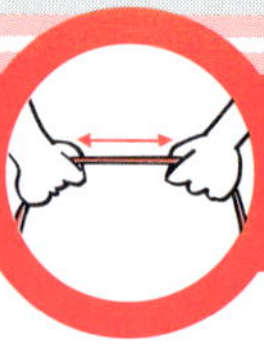

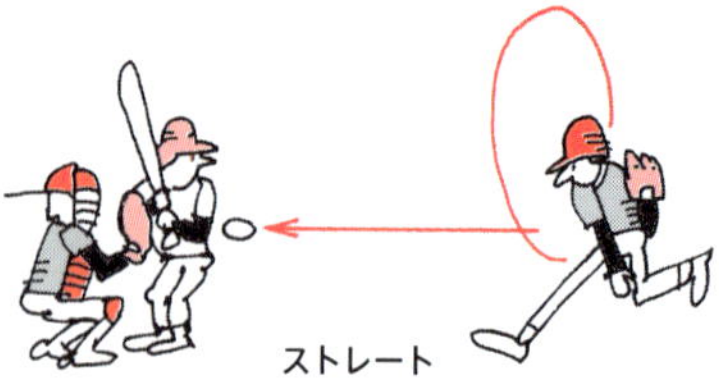

ストレート
まっすぐに**伸びた**直球は
straight ball.

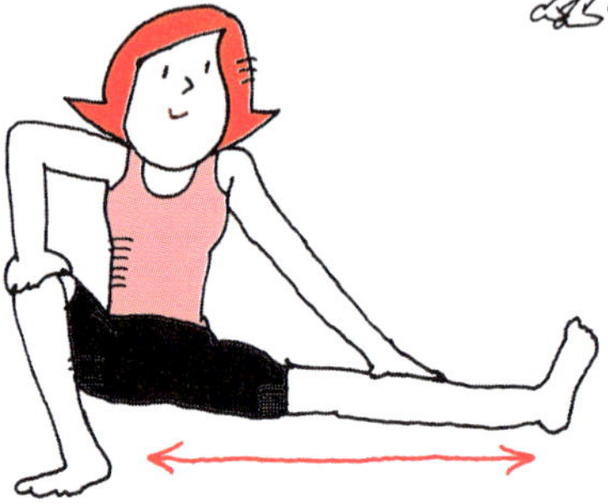

ストレス
stressは感情や精神を
張り詰めた状態にする.
stressには「強調(する)・強勢(をつける)」
の意味もある.

ストレッチ
stretch運動で
筋肉や関節を**伸ばす**.

訳語を考えよう !

Q1 **di**(離れて) + **stress**(引く) → See distress

Her behavior caused her parents great distress.
彼女の行動は両親の大きな□の原因になった.

hint 体の一部を引き離して感じることとは？

Q2 **re**(後ろへ) + **strain**(縛る) → See restrain

It took three men to restrain him.
彼を□のに3人の男性が必要だった.

hint 手を後ろに縛るとは？

Q3 **con**(完全に) + **strain**(縛る) → See constrain

Poor soil has constrained the level of crop production.
貧弱な土壌は作物の生産水準を□.

hint 生産水準を強く縛るとは？

解答：Q1 悩み　Q2 抑える　Q3 抑えた

○ **distress** [distrés]

名 苦痛，悩み，苦境
動 悩ませる

語根 de 連想: 引き離すこと ← di（離れて）＋ stress（引く）

It is a rule of the sea to help another boat in distress.
遭難している他の船を助けるのは海のルールだ．

○ **restrain** [ristréin]

動 抑える，やめさせる

restraint 名 抑制，制止

語根 de 連想: 手を後ろに縛る ← re（後ろへ）＋ strain（縛る）

She had to restrain from smoking.
彼女はタバコを控えなければならなかった．

○ **constrain** [kənstréin]

動 抑える，阻止する，強いる

constraint 名 制限，拘束

語根 de 連想: 強く縛る ← con（完全に）＋ strain（縛る）

He was constrained to tell a lie.
彼はやむなく嘘をついた．

○ ** **stretch** [stretʃ]

動 伸びる，伸ばす，広げる，広がる
名 広がり

語根 de 連想: 引いて伸ばす ← stretch（伸ばす）

She stretched her arms and yawned.
彼女は両腕を伸ばし，あくびをした．

○ * **strain** [strein]

名 緊張，過労，負担
動 張る，最大限に使う

語根 de 連想: 筋肉が伸びきった状態 ← strain（伸ばす）

She had a busy week, and she's under a lot of strain at the moment.
彼女は1週間忙しかったので今はかなり疲れている．

○ **strait** [streit]

名 海峡，苦境，困窮

語根 de 連想: まっすぐに伸びたもの ← strait（伸ばす）

The strait lies between the Atlantic Ocean and the Mediterranean Sea.
その海峡は大西洋と地中海の間にある．

check1 check2 check3

123 str(uct)=建てる, 積む

❷ track 48

デストロイヤー
かつての人気プロレスラーのThe Destroyer
[de(〜でない)+stroy(**建てる**)+er(人)]
は「破壊者」の意.

リストラ
restructure[re(再び)+struct(**建てる**)
+ure(名詞)]をして企業を再編成.
structureは「構造・建造物」の意.
英語では「リストラ」の意味では,
restructureではなく,
downsizeを使うのがふつう.

インストラクター
instructorは
[in(上で)+struct(**建てる**)+or(人)]のこと.
つまり, 順序立てて「指導する人」.

訳語を考えよう !

Q1 **con**(共に)+**struct**(建てる) → See **construct**

The new shopping center was constructed at a cost of 2 million dollars.
新しいショッピングセンターは200万ドルの費用で□された.

hint みんなで一緒に建てるとは?

Q2 **ob**(反して)+**struct**(建てる) → See **obstruct**

He was accused of obstructing the investigation.
彼は調査を□したことで告訴された.

hint 建てることに反する行為とは?

Q3 **indu**(中に)+**stry**(立てる) → See **industry**

Bill is a man of great industry.
ビルは非常な□家です.

hint 人間の心に本来あるものとは?

解答:Q1 建設 Q2 妨害 Q3 勤勉

construct 動 建設する
[kənstrʌ́kt]
construction 名 建設
constructive 形 建設的な
reconstruct 動 建て直す，再建する
reconstruction 名 再建

語根de連想
みんなで建てる
con ＋ struct
(共に) (建てる)

The corporation reconstructed five divisions into two.
その企業は5つの部局を2つに再編した．

obstruct 動 妨げる，ふさぐ
[əbstrʌ́kt]
obstruction 名 妨害
obstructive 形 妨げる

語根de連想
建てないようにする
ob ＋ struct
(反して) (建てる)

One political party obstructed the passage of laws proposed by another.
他の政党から提案された法律の通過をある政党が妨げた．

***industry 名 産業，工業，勤勉
[índəstri]
**industrial 形 産業の，工業の
*industrious 形 勤勉な

語根de連想
産業
勤勉(から生み出されるもの)
人間の心に本来あるもの
indu ＋ stry
(中に) (立てる)

The country is now a European center for light industry.
その国は今やヨーロッパにおける軽工業の中心地になっている．

destructive 形 破壊的な
[distrʌ́ktiv]
***destroy 動 破壊する
*destruction 名 破壊

語根de連想
建設的でない
de ＋ struct ＋ ive
(～でない) (建てる) (形容詞)

The war was a paradigm of the destructive side of human nature.
その戦争は人間性の破壊的な一面の典型であった．

instruct 動 教える，指図する
[instrʌ́kt]
**instruction 名 指導
instructive 形 教育的な，ためになる

語根de連想
積み重ねる
in ＋ struct
(上に) (積む)

It's quite necessary to instruct children in road safety.
子供たちに交通安全を教える必要が大いにある．

**instrument 名 道具，器具，楽器
[ínstrumənt]
instrumental 形 楽器の，役に立つ

語根de連想
積み上げたもの
in ＋ stru ＋ ment
(上に) (積む) (名詞)

The instrument produces a sound similar to a violin.
その楽器はバイオリンに似た音を出す．

check1 check2 check3

124 ❷ track 49  suit, sue＝追う，続く

スーツ
suitは上下ひと揃えの服.

スイート
ホテルのスイートルーム（suite）は，
居間と寝室が一続きになった高級な部屋.

訳語を考えよう！

Q1 **pur**（pro=前に）＋**sue**（続く） → See pursue

He pursued a career in politics.
彼は政治の仕事を［　　］た.

＊hint　政治の仕事を続けて前に行くとは？

Q2 **suit**（追う）＋**or**（人） → See suitor

She turned down every suitor.
彼女は［　　］をすべて拒否した.

＊hint　女性を追い求める人とは？

Q3 **suit**（続く）＋**able**（～できる） → See suitable

The house would be suitable for a large family.
その家は大家族に［　　］いる.

＊hint　大家族が続けて生活できる状態とは？

解答：Q1 続け　Q2 求婚者　Q3 適して

pursue * [pərs(j)úː] 動 続ける，追い求める

pursuit 名 追跡，仕事，従事

語根 de 連想：続いて前に行く ← pur（pro ＝前に）＋ sue（続く）

People had to move to other areas in pursuit of work.
人々は職を求めて他の地域に引っ越さなければならなかった．

suitor [s(j)úːtər] 名（男性の）求婚者，告訴人

語根 de 連想：女性を追う人 ← suit（追う）＋ or（人）

The young woman can't decide which of her many suitors to marry.
その若い女性はたくさんの求婚者の中から誰と結婚したらいいか決心できない．

suitable * [s(j)úːtəbl] 形 適した，似合う

suit *** 動 適する，似合う
名 スーツ，上下そろいの服

語根 de 連想：続けられる ← suit（続く）＋ able（～できる）

His speech was suited to the occasion.
彼の演説はその場にふさわしかった．

suite [swiːt] 名 一続きの部屋，スイートルーム

語根 de 連想：一続きの

We spent three nights in a suite at the Paris Hilton.
私たちはパリのヒルトンのスイートルームで３泊した．

sue [s(j)uː] 動 訴える，訴訟を起こす

語根 de 連想：追及する

She is suing her husband for divorce.
彼女は夫に離婚訴訟を起こしている．

ensue [insúː] 動 続いて起こる

語根 de 連想：上に続く ← en（upon ＝上に）＋ sue（続く）

When police told them to leave, an argument ensued.
警察が彼らに立ち去るように言ったのに，口論が続いて起こった．

check1 check2 check3

125 tact, tang, tag＝触れる

❷ track 50

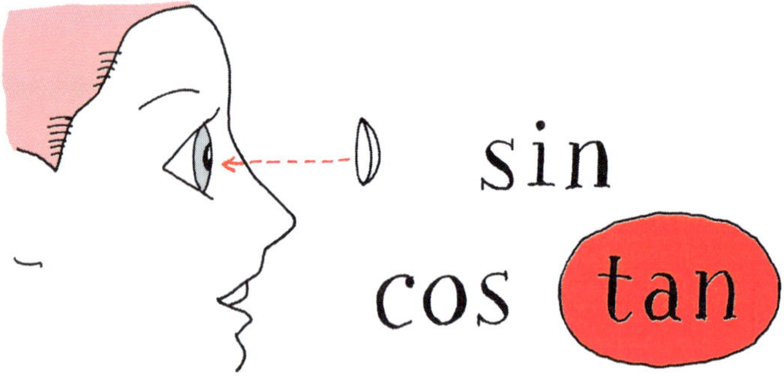

コンタクトレンズ
目に直接**触れる**レンズがcontact lens.
contactは[con(共に)＋tact(触れる)]で,
共に触れ合うことから
「接触(する)・連絡(する)」の意味に.

タンジェント
三角関数の
tangentは「**正接**」.

訳語を考えよう！

Q1 **in**(～でない)＋**tact**(触れる) → See **intact**

Most of the house remains intact even after two hundred years.
その家の大部分は200年後も□の状態で残っている.

hint 触れられていない状態とは？

Q2 **tang**(触れる)＋**ible**(できる) → See **tangible**

Tangible assets include cash, real estate, and machinery.
□資産には現金と不動産と機械類が含まれる.

hint 手に触れることができる財産とは？

Q3 **con**(共に)＋**tag**(触れる)＋**ious**(形容詞) → See **contagious**

The common cold is a contagious disease.
感冒は□症です.

hint 接触して移る病気とは？

解答：**Q1** 無傷　**Q2** 有形　**Q3** 感染

intact
[intǽkt]

形 損なわれない，無傷の，そのままの

語根de連想: 触れられていない ← in（〜でない）＋ tact（触れる）

In spite of the bombing, the building was intact.
爆撃にもかかわらずそのビルは無傷であった．

tangible
[tǽndʒəbl]

形 触れることができる，有形の，明白な

intangible 形 触れることができない

語根de連想: 触れることができる ← tang（触れる）＋ ible（できる）

This dance is designated as an intangible cultural property.
この踊りは無形文化財に指定されている．

contagious
[kəntéidʒəs]

形（接触）感染する，移りやすい

contagion 名 接触感染

語根de連想: 触れ合う ← con（共に）＋ tag（触れる）＋ ious（形容詞）

Chicken pox is a highly contagious disease.
水ぼうそうは伝染性の強い病気である．

tact
[tækt]

名 機転，こつ，手触り

tactful 形 機転がきく，如才ない

語根de連想: 探り合うこと ← tact（触れる）

Tact is one of his strong points.
機転は彼の長所の1つである．

tactics
[tǽktiks]

名 戦術

語根de連想: 探り合う学問 ← tact（触れる）＋ ics（学問）

We were disappointed at the opposition's delaying tactics in the Diet.
国会での野党側の引き延ばし戦術に私たちはがっかりした．

tangent
[tǽndʒənt]

名 接線，正接
形 接している

語根de連想: 触れている ← tang（触れる）＋ ent（形容詞）

Once he starts talking, he is likely to go off on a tangent.
いったん話し出すと彼はすぐに脱線する傾向がある．

check1 check2 check3

126 tail, cide, cis(e)＝切る

❷ track 51

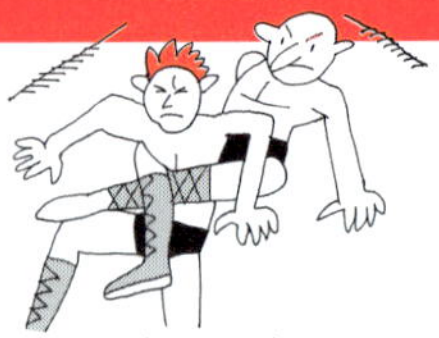

ボディーシザース
プロレスのbody scissorsは，
はさみ(scissors)で**切る**ように，
胴体を両足で挟む技.

オックステール
スープなどに入れるoxtailは，
牛の体の一番端で**切れた**部分，
つまり，しっぽのこと.

テーラー
tailor(仕立て屋)は，
布地を**切って**仕立てる人.

Back to Roots

その他の語も覚えましょう. **suicide** (自分を切る→自殺)，**homicide** (人を切る→殺人)，**genocide** (種を切る→大量虐殺)，**scissors** (切るもの→はさみ)，**insecticide** (虫を切る→殺虫剤).

訳語を考えよう！

Q1 **de**(離れて)＋**tail**(切る) → See **detail**

His paintings are almost photographic in detail.
彼の絵は□においてほとんど写真のようだ.

hint 切り分けた部分とは？

Q2 **re**(再び)＋**tail**(切る) → See **retail**

The suggested retail price is 10,000 yen.
希望□価格は1万円です.

hint 切り売りする価格とは？

Q3 **de**(離れて)＋**cide**(切る) → See **decide**

I decided I would study abroad.
私は留学しようと□した.

hint 迷った気持ちをきっぱりと切り離すとは？

解答：**Q1** 細部　**Q2** 小売　**Q3** 決心

detail ***　　名 詳細, 細部
[ditéil, díːteil]

語根 de 連想: 切り分けた部分 ← de（離れて）+ tail（切る）

I can't remember the exact detail of the story.
私はその話の細部まではっきり覚えていません.

---

retail　　名 小売り　形 小売りの　動 小売りされる[する]
[名形 ríːteil]
[動 ríːteil, riːtéil]

語根 de 連想: 再び切って売る ← re（再び）+ tail（切る）

The company retails computer software.
その会社はコンピュータソフトを売っている.

---

decide ***　　動 決心する
[disáid]

decisive　　形 決定的な
decision ***　　名 決心, 決定

語根 de 連想: きっぱり切り離す ← de（離れて）+ cide（切る）

She can't decide which to wear to the party.
彼女はパーティーにどちらを着たらいいか決めかねている.

---

curtail　　動 切りつめる, 削減する
[kəːrtéil]

語根 de 連想: 短く切る ← curt（短い）+ tail（切る）

Spending on books must be curtailed.
本の出費を切りつめなければならない.

---

concise　　形 簡明な, 簡潔な
[kənsáis]

語根 de 連想: 余計な部分がない ← 完全に切られた ← con（完全に）+ cise（切る）

Try to make your answers clear and concise.
答えを明確かつ簡潔にするように心がけなさい.

---

precise　　形 正確な, 明確な
[prisáis]

precision　　名 明確さ, 正確さ

語根 de 連想: ちょうど手前で切る ← pre（前に）+ cise（切る）

He gave me clear and precise directions.
彼は私に明確かつ正確な指示を出した.

check1 check2 check3

127 tain＝保つ

❷ track 52

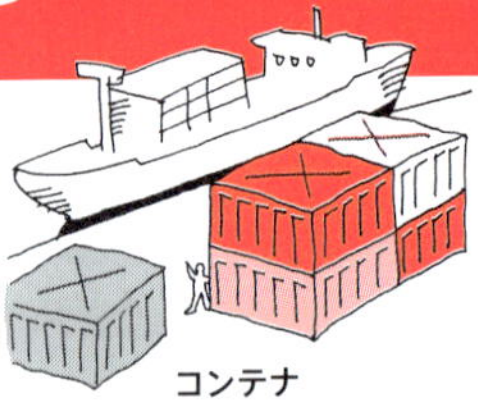

コンテナ

貨物のcontainerは
[con(共に)＋tain(保つ)＋er(もの)],
つまり, 全部一緒に入れて
保管する「入れ物」のこと.
containは「含む・入る」の意.

エンターテイナー

entertainerは
[enter(間に)＋tain(保つ)＋er(人)],
つまり, 人の間に入って場を**保つ**人から,
「楽しませる人・芸能人」の意味に.
entertainは「楽しませる・もてなす」,
名詞形のentertainmentは「娯楽」の意.

メンテナンス

ビルのmaintenanceは
[main(手)＋ten(保つ)＋ance(名詞)],
つまり, 手で扱って**管理する**こと.
maintainは「管理する・養う」の意.

訳語を考えよう！

Q1 **ob**(そばに)＋**tain**(保つ) → See obtain

Maps can be **obtained** at the tourist office.
観光局で地図が[　　]ます.

✲hint　そばに行って持つとは？

Q2 **de**(離れて)＋**tain**(保つ) → See detain

Police **detained** two suspects for questioning.
警察は2人の容疑者を尋問のために[　　]した.

✲hint　社会から離しておくとは？

Q3 **su(s)**(下に)＋**tain**(保つ) → See sustain

The floor cannot **sustain** the weight of a piano.
その床ではピアノの重さを[　　]られない.

✲hint　下で持っているとは？

解答：Q1 もらえ　Q2 留置　Q3 支え

obtain

[əbtéin]

動 得る，獲得する

語根 de 連想: そばに行って持つ ← ob (そばに) + tain (保つ)

She obtained the property with a bank loan.
彼女は銀行のローンで不動産を得た.

detain

[ditéin]

動 引き留める，留置する

語根 de 連想: 離しておく ← de (離れて) + tain (保つ)

detention **名** 引き留め，拘留

The police detained a man for questioning in the crime.
警察はある男性を犯罪の尋問のために留置した.

sustain

[səstéin]

動 支える，耐える

語根 de 連想: 下で持っている ← su(s) (下に) + tain (保つ)

Heavy posts are needed to sustain this bridge.
この橋を支えるには重い柱が必要です.

abstain

[əbstéin]

動 控える，慎む

語根 de 連想: ～から離れた状態を保つ ← ab (～から離れて) + tain (保つ)

Catholics are supposed to abstain from meat on Good Friday.
カトリック信者はキリストの受難記念日には肉を控えることになっている.

*retain

[ritéin]

動 保持する，記憶しておく

語根 de 連想: 保っておく ← re (元に) + tain (保つ)

The town has retained much of its country charm.
その町は田舎の魅力を多く残している.

pertain

[pəːrtéin]

動 関連する，付属する

語根 de 連想: 通じている ← per (通して) + tain (保つ)

Those laws no longer pertain.
それらの法律にはもはや関連性はない.

check1 check2 check3

128 ❷ track 53  tens, tend, tent =伸ばす, 張る ①

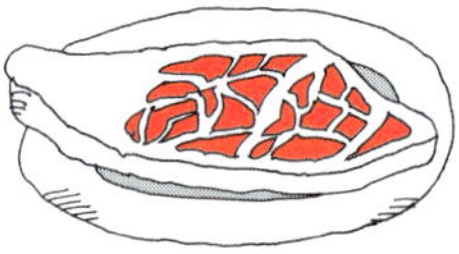

テンダーロイン
tenderloinは牛や豚の腰肉.
tenderは, 伸ばした結果, 薄く柔らかくなることから
「柔らかい・優しい・傷つきやすい・痛い」の意味に.

エクステ
extensionをつけて
髪を伸ばす.

ラブ・ミー・テンダー
傷つき, 張りつめた心を
なぐさめる, E・プレスリーの
Love Me Tender(やさしく愛して).

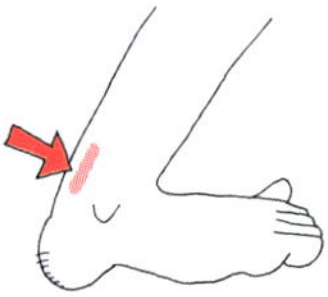

アキレス腱
Achilles' tendonは
ピンと張ったかかとの腱.

訳語を考えよう !

Q1 **tend**(伸びる) + **ency**(名詞) → See tendency

The drug has a tendency to cause headaches.
その薬は頭痛の原因になる□がある.

hint ある方向へ伸びることとは?

Q2 **con**(共に) + **tend**(伸ばす) → See contend

You'll have to contend with difficulties.
あなたはこれから困難と□ねばならない.

hint お互いに手を伸ばすとは?

Q3 **ex**(外に) + **tend**(伸ばす) → See extend

The company plans to extend its operations into Europe.
その会社は事業をヨーロッパに□ようと計画している.

hint 事業を外に伸ばしていくとは?

解答: Q1 傾向 Q2 戦わ Q3 広げ

○ *tendency [téndənsi] 名 傾向

**tend 動 傾向がある，向かう，世話をする

語根de連想: ある方向へ伸びていくこと ← tend（伸びる）＋ ency（名詞）

Oil shares are tending upward.
石油株は上昇傾向にある.

○ contend [kənténd] 動 戦う，争う，主張する

contention 名 争い，口論，主張

語根de連想: 引っ張り合う ← 一緒に手を伸ばす ← con（共に）＋ tend（伸ばす）

Don't contend with him over silly trifles.
つまらないことで彼と言い争うな.

○ **extend [iksténd] 動 延長する，広げる，伸ばす

extension 名 拡張，範囲

語根de連想: 外に伸びる ← ex（外に）＋ tend（伸ばす）

The River Nile extends as far as Lake Victoria.
ナイル川はビクトリア湖まで延びている.

○ *tender [téndər] 動 提出する，入札する

語根de連想: 差し出す ← tend（手を伸ばす）

He tendered his resignation this Monday.
彼は今週の月曜日に辞表を提出した.

○ *extent [ikstént] 名 範囲，程度，広さ

語根de連想: 外に伸びた ← ex（外に）＋ tent（伸ばす）

Inflation has slowed to a certain extent.
インフレはある程度は収まった.

○ extensive [iksténsiv] 形 広い，広範囲の，大規模な

語根de連想: 外に伸びた ← ex（外に）＋ tens（伸ばす）＋ ive（形容詞）

Abortion has been the subject of extensive debate in the US.
妊娠中絶はアメリカでは広範囲な議論の題目である.

check1 check2 check3

129 tens, tend, tent =伸ばす，張る ②

❷ track 54

テント
tentはキャンプ地などで
張る天幕.

テンション
張りつめた緊張感はtension.
[tens(張る)＋ion(名詞)]から.
形容詞tenseは
「ピンと張った・緊張した」.

アテンション
機内放送に流れる
"Attention, please.(お聞きください)"は
乗客の視線をこちらに**伸ばして**注意を喚起する.
[at(～の方へ)＋tent(伸ばす)＋ion(名詞)]から.

訳語を考えよう！

Q1 pre(前に)＋tend(張る) → See pretend

I **pretended** not to see her, and carried on walking down the street.
私は彼女を見ない□をして通りを歩き続けた.

hint 人前で広げて見せるとは？

Q2 in(中に)＋tend(伸ばす) → See intend

He **intends** to visit Hawaii next year.
彼は来年ハワイを訪れる□だ.

hint ハワイの中に手を伸ばすとは？

Q3 super(上に)＋in(中に)＋tend(伸ばす) → See superintend

Bill was supposed to **superintend**, not do everything himself.
ビルは□するのであって，すべてを自分でやるわけではなかった.

hint 上から下に向かって手を伸ばすとは？

解答：Q1 ふり　Q2 つもり　Q3 監督

pretend [*] 動 ふりをする
[priténd]

語根 de 連想: 相手の前で広げて見せる ← pre（前に）+ tend（張る）

pretense 名 見せかけ

The children pretended that they were astronauts.
子供たちは宇宙飛行士のふりをした.

intend [***] 動 ～するつもりである
[inténd]

語根 de 連想: 中に向かって手を伸ばす ← in（中に）+ tend（伸ばす）

intention [*] 名 意図, 意志

intentional 形 意図的な, 故意の

He had no intention of paying me the money.
彼は私にお金を払うつもりはまったくなかった.

superintend 動 監督する, 指揮する
[s(j)ù:pərinténd]

語根 de 連想: 上から下に手を伸ばす ← super（上に）+ in（中に）+ tend（伸ばす）

superintendent 名 監督者

She was appointed superintendent of the factory.
彼女は工場長に任命された.

intense 形 激しい, 強烈な
[inténs]

語根 de 連想: 張りつめる ← in（中に）+ tense（張る）

intensify 動 激しくする

intensity 名 激しさ

intensive 形 激しい, 集中的な

There is intense competition between schools to attract students.
学生を引きつけるための学校間の激しい競争がある.

attend [***] 動 出席する, 世話をする, 注意する
[əténd]

語根 de 連想: ～へ足を向ける, ～へ心を向ける ← a(t)（～の方へ）+ tend（伸ばす）

attention [***] 名 注意, 配慮

attentive 形 注意深い, 思いやりのある

Please let us know if you can't attend the meeting.
会議に出席できなければお知らせください.

portend 動 前兆となる, 予告する
[pɔːrténd]

語根 de 連想: 視点を前に伸ばす ← por（前に）+ tend（伸ばす）

portentous 形 前兆の, 不吉な, 驚異的な

portent 名 前兆, 驚異的な人[もの]

The failure in London portended even further trouble.
ロンドンでの失敗は更なる困難の前兆となった.

check1 check2 check3

130 term＝限界, 期限, 終わり

❷ track 55

ターミナル
電車の拠点となるterminalは
終着駅のこと.

ターミネーター
terminatorは
人の命を**終わり**にする抹殺者.

訳語を考えよう !

Q1 **term**(期限)＋**al**(形容詞・名詞) → See **terminal**

Many of the patients are in the terminal stages of the disease.
患者の多くは病気の□の状態にある.

✲hint 病気の期限ある段階とは？

Q2 **term**(終わり)＋**ate**(動詞) → See **terminate**

The company had the right to terminate his employment at any time.
その会社には, いつでも彼の雇用契約を□する権利があった.

✲hint 雇用に期限をつけるとは？

Q3 **de**(完全に)＋**term**(終わり)＋**ine**(動詞) → See **determine**

She was determined to do better work in the future.
今後は, もっといい仕事をしようと彼女は□した.

✲hint 迷った気持ちに期限をつけるとは？

解答：Q1 末期　Q2 満了[終了]　Q3 決心

terminal [tə́ːrmənl]
形 末期の，終点の
名 終点，終着地

語根 de 連想: 期限の，限界のある ← term（期限）+ al（形容詞・名詞）

The doctor informed me that my father had terminal cancer.
医師は父が末期がんであることを私に告知した.

terminate [tə́ːrmənèit]
動 終わらせる，終わる，満了する

termination
名 終了，満了

語根 de 連想: 終わりにする ← term（終わり）+ ate（動詞）

This contract terminates at the end of this year.
この契約は年末に切れる.

****determine** [ditə́ːrmin]
動 決心する，決定する

determination
名 決心，決定

語根 de 連想: 完全に境界を定める ← de（完全に）+ term（終わり）+ ine（動詞）

He was determined to become a world-class player.
彼はワールドクラスの選手になろうと決心した.

term [təːrm]
名 期限，学期，専門用語，条件，間柄

terminology
名 専門用語，術語学

語根 de 連想: 制限するもの ← term（期限）

People use scientific terms with no clear idea of their meaning.
人ははっきりとした意味もわからずに科学用語を使う.

exterminate [ikstə́ːrmənèit]
動 絶滅させる，根絶させる，殺す

extermination
名 絶滅，根絶

語根 de 連想: 限界の外に置く ← ex（外に）+ term（限界）+ ate（動詞）

The bird was nearly exterminated a few years ago.
その鳥は数年前にほぼ絶滅した.

determinate [ditə́ːrmənət]
形 限定された，明確な，決定的な

determinant
形 決定的な
名 決定要素

語根 de 連想: 限界を完全に定める ← de（完全に）+ term（限界）+ ate（形容詞）

The new laws were very determinate.
新法は非常に明確なものだった.

check1 check2 check3

131 terr＝大地

❷ track 56

テリトリー
犬は電柱におしっこをして，
自分のterritory（**領地**）を示す．

テリア
穴掘りが得意なterrierは
“**大地**の犬”．

Back to Roots

interは［in（中に）＋ter（大地）］から「埋葬する」，**disinter**は［dis（〜でない）＋in（中に）＋ter（大地）］から「（死体を）掘り出す・明るみに出す」という意味になります．

訳語を考えよう！

Q1 **Med**（中間の）＋**terra**（大地）＋**an**（形容詞・名詞）

The venue was the tiny island in the Mediterranean.
会場は［　　］に浮かぶ小さな島だった．

→ See Mediterranean

hint 大地に囲まれた所とは？

Q2 **terr**（大地）＋**ory**（場所）＋**ial**（形容詞） → See territorial

The country has suffered substantial territorial losses in this war.
その国はこの戦争でたくさんの［　　］を失った．

hint 国が持つ大地とは？

Q3 **extra**（外に）＋**terra**（大地）＋**ial**（形容詞・名詞）

NASA has started a search for extraterrestrial intelligence.
NASAは頭脳を持った［　　］生物の探索を始めた．

→ See extraterrestrial

hint 地球の大地の外とは？

解答：**Q1** 地中海　**Q2** 領土　**Q3** 地球外

Mediterranean
[mèditəréiniən]

形 地中海の

名 [the Mediterraneanで] 地中海

語根de連想 大陸の間の ← Med + terra + an
Med（中間の） + terra（大地） + an（形容詞・名詞）

There are many countries bordering the Mediterranean.
地中海に国境を接している国はたくさんある.

** territory
[térətɔ̀ːri]

名 領土, 領域, 地域

語根de連想 大地のある所 ← terr（大地） + ory（場所）

territorial 形 領土の, 土地の, 地域の

Physics is outside my territory.
物理は私の専門外である.

extraterrestrial
[èkstrətəréstriəl]

形 地球外の, 宇宙からの

名 地球外生物

語根de連想 地球の外の ← extra（外に） + terra（大地） + ial（形容詞・名詞）

terrestrial 形 地球上の, 陸上の

Compared with many terrestrial mammals, little is known of cetacean natural history.
陸上の哺乳類に比べると, クジラ目の博物学的なことに関してはほとんど知られていない.

terrace
[térəs]

名 段丘, 台地, テラス

動 台地にする

語根de連想 積まれた土地

Asians terrace hillsides with rice paddies.
アジア人は丘の中腹を棚田にする.

subterranean
[sʌ̀btəréiniən]

形 地下の, 隠れた

語根de連想 大地の下の ← sub（下に） + terra（大地） + an（形容詞）

London has 9 miles of subterranean passages.
ロンドンには9マイルの地下通路がある.

terrain
[təréin]

名 地形, 地域

語根de連想 陸の中にあるもの ← terra（大地） + in（中）

We flew over a stretch of hilly terrain.
私たちは丘陵地帯上空を飛んだ.

check1 check2 check3

132 tin, ten(e)=保つ, 続く

❷ track 57

テニス
tennisはフランス語の
"Tenez(〈ボールを〉受けよ・**保て**)!"
の意味から.

テナント
tenantは部屋や店舗の
維持・管理をする
「借地人・借家人」のこと.

コンチネンタル・ブレックファスト
continental breakfastは
パンとコーヒー程度で済ます
ヨーロッパ大陸式の朝食.
continent(大陸)は「切れずに**続いている**」が原義.

Back to Roots
その他の語も覚えましょう. **tenet**(保つもの→教義・主義), **lieutenant**(場所を保っている人→代理・副官・陸軍中尉・警部補).

訳語を考えよう!

Q1 **con**(完全に)+**ten**(保つ) → See content

She is **content** with her life.
彼女は自分の生活に□している.

hint 中身が満たされているとは?

Q2 **ten**(保つ)+**ure**(名詞) → See tenure

The company has doubled in value during his **tenure**.
彼の□中, 会社の価値は倍増した.

hint 会社の中で保っているものとは?

Q3 **ten**(保つ)+**ment**(名詞) → See tenement

In her **tenement** there lived a rich man.
彼女の共同□に金持ちの男性が住んでいた.

hint 彼女が持っている一続きの部屋とは?

解答:Q1 満足　Q2 在職　Q3 住宅

content

[名kάntent]
[形名kəntént]

名 中身，内容

形 満足して

名 満足

語根de連想: 完全に保たれたもの，完全に満たされた ← con（完全に）＋ ten（保つ）

Many of the essays are political in content.
エッセーの多くは政治的な内容である．

tenure

[ténjər]

名 保有（権），在職期間

語根de連想: 保っている状態 ← ten（保つ）＋ ure（名詞）

The tenure of the Presidency is four years.
大統領の任期は4年間です．

tenement

[ténəmənt]

名 共同住宅，安アパート，借家

語根de連想: 持っているもの ← ten（保つ）＋ ment（名詞）

The mayor agreed to tear down the tenement and build modern housing.
市長は共同アパートを取り壊して近代的な住宅を建設することに同意した．

continue

[kəntínjuː]

動 続く，続ける

語根de連想: 維持する ← con（共に）＋ tin（保つ）

continual 形 絶え間ない，断続的な

continuous 形 連続的な，絶え間のない

continuity 名 継続，連続

Have a rest before you continue driving.
運転を続ける前に休憩を取りなさい．

pertinent

[pə́ːrtənənt]

形 関連する，適切な

語根de連想: ずっと続いている ← per（通して）＋ tin（続く）＋ ent（形容詞）

impertinent 形 関係ない，不適切な

They asked me a lot of very pertinent questions.
彼らは私に非常に適切な質問をたくさんした．

tenacious

[tinéiʃəs]

形 ねばり強い，しつこい

語根de連想: しっかりつかんでいる ← ten（保つ）＋ ious（形容詞）

tenacity 名 固持，頑強

He was the most tenacious politician in South Korea.
彼は韓国でもっともねばり強い政治家であった．

check1 check2 check3

133 ton(e), tun, so(u)n＝音, 雷

❷ track 58

スタン・ガン

stun gunは相手に
電撃を与える護身機器.
stunは「気絶させる」の意味.

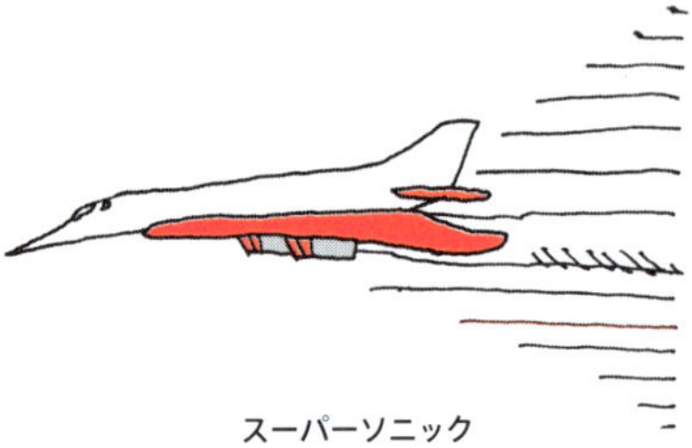

スーパーソニック

コンコルドは
supersonic(**超音速**の)旅客機だった.
[super(超えて)＋son(音)＋ic(形容詞)] から.

サウンド・チェック

sound checkは
マイクなどの**音声**テスト.

Back to Roots

りそな銀行の名前の由来は**resonant**(共鳴する·響き渡る)です. **sonorous**は「響き渡る·堂々とした」, **detonate** [de(下に)＋ton(雷)＋ate(動詞)] は「雷を落とす」から「爆発させる」の意味になりました.

訳語を考えよう！

Q1 **mono**(1つ)＋**ton**(音)＋**ous**(形容詞) → See monotonous

The music became monotonous after a while.
その曲はしばらくすると［　　］になった.

hint 1つの音しかない曲とは？

Q2 **con**(共に)＋**son**(音)＋**ant**(形容詞) → See consonant

The judge's order was consonant with the rules.
審判の命令はルールと［　　］していた.

hint 同じ音を出しているとは？

Q3 **uni**(1つ)＋**son**(音) → See unison

The audience clapped in unison to the song.
聴衆は歌に［　　　］手拍子を打った.

hint 歌と同じ音でとは？

解答：Q1 単調　Q2 一致　Q3 合わせて

○ **monotonous** 形 単調な，つまらない
[mənάt(ə)nəs]

語根de連想
1つの音しかない
mono + ton + ous
(1つ) (音) (形容詞)

monotone 名 単調さ
**tone 名 色合い，音色

I had to set about monotonous work as usual.
私はいつものように単調な仕事を始めなければならなかった.

○ **consonant** 形 一致する，調和する 名 子音
[kάnsənənt]

語根de連想
同じ音を出す
con + son + ant
(共に) (音) (形容詞)

The letters "h", "f", "b", and "c" are consonants.
h, f, b, cの文字は子音である.

○ **unison** 名 同音，斉唱，一致，調和
[jú:nəsn, jú:nəzn]

語根de連想
同じ音
uni + son
(1つ) (音)

Try to sing in unison if you can.
できたら斉唱してみましょう.

○ **astonish** 動 驚かす
[əstάniʃ]

語根de連想
雷の音で気絶する
as + ton + ish
(〜の方へ) (雷) (動詞)

astonishment 名 驚き
astonishing 形 驚くべき

He was astonished at the news of my success.
彼は私の成功の知らせに驚いた.

○ **astound** 動 肝をつぶさせる
※astonishよりも意味が強い
[əstáund]

語根de連想
雷の音で気絶する
as + toun
(〜の方へ) (雷)

The doctors were astounded that the patient survived.
患者が生き延びたことに医師たちは肝をつぶした.

○ **resound** 動 鳴り響く，響き渡る
[rizáund]

語根de連想
再び音がする
re + sound
(再び) (音)

The air resounds with the delightful music of birds.
空には鳥の楽しいさえずりが鳴り響いている.

check1 check2 check3

134 tort＝ねじる

❷ track 59

トーチ

torchは，松脂(まつやに)を浸した布切れを突端に**巻きつけて**燃やす「たいまつ」のこと．

トータス

カメのtortoiseは，「足が**ねじれた**」ように見えることから．

訳語を考えよう！

Q1 dis(離れて)＋tort(ねじる) → See distort

The President has **distorted** facts in order to win the election.

大統領は選挙に勝つために事実を［　　　］た．

hint 事実をねじって引き離したとは？

Q2 re(元に)＋tort(ねじる) → See retort

Her angry **retort** surprised him.

彼女の怒った［　　　］は彼を驚かせた．

hint 彼にねじり返されたものとは？

Q3 ex(外に)＋tort(ねじる) → See extort

The terrorist groups have been **extorting** hundreds of millions of dollars.

テロリスト集団は何億ドルも［　　　］きた．

hint お金をねじり出すとは？

解答：Q1 ねじ曲げ　Q2 口答え　Q3 ゆすり取って

distort
[distɔ́ːrt]

動 ねじる，曲げる，曲解する

distortion 名 ねじれ，歪曲

語根 de 連想: ねじって引き離す ← dis（離れて）＋ tort（ねじる）

You have distorted what I said.
君は僕の言ったことを曲解している。

retort
[ritɔ́ːrt]

動 言い返す
名 口答え，応酬

語根 de 連想: ねじり返す ← re（元に）＋ tort（ねじる）

"That's none of your business," he retorted.
「それは君の知ったことではない」と彼は言い返した。

extort
[ikstɔ́ːrt]

動 ゆすり取る，だまし取る，強要する

extortion 名 強奪，強要

語根 de 連想: ねじり出す ← ex（外に）＋ tort（ねじる）

The gang extorted money from the shop owner.
ギャングが店主からお金をゆすり取った。

torture
[tɔ́ːrtʃər]

名 拷問，苦痛
動 苦しめる，拷問にかける

語根 de 連想: 体をねじること ← tort（ねじる）＋ ure（名詞）

Many of the prisoners have suffered torture.
受刑者の多くが拷問を受けた。

torment
[名 tɔ́ːrment]
[動 tɔːrmént]

名 苦痛，苦悩
動 苦しめる，いじめる

語根 de 連想: ねじること ← tor（ねじる）＋ ment（名詞）

He is tormented with toothache.
彼は歯痛で苦しんでいる。

contort
[kəntɔ́ːrt]

動 ひどくねじる，ひどくゆがめる

contortion 名 ねじれ，ゆがみ

語根 de 連想: 完全にねじる ← con（完全に）＋ tort（ねじる）

His face contorted with anger.
彼の顔は怒りでゆがんだ。

check1 check2 check3

135 ❷ track 60  tract, tra(i) = 引く ①

トラクター
tractorは
引っ張るための作業車.

アトラクション
attractionは客の注意を
引きつける見せ物.

トラック
線が引かれた陸上のtrack.
trackとは「通った跡」のこと.

訳語を考えよう !

Q1 **ab**(～から) + **tract**(引く) → See abstract

He is interested in abstract paintings.
彼は□絵画に興味がある.

hint 具体的なものから引き抜いたとは?

Q2 **con**(共に) + **tract**(引く) → See contract

He had no choice but to sign the contract.
彼は□にサインするよりほかなかった.

hint 互いに引き合うこととは?

Q3 **dis**(離れて) + **tract**(引く) → See distract

The noise distracted me from studying.
騒音で気が□り勉強できなかった.

hint 注意を引き離すとは?

解答：Q1 抽象　Q2 契約　Q3 散

abstract
[形名 ǽbstrækt]
[動 æbstrǽkt]

形 抽象的な，難解な
名 摘要
動 抽出する，抜粋する

語根 de 連想
～から引き出された
ab + tract
(～から) (引く)

abstraction 名 抽象概念

The theory is too abstract for him.
その理論は彼には難解すぎる.

** **contract**
[名 kɑ́ntrækt]
[動 kəntrǽkt]

名 契約
動 ～を契約する，（病気に）かかる

語根 de 連想
互いに引き合うこと
con + tract
(共に) (引く)

Her contract says she has to work 30 hours per week.
彼女の契約では週に30時間働かないといけないことになっている.

---

distract
[distrǽkt]

動 散らす，紛らす

語根 de 連想
引き離す
dis + tract
(離れて) (引く)

distraction 名 注意散漫，精神錯乱

Don't distract me while I'm driving!
運転中は私の気を散らさないで.

** **attract**
[ətrǽkt]

動 引きつける

語根 de 連想
引き寄せる
a(t) + tract
(～の方へ) (引く)

** **attractive** 形 魅力的な
attraction 名 魅力，呼び物

How can we attract more visitors to our website?
どうしたら私たちのウェブサイトにもっと訪問者を引きつけられるだろうか.

---

tract
[trækt]

名 広がり，広い面積，地域

語根 de 連想
線を引いて測った面積
tract
(引く)

He owns a large tract of land south of town.
彼は町の南の方に広大な土地を所有している.

---

detract
[ditrǽkt]

動 減じる，損ねる

語根 de 連想
引き下げる
de + tract
(下に) (引く)

detraction 名 減損，悪口

Her heavy makeup detracts from her good looks.
厚化粧が彼女の美貌を損ねている.

check1 check2 check3

136 tract, tra(i)＝引く ②

❷ track 61

トレース
traceは線を引いて
元の図面を敷き写すこと.

トレーラー
trailerはトラクターなどに
引っ張られる付属車.

トレイン
trainはつながった
車両を引っ張る列車.

訳語を考えよう !

Q1 **ex**(外に)＋**tract**(引く) → See extract

This article is extracted from his new book.
この記事は彼の新しい本からの［　　］である.

hint 本から引き出すとは？

Q2 **sub**(下に)＋**tract**(引く) → See subtract

10 subtracted from 15 is 5.
15［　　］10は5です.

hint 15から10を引き下げるとは？

Q3 **por**(前に)＋**trait**(引く) → See portrait

I had my portrait painted in uniform.
私は制服を着て［　　］を描いてもらった.

hint 描き出されたものとは？

解答：Q1 抜粋　Q2 引く　Q3 肖像画

○ **extract** [動ikstrǽkt] [名ékstrækt]
動 抜粋する，引用する，抜く
名 エキス，抜粋

語根 de 連想: 引き出す ← ex（外に）＋ tract（引く）

extraction 名 引き抜くこと

He had his wisdom teeth extracted.
彼は親知らずを抜いてもらった．

○ **subtract** [səbtrǽkt]
動 引く，減じる

語根 de 連想: 引き下げる ← sub（下に）＋ tract（引く）

subtraction 名 引き算，引くこと

If you subtract 20 from 40, you get 20.
40から20を引けば答えは20．

○ *__portrait__ [pɔ́ːrtrit, pɔ́ːrtreit]
名 肖像（画）

語根 de 連想: 描き出されたもの ← por（前に）＋ trait（引く）

portray 動 肖像画を描く，描く，表現する

Religion was portrayed in a positive way.
宗教は肯定的に描かれていた．

○ **retract** [ritrǽkt]
動 引っ込める，撤回する

語根 de 連想: 引っ込める ← re（後ろに）＋ tract（引く）

retraction 名 引っ込めること，撤回

The turtle retracted its head into its shell.
カメは頭を甲羅に引っ込めた．

○ *__trace__ [treis]
動 たどる，追跡する，さかのぼる
名 跡，形跡

語根 de 連想: 線を引いた跡 ← trace（線を引く）

The police are trying to trace the missing child.
警察は行方不明の子供を追跡しようとしている．

○ **trait** [treit]
名 特色，特徴

語根 de 連想: 線を引いて目立たせる ← trait（線を引く）

Patience is one of his good traits.
辛抱強さは彼の美点の1つである．

check1 check2 check3

137 turb, trouble＝混乱

❷ track 62

ターバン
インド人が，頭にぐるぐると
乱れ巻きしたように見えるturban.

タービン
ぐるぐる回ることで動力を得る
turbineは「原動機」のこと.

訳語を考えよう！

Q1 trouble（混乱）＋some（形容詞） → See troublesome

The plant is regarded as a troublesome weed in rice fields.
その植物は田んぼでは□な雑草と見なされている.

✻hint　混乱を引き起こすとは？

Q2 per（完全に）＋turb（混乱） → See perturb

He looked a little perturbed.
彼はちょっと□ているようだった.

✻hint　完全に混乱している状態とは？

Q3 dis（完全に）＋turb（混乱） → See disturb

Cutting down rainforests disturbs the Earth's balance.
熱帯雨林を伐採すれば地球のバランスを□することになる.

✻hint　地球のバランスを完全に混乱させるとは？

解答：Q1 厄介　Q2 うろたえ　Q3 かき乱

troublesome 形 厄介な，面倒な，骨の折れる
[trʌ́blsəm]

語根de連想 混乱している ← trouble（混乱）＋ some（形容詞）

A divorce is usually troublesome for all concerned.
離婚は普通，すべての関係者にとって厄介である．

---

perturb 動 かき乱す，不安にする，混乱させる
[pərtə́ːrb]

語根de連想 完全に混乱させる ← per（完全に）＋ turb（混乱）

They seemed perturbed at the change of plan.
彼らは計画の変更に混乱しているようだった．

---

disturb 動 かき乱す，迷惑をかける，妨げる，不安にする
[distə́ːrb]

disturbance 名 妨害，不安，騒動

語根de連想 完全に混乱させる ← dis（完全に）＋ turb（混乱）

The police intervened in the disturbance.
警察が騒動に介入した．

---

turbid 形 濁った，不透明な，混乱した
[tə́ːrbid]

語根de連想 混乱した ← turb（混乱）＋ id（形容詞）

A lot of fish inhabit this turbid pond.
この濁った池にはたくさんの魚がいる．

*****trouble** 名 苦労，悩み，困難，もめ事 動 悩ます，迷惑をかける
[trʌ́bl]

語根de連想 混乱した ← trouble（混乱）

These patients have trouble walking.
この患者たちは歩くのが困難である．

---

turbulence 名 大荒れ，動乱，乱気流
[tə́ːrbjuləns]

turbulent 形 荒れ狂う，混乱した，騒々しい

語根de連想 混乱状態 ← turbul（混乱）＋ ence（名詞）

We experienced severe turbulence during the flight.
私たちはフライトの間ひどい乱気流を経験した．

check1 check2 check3

138 turn, torn, tour =回す，回る，向ける，向く

❷ track 63

Uターン
「U」の字に**回って**
U-turnする自動車.

トルネード
大旋風を巻き起こすtornadoは,
スペイン語の雷雨の意味から.

ツアー
tourは，あちこちをみて
回る旅行のこと.

訳語を考えよう！

Q1 de(離れて)＋tour(向ける)

→ See detour

He **detoured** to Boston because of the bad weather.
彼は悪天候のためにボストンに□した.

hint 通常のルートから離れた方へ足を向けるとは？

Q2 a(t)(～の方へ)＋torn(向ける)＋ey(名詞)

→ See attorney

Could you find me an **attorney**?
□を見つけてもらえますか.

hint 助けを求めて足を向ける人とは？

Q3 con(共に)＋tour(回る)

→ See contour

The seat is adjustable to fit the **contours** of your back.
座席はあなたの背中の□に合わせることができる.

hint あなたの背中と一緒に回る椅子とは？

解答：Q1 迂回　Q2 弁護士　Q3 外形

detour
[dí:tuər]

名 迂回，回り道
動 迂回する

語根de連想
離れて回る
de + tour
(離れて) (向ける)

We took a detour to avoid the road construction.
私たちは道路工事を避けるために迂回をした.

attorney
[ətə́:rni]

名 弁護士，法定代理人

語根de連想
頼りになる
~の方に向く
a(t) + torn + ey
(~の方へ) (向ける) (名詞)

The attorneys for the company were present in court.
会社の弁護士たちが出廷していた.

contour
[kɑ́ntuər]

名 輪郭，外形

語根de連想
一緒に回る
con + tour
(共に) (回る)

He studied the contours of her face.
彼は彼女の顔の輪郭を観察した.

*** turn
[tə:rn]

動 回す，回る，向ける，向く，曲げる，曲がる
名 回転，曲がり角，順番

語根de連想
回す

It's my turn to drive.
今度は私が運転する番です.

*** return
[ritə́:rn]

動 戻る，戻す，帰る，返す

語根de連想
元の場所に向く
re + turn
(元に) (向く)

He returned from work to find his house empty.
彼が会社から戻ると家には誰もいなかった.

** tour
[tuər]

名 (周遊)旅行，見学，巡業
動 旅行する，見学する

** tourist 名 旅行者

語根de連想
一周する
tour
(回る)

They went to Italy on a coach tour.
彼らはバス旅行でイタリアに行った.

check1 check2 check3

139 vac, vast, va＝空の

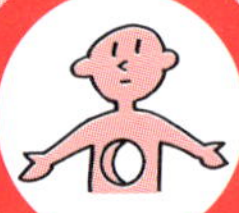

❷ track 64

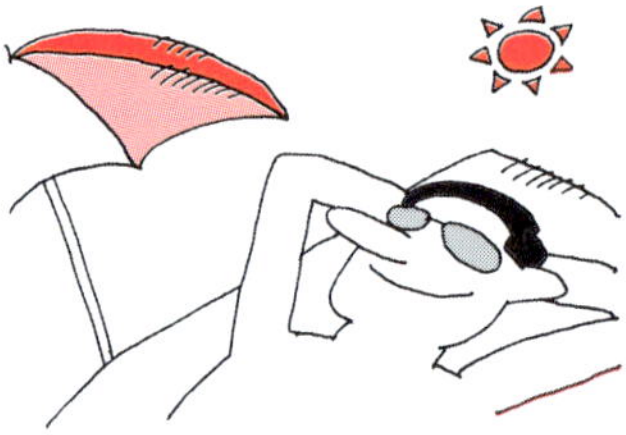

バケーション
vacation は**何もしないで**のんびりすること.

バキュームカー
真空状態で汚水を吸い取るvacuum car.

Back to Roots

wan(t), wastにも「空の」という意味があります. 空の状態にするまで「浪費する」のは**waste**. 月が空の状態になる, つまり,「(月が)欠ける」のは**wane**. お腹の中が空の状態で, 食べ物を「欲する」のが**want**です. また, **want**には「欠乏・不足」という意味の名詞もあります.

訳語を考えよう！

Q1 **vac**(空の)＋**ant**(形容詞) → See vacant

These three seats are vacant.
この3つの席は□ている.

hint 誰もいない状態とは？

Q2 **e(x)**(外に)＋**vac**(空の)＋**ate**(動詞) → See evacuate

Locals were told to evacuate.
地元民は□するように言われた.

hint 外に出して空にするとは？

Q3 **vast**(空の) → See vast

A vast tract of land is ready for the development.
□な面積の土地が開発用に準備されている.

hint 見渡す限り草以外に何もない様子を形容すると？

解答：Q1 空い　Q2 避難　Q3 広大

vacant [véik(ə)nt]　形 空いている，空席の

語根 de 連想　vac（空の）＋ ant（形容詞）→ 誰もいない

vacancy　名 空室，空席

There are three vacant apartments in this building.
このビルには空きアパートが3部屋ある。

---

evacuate [ivǽkjuèit]　動 避難させる［する］

語根 de 連想　e(x)（外に）＋ vac（空の）＋ ate（動詞）→ 外に出して空にする

evacuation　名 避難

We were evacuated from the war zone to the countryside.
私たちは戦闘地域から田舎に疎開させられた。

---

vast [væst]　形 広大な，ものすごい，膨大な

語根 de 連想　vast（空の）→ 何もないほど広い

A vast audience watched the broadcast.
ものすごい数の視聴者がその放送を見た。

---

vacuum [vǽkju(ə)m]　名 真空（状態），空白，穴，掃除機　動 電気掃除機をかける

語根 de 連想　vac（空の）＋ um（場所）→ 空気がないところ

My mother gave the room a quick vacuum.
母は部屋にざっと掃除機をかけた。

---

devastate [dévəstèit]　動 荒廃させる

語根 de 連想　de（完全に）＋ vast（空の）＋ ate（動詞）→ まったく何もない状態にする

The village was devastated by a hurricane in 2005.
その村は2005年のハリケーンで荒廃した。

---

vain [vein]　形 無駄な，無益な，むなしい，虚栄心の強い

語根 de 連想　vain（空の）→ 何もない → 実質のない

vanity　名 空虚，むなしさ，うぬぼれ

She is a vainest woman I know.
彼女は私が知っている中でとても虚栄心の強い女性だ。

check1　check2　check3

140 vest, veil, vel =覆う, 包む, 着せる

❷ track 65

ベスト
vestは服の上を**覆う**
袖のない胴着.

ベール
veilは女性が顔を**覆う**薄い布.
動詞としては「覆う・隠す」の意味があり,
その反意語のunveilは
「明らかにする・発表する」.

Back to Roots

「クモの巣」を意味する**cobweb**や**web**も同根ですが, クモの巣のように, 糸を「織る」とか「編む」を表すのは**weave**です.

訳語を考えよう !

Q1 **in**(中に) + **vest**(覆い) → See invest

It would be hazardous to invest so much.
そんなに□したら危険でしょう.

*hint 企業に服を着せるとは?

Q2 **di**(離れて) + **vest**(覆い) → See divest

The company divested itself of some of its assets.
その会社は資産のいくつかを□.

*hint 服をはがすとは?

Q3 **un**(〜でない) + **veil**(覆い) → See unveil

They unveiled their new models at the Motor Show.
モーターショーで新しい型を□した.

*hint 新型の覆いをはがすとは?

解答 : **Q1** 投資 **Q2** 投げ出した **Q3** 公表

○ *invest [invést] 動 与える，投資する

語根 de 連想: 中に服を着せる ← in ＋ vest (中に) (覆い)

*investment 名 投資

He invested all his money in stocks.
彼は株に持ち金すべてを投資した.

○ divest [daivést] 動 はぎ取る，奪う，捨てる，脱ぐ (divest oneself)

語根 de 連想: 服をはがす ← di ＋ vest (離れて) (覆い)

He divested himself of anything valuable.
彼は高価なものはすべて投げ出した.

○ unveil [ʌnvéil] 動 ベールを取る，公にする

語根 de 連想: 覆いをはがす ← un ＋ veil (〜でない) (覆い)

The governor unveiled his plans to build a new stadium.
知事は新しい球場の建設計画を公開した.

○ **reveal [rivíːl] 動 暴露する，明らかにする

語根 de 連想: 覆った状態を元に戻す ← re ＋ veal (元に) (覆い)

revelation 名 暴露

He revealed the secret to me.
彼はその秘密を私に暴露した.

○ ***develop [divéləp] 動 開発する，発達させる

語根 de 連想: 包んだ状態を解く ← de ＋ velop (離れて) (覆い, 包み)

***development 名 開発，発達
*developing 形 開発途上の

Chicago developed into a big city in the late 1800s.
シカゴは1800年代の後半に大都市に成長した.

○ *envelope [énvəlòup, ɑ́ːnvəlòup] 名 封筒

語根 de 連想: 中に包む ← en ＋ velop (中に) (覆い, 包み)

envelop 動 包む，覆う

She tore open the envelope.
彼女は封筒を破って開けた.

check1 check2 check3

語源de腕試し 7

1 次の単語の意味を下の語群から選びましょう.

1. assessment (　　)　2. term (　　)　3. terrace (　　)　4. interest (　　)
5. torment (　　)　6. strait (　　)　7. turbulence (　　)　8. contour (　　)
9. industry (　　)　10. tactics (　　)

ア 苦境　イ 乱気流　ウ 輪郭　エ 戦術　オ 学期
カ 台地　キ 利害　ク 苦悩　ケ 産業　コ 査定

2 次の英文の(　　)内の単語を完成させましょう.

①The corporation (recon□□□□□□ed) five divisions into two.
その企業は5つの部局を2つに再編した.

②It's quite necessary to (in□□□□□□) children in road safety.
子供たちに交通安全を教える必要が大いにある.

③Spending on books must be (cur□□□□ed).
本の出費を切りつめなければならない.

④She (ob□□□□ed) the property with a bank loan.
彼女は銀行のローンで不動産を得た.

⑤The River Nile (ex□□□□s) as far as Lake Victoria.
ナイル川はビクトリア湖まで延びている.

⑥The children (pre□□□□ed) that they were astronauts.
子供たちは宇宙飛行士のふりをした.

⑦Have a rest before you (con□□□□□) driving.
運転を続ける前に休憩を取りなさい.

⑧He was (as□□□□□□ed) at the news of my success.
彼は私の成功の知らせに驚いた.

⑨Don't (dis□□□□□) me while I'm driving!
運転中は私の気を散らさないで.

⑩If you (sub□□□□□) 20 from 40, you get 20.
40から20を引けば答えは20.

解答

1　1. コ　2. オ　3. カ　4. キ　5. ク　6. ア　7. イ　8. ウ　9. ケ　10. エ

2　①(recon)struct(ed)　②(in)struct　③(cur)tail(ed)　④(ob)tain(ed)　⑤(ex)tend(s)
⑥(pre)tend(ed)　⑦(con)tinue　⑧(as)tonish(ed)　⑨(dis)tract　⑩(sub)tract

3 次の単語の意味を下の語群から選びましょう.

1. retail (　　)　2. detention (　　)　3. tendency (　　)
4. pretense (　　)　5. content (　　)　6. contract (　　)
7. trait (　　)　8. envelope (　　)　9. vacancy (　　)　10. extent (　　)

ア 契約　イ 中身　ウ 封筒　エ 拘留　オ 小売り
カ 見せかけ　キ 傾向　ク 空席　ケ 範囲　コ 特色

4 次の①～⑩の(　　)に入る単語を下の語群から選びましょう.

①Chicken pox is a highly (　　) disease.
水ぼうそうは伝染性の強い病気である.

②Japan has very (　　) laws against drugs and guns.
日本には麻薬と銃に対してとても厳しい法律がある.

③This dance is designated as an (　　) cultural property.
この踊りは無形文化財に指定されている.

④The doctor informed me that my father had (　　) cancer.
医師は父が末期ガンであることを私に告知した.

⑤London has 9 miles of (　　) passages.
ロンドンには9マイルの地下通路がある.

⑥A divorce is usually (　　) for all concerned.
離婚は普通, すべての関係者にとって厄介である.

⑦She is just a (　　), foolish woman.
彼女は単に虚栄心の強いばかな女だ.

⑧I had to set about (　　) work as usual.
私はいつものように単調な仕事を始めなければならなかった.

⑨They asked me a lot of very (　　) questions.
彼らは私に非常に適切な質問をたくさんした.

⑩Try to make your answers clear and (　　).
答えを明確かつ簡潔にするように心がけなさい.

ア pertinent　イ subterranean　ウ vain　エ troublesome　オ contagious
カ strict　キ intangible　ク monotonous　ケ concise　コ terminal

解答

3　1. オ　2. エ　3. キ　4. カ　5. イ　6. ア　7. コ　8. ウ　9. ク　10. ケ
4　①オ　②カ　③キ　④コ　⑤イ　⑥エ　⑦ウ　⑧ク　⑨ア　⑩ケ

141 ❷ track 66

verse =回す，回る，向ける，向く ①

バーサス
巨人VS.(versus)阪神．
versusはお互いが
向かい合った状態．

リバーシブル
reversibleは
[re(後ろに)＋verse(向ける)＋ible(できる)]から，
「裏返しのきく」の意味に．

Back to Roots
ソフトウエアの改訂段階などを示すバージョン(**version**)は，別の言葉や形式に“回された”ものから「翻訳(されたもの)」「(…)版」という意味になりました．

訳語を考えよう！

Q1 **con**(共に)＋**verse**(向く) → See converse

Bill sat directly behind the pilot and conversed with him.
ビルはパイロットのすぐ後ろに座り彼と□をした．

hint お互いに向かい合ってすることとは？

Q2 **di**(離れて)＋**verse**(向く) → See diverse

New York City has a diverse population.
ニューヨーク市は□な人口を抱えている．

hint それぞれが離れた方向に向いているとは？

Q3 **contro**(反対に)＋**verse**(向く)＋**y**(名詞) → See controversy

The abortion issue is one of the nation's greatest controversies.
中絶の問題は国のもっとも大きな□の1つである．

hint ある意見に対して反対側に向くこととは？

解答：Q1 会話　Q2 多様　Q3 論争

converse [kənvə́ːrs] 動 会話する

conversation 名 会話

語根de連想: お互いに向かい合ってする ← con（共に）＋ verse（向く）

We had a conversation with her on the future.
私たちは将来について彼女と話し合った.

---

diverse [divə́ːrs] 形 多様な，異なった

diversity 名 差異，相違点

diversify 動 多様化する，分散させる

語根de連想: それぞれが離れた方向に向いている ← di（離れて）＋ verse（向く）

We need to diversify the economy.
私たちは経済を多様化しなければならない.

---

controversy [kántrəvə̀ːrsi] 名 論争，議論

controversial 形 議論の余地がある

語根de連想: 反対側に向くこと ← contro（反対に）＋ verse（向く）＋ y（名詞）

The proposal is beyond controversy.
その提案は議論するまでもない.

---

verse [vəːrs] 名 韻文，詩歌

語根de連想: 次の行に回す ← verse（回す）

His works are written in verse.
彼の作品は韻文で書かれている.

---

versed [vəːrst] 形 精通した，熟達した

語根de連想: （うまく）回っている ← verse（回す）＋ d（形容詞）

He is well versed in economics.
彼は経済学に精通している.

***reverse** [rivə́ːrs] 動 裏返す，反対にする 名 裏返し，反対 形 逆の，反対の

reversible 形 裏返しても使える

語根de連想: 反対に回す ← re（後ろに）＋ verse（向ける）

This coat can be reversed.
このコートは裏返しでも着られる.

check1 check2 check3

142 verse =回す, 回る, 向ける, 向く ②

❷ track 67

ユニバース
universeは
[uni(1つに)+verse(回る)]こと.
つまり, 太陽を中心に**回る**宇宙,
自転している地球=「全世界」のこと.

ユニバーシティー
universityは, 教授が一方的に
講義をする場ではなく,
学生と教授が一体となり,
同じ方向を**向いて**学ぶところ.

訳語を考えよう !

Q1 **di**(離れて)+**vorce**(向ける) → See **divorce**

The divorce ultimately led to his ruin.
□したことで彼は最終的にだめになった.

hint 夫婦が離れた方に向くこととは?

Q2 **vers**(向ける)+**ile**(形容詞) → See **versatile**

Iron is a versatile material.
鉄は□の広い材料である.

hint どこへでも向くとは?

Q3 **ad**(~の方へ)+**vers**(向く)+**ary**(名詞) → See **adversary**

He saw her as his adversary within the company.
彼は彼女を会社内の□と見なしていた.

hint 向かい合っている人とは?

解答: **Q1** 離婚 **Q2** 用途 **Q3** 敵

divorce
[divɔ́ːrs]

名 離婚，分離
動 離婚させる，離婚する

語根 de 連想
夫婦が離れた方に向くこと
di（離れて） + vorce（向ける）

The marriage ended in divorce in 2014.
その結婚は2014年に離婚で終わった.

versatile
[vɚ́ːrsətl]

形 用途の広い，多芸の

語根 de 連想
どこへでも向く
vers（向ける） + ile（形容詞）

Few foods are as versatile as cheese.
チーズほど用途の広い食料はほとんどない.

adversary
[ǽdvərsèri]

名 敵，対抗者

語根 de 連想
向かい合っている人
ad（～の方へ） + vers（向く） + ary（名詞）

They are adversaries in the election.
彼らは選挙では敵対者である.

adverse
[ædvɚ́ːrs]

形 反対の，有害な

adversity 名 不運，不幸

語根 de 連想
向かい合っている
ad（～の方へ） + vers（向く）

Modern farming methods can have an adverse effect on the environment.
現代の農業の方法は環境に有害な影響を与える可能性がある.

averse
[əvɚ́ːrs]

形 嫌って

語根 de 連想
向かい合っている
a(d)（～の方へ） + verse（向く）

He is averse to spending a lot of money.
彼はお金をたくさん使うことをひどく嫌っている.

traverse
[trəvɚ́ːrs]

動 横切る，越える

語根 de 連想
向こうに越える
tra(ns)（越えて） + verse（向く）

Moving sidewalks traverse the airport.
動く歩道が空港を横切っている.

143 vert =回す，回る，向ける，向く

② track 68

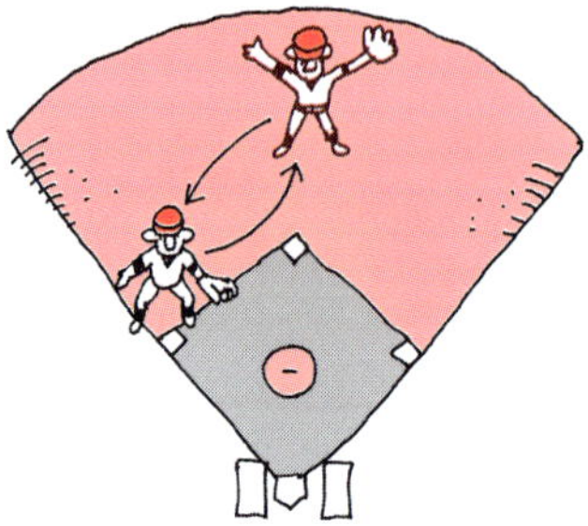

コンバート

外野手を三塁手に
convertするということは
[con(共に)＋vert(回る)]で，
「**転換する・替える**」の意味.

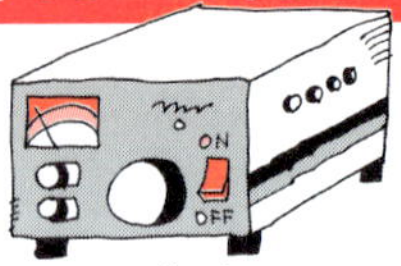

コンバーター

converterは交流電流を
直流電流に**変換する**装置.

インバーター

inverterは，直流電流を
交流電流に**変換する**装置.
invert [in(中に)＋vert(向ける)]は
「逆さにする・反対にする」の意味.

Back to Roots

その他の語も覚えましょう．**revert**は[re (後ろに)＋vert (向く)] で「戻る・再発する・復帰する」．**pervert**は[per(完全に)＋vert(向く)]で，完全に悪い方に"向ける"ことから「堕落させる」．**subvert**は [sub (下に)＋vert (向く)] から「転覆させる」の意味になりました．

訳語を考えよう！

Q1 **extro**(外に)＋**vert**(向く) → *See* **extrovert**

He is a real extrovert.
彼は本当に［　　］な人です．

hint 気持ちが外に向いている人とは？

Q2 **intro**(中に)＋**vert**(向く) → *See* **introvert**

He is an introvert who hates going to parties.
彼はパーティーに行くのを嫌がる［　　］な人です．

hint 気持ちが中に向いている人とは？

Q3 **di**(離れて)＋**vert**(向く) → *See* **divert**

The war diverted people's attention away from the economic situation.
その戦争は経済状況から人々の注意を［　　］．

hint 注意を脇に向けるとは？

解答：**Q1** 社交的　**Q2** 内向的　**Q3** そらした

extrovert [ékstrəvə̀ːrt]
名 社交的な人
形 社交的な

語根 de 連想: 外に向けられた
extro (外に) + vert (向く)

Most actors are natural extroverts.
役者はたいてい，根っからの社交人である．

---

introvert [íntrəvə̀ːrt]
名 内向的な人
形 内向的な

語根 de 連想: 中に向けられた
intro (中に) + vert (向く)

I used to be an introvert. But now I'm outgoing.
私は以前は内向的だったが，今では社交的だ．

---

divert [divə́ːrt]
動 そらす，気を晴らさせる

diversion 名 脇にそらすこと，気晴らし

語根 de 連想: 離れた方に向ける
di (離れて) + vert (向く)

The mother diverted her daughter with a game.
母親はゲームをして娘の気を晴らさせた．

---

avert [əvə́ːrt]
動 そらす，避ける

語根 de 連想: 離れた方に向ける
a(b) (～から離れて) + vert (向ける)

He averted his glance from the scene.
彼はその場面から目をそらした．

---

advertise [ǽdvərtàiz]
動 広告する，宣伝する

advertisement 名 広告，宣伝

語根 de 連想: 注意を向ける
ad (～の方へ) + vert (向ける) + ise (動詞)

He advertises his business on the Internet.
彼はネットで事業の広告を出している．

---

vertical [və́ːrtikəl]
形 垂直の，縦の

語根 de 連想: 直角に向く
vert (向く) + ical (形容詞)

The cliff is almost vertical.
絶壁はほぼ垂直である．

check1 check2 check3

144 via, voy＝道, 進む

❷ track 69

トリビア
triviaは役に立たないムダ知識のこと.
trivialは[tri(3つ)＋via(道)＋al(形容詞)]から,
三叉路→人がたくさん集まる→
「つまらない, ありふれた」の意味に.

ベルト・コンベヤー
conveyer beltは
ベルトに乗せた物を先へ進ませる装置.
convey[con(共に)＋vey(道を進む)]
から「運ぶ・伝える」の意味に.

ボン・ボヤージュ
船旅に出る人に言う挨拶
"Bon voyage!(よい航海を)".
voyageは船の道ということから
「航海」という意味に.

訳語を考えよう !

Q1 **de**(離れて)＋**vi**(道)＋**ate**(動詞) →See deviate

Don't deviate from your original plan.
最初の計画から［　　　］はいけません.

hint　道から離れるとは?

Q2 **ob**(反して)＋**vi**(道)＋**ous**(形容詞) →See obvious

There's no obvious solution to the problem.
その問題には［　　］な解答はない.

hint　道のじゃまになる→誰の目にもはっきりしているとは?

Q3 **con**(共に)＋**voy**(道) →See convoy

We passed a convoy of trucks on the way.
私たちは途中で［　　］トラックとすれ違った.

hint　一緒についてくるトラックとは?

解答：Q1 逸脱して　Q2 明白　Q3 護送

○ **deviate** [díːvièit] 動 それる，逸脱する

語根 de 連想: 道から離れる ← de（離れて）+ vi（道）+ ate（動詞）

deviation 名 逸脱

devious 形 ひねくれた，回りくどい，遠回りの

He took the rather devious route which avoids the city center.
彼は都市の中心を避けるためにかなり遠回りの道を通った.

○ ** **obvious** [ábviəs] 形 明白な，明らかな

語根 de 連想: 道のじゃまになる ← ob（反して）+ vi（道）+ ous（形容詞）

It's obvious that Ken is in love with Mary.
ケンがメアリーに恋しているのは明らかだ.

○ **convoy** [kánvɔi] 名 護送(隊) 動 護送する

語根 de 連想: 道を共にする ← con（共に）+ voy（道）

They sent a convoy of trucks containing supplies to the famine area.
物資の入った護送トラックが飢餓の地域に派遣された.

○ * **via** [váiə, víːə] 前 ～経由で

語根 de 連想: 道を通って ← via（道）

The speech was broadcast via a satellite link.
演説は衛星接続経由で放送された.

○ ** **previous** [príːviəs] 形 以前の，前の

語根 de 連想: 前に通った ← pre（前に）+ vi（道）+ ous（形容詞）

This year's profits will balance our previous losses.
今年の利益は前の年の損失を埋め合わせるでしょう.

○ **envoy** [énvɔi] 名 公使，外交使節

語根 de 連想: 外国に通じる道の中に ← en（中に）+ voy（道）

The President sent a special envoy to the trade talks.
大統領は貿易会談に特使を送った.

145 vis(e)＝見る

❷ track 70

ビジュアル系

見た目が派手なvisual系のミュージシャン．
visualは「視覚の」．
名詞形のvisionは**見る力**，
つまり「視力」「洞察力」のこと．

テレビ

televisionは
［tele（遠く）＋vis（見る）＋ion（名詞）］．
つまり，遠くのものを**見る**装置．

アドバイス

自分の**見解**を
人に与えるものがadvice．

訳語を考えよう！

Q1 **re**（再び）＋**vise**（見る） → See revise

The government **revised** the prediction upwards.
政府はその予想を上方□した．

hint 予想を再び見るとは？

Q2 **im**（～でない）＋**pro**（前に）＋**vise**（見る） → See improvise

He forgot to bring his notes, so he had to **improvise**.
彼は楽譜を持って来るのを忘れたので□しなければならなかった．

hint 前もって楽譜を見ないで演奏するとは？

Q3 **super**（上）＋**vise**（見る） → See supervise

His job is to **supervise** assistant language teachers.
彼の仕事はALT（外国語指導助手）の□をすることである．

hint ALTを上から見ているとは？

解答：Q1 修正　Q2 即興で演奏　Q3 監督

revise
[riváiz]
動 見直す，修正する，校正する，改訂する

語根 de 連想
見直す
re + vise
(再び) (見る)

revision 名 見直し，修正，校正，改訂

The writer revised his book many times.
作者は何度も本の校正をした．

improvise
[ímprəvàiz]
動 (詩や曲などを)即興で作る[歌う，演奏する]，間に合わせで作る

語根 de 連想
前もって楽譜を見ないで演奏する
im + pro + vise
(〜でない) (前に) (見る)

improvisation 名 即興，即興詩[曲，演奏]

You can't play jazz unless you can improvise.
即興演奏できなければジャズを演奏することはできない．

supervise
[s(j)úːpərvàiz]
動 監督する，管理する

語根 de 連想
上から見る
super + vise
(上) (見る)

supervision 名 監督，管理，指示
supervisor 名 監督者，管理者

He's got a full-time job as a supervisor of the factory.
彼は工場の監督者としての常勤の仕事を見つけた．

*visible
[vízəbl]
形 目に見える

語根 de 連想
見ることができる
vis + ible
(見る) (〜できる)

visibility 名 視界，透明度
invisible 形 目に見えない

The ship was still visible to us.
その船はまだ見えた．

vista
[vístə]
名 眺め，展望

語根 de 連想
イタリア語の「見る」から

We should open up a new vista of the future.
私たちは未来への新しい展望を切り開くべきである．

**advise
[ədváiz]
動 忠告する，助言する

語根 de 連想
相手の立場になって見る
相手の方を見る
ad + vise
(〜の方へ) (見る)

***advice** 名 忠告，助言
advisory 形 助言を与える，顧問の

The doctor advised me not to smoke any more.
医師はもうタバコは吸わないようにと私に忠告した．

146 ❷ track 71  view, v(e)y=見る

パブリック・ビューイング
public viewingは,
大勢で**見られる**ように,
大型スクリーンでスポーツ・音楽・
演劇などを一般公開する催し.

オーシャン・ビュー
ホテルのocean viewの部屋とは,
海が**見える**部屋のこと.
viewは「景色・風景・視野・
見方・意見」の意味.

インタビュー
interviewは,
報道媒体が間に入って
お互いを**見られる**ようになることから
「面会・面接・会見」の意味に.

訳語を考えよう！

Q1 **en**(上を) + **vy**(見る) → See envy

I **envy** you having such a pretty wife.
そんなにかわいい奥さんをお持ちで［　　　　］です.

hint 相手を自分より上に見るとは？

Q2 **sur**(上に) + **vey**(見る) → See survey

They **surveyed** voters at the polling stations.
彼らは投票所で出口［　　］をした.

hint 上から見るとは？

Q3 **re**(再び) + **view**(見る) → See review

The report **reviewed** the link between passive smoking and heart disease.
報告書は受動喫煙と心臓疾患の関連を［　　］した.

hint 再び見るとは？

解答：Q1 うらやましい　Q2 調査　Q3 再調査

envy
[énvi]

動 うらやましく思う
名 ねたみ，羨望(の的)

envious

形 うらやんで，ねたんで

語根 de 連想
相手を自分より上に見る
en + vy
(上を) (見る)

She is always envious of my success.
彼女はいつも私の成功をねたんでいる.

survey
[動 sərvéi]
[名 sə́ːrvei]

動 ざっと見渡す，概観する，調査する
名 概観，調査

語根 de 連想
上から見る
sur + vey
(上に) (見る)

The survey showed that the majority of people are in favor of the law.
大多数の人がその法律を支持していることが調査の結果わかった.

review
[rivjúː]

動 再調査する，復習する
名 再調査，復習，批評

語根 de 連想
もう一度見る(こと)
re + view
(再び) (見る)

The movie got good reviews.
その映画は好評を博した.

viewpoint
[vjúːpɔ̀int]

名 立場，見地，観点

語根 de 連想
ある物が見える地点
view + point
(見る) (点)

An increase in salary is good from the viewpoint of employees.
昇給は従業員の立場から見ればいいことだ.

preview
[príːvjùː]

動 試写[試演]を見る[見せる]
名 下見，試写会，試演会，予告編

語根 de 連想
前もって見る(こと)
pre + view
(前に) (見る)

He has gone to see the preview of a play.
彼は劇の試演会を見に行った.

surveillance
[səːrvéiləns]

名 監視，監督

語根 de 連想
上から見ること
sur + vei + ance
(上に) (見る) (名詞)

The police are keeping the suspects under constant surveillance.
警察は容疑者たちを常に監視している.

147 viv＝生きる，生命

❷ track 72

ビタミン剤
生命にはアミノ酸が含まれていると
考えられていたことから
vitamin[vi(生きる)＋amine(アミノ酸)]と呼ばれる.

バイタリティー
vitality(生命力)に
あふれる熱血教師.

サバイバル
困難や競争に
生き残ることがsurvival.

リバイバル
古い映画にもう一度生命を
吹き込むrevival上映.

訳語を考えよう！

Q1 **sur**(越えて)＋**viv**(生きる) → See survive

Three passengers survived the plane crash.
その飛行機の墜落事故で3人の乗客が［　　　］.

hint 困難を乗り越えて生きるとは？

Q2 **vi**(生命)＋**al**(形容詞) → See vital

Calcium is vital to healthy bones.
カルシウムは健康な骨には［　　　］である.

hint 生命に関わるほどのとは？

Q3 **viv**(生きる)＋**id**(形容詞) → See vivid

Keiko is a woman with a vivid imagination.
ケイコは［　　　］とした想像力を持った女性である.

hint 生命にあふれた想像力とは？

解答：**Q1** 生き残った　**Q2** 不可欠　**Q3** 生き生き

survive [sərváiv] 動 生き残る

語根de連想: 困難を乗り越えて生きる ← sur（越えて）＋ viv（生きる）

survival 名 生き残り，生存(者)

He decided to fight for his political survival.
彼は政治生命をかけて戦うことを決心した.

vital [váitl] 形 不可欠な，絶対に必要な，重大な

語根de連想: 生命に関わるほどの ← vi（生命）＋ al（形容詞）

vitally 副 絶対に

Education is vitally important for this country's future.
この国の将来には教育が絶対に大切である.

vivid [vívid] 形 生き生きとした，鮮明な

語根de連想: 生命にあふれた ← viv（生きる）＋ id（形容詞）

Her memory of the accident is still vivid.
その事故はいまだに彼女の記憶に鮮明に残っている.

revive [riváiv] 動 生き返る，生き返らせる，回復する[させる]

語根de連想: 生き返る ← re（再び）＋ viv（生きる）

revival 名 復活，回復，再上映[演]

The film industry has revived.
映画産業が復活した.

vivacious [vivéiʃəs, vaivéiʃəs] 形 快活な，はつらつとした，陽気な

語根de連想: 生命に満ちあふれた ← viv（生きる）＋ ous（満ちた）

vivacity 名 快活，陽気

His mother is over 80 years old and is still vivacious.
彼の母親は80歳を越えているがまだはつらつとしている.

vigorous [víg(ə)rəs] 形 元気のある，力強い

語根de連想: 活力のある ← vigor（活力）＋ ous（形容詞）

vigor 名 精力，活力

invigorate 動 元気づける

My grandfather is still vigorous and living in London.
私の祖父はまだ元気でロンドンに住んでいる.

check1 check2 check3

148 vent, ven(e)=来る

❷ track 73

コンビニ

convenience storeの略.
convenienceは
[con(共に)+ven(来る)+ence(名詞)],
つまり,「自分にいつも**ついてくる**こと」から
「便利・好都合」の意味に.
形容詞はconvenient(便利な・好都合な),
その反意語はinconvenient(不便な).

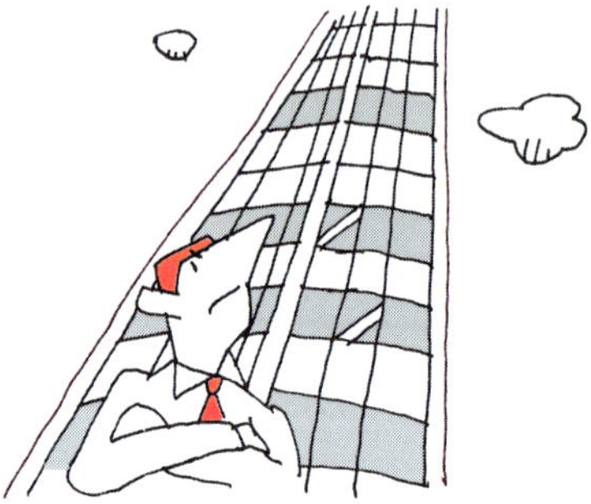

ベンチャー

ventureは
「目の前に**やって来る**」から,
「冒険・投機的事業」
「危険にさらす・思い切って〜する」
の意味に.

訳語を考えよう!

Q1 **pre**(前に)+**vent**(来る) → See **prevent**

The traffic jam **prevented** him from arriving there on time.
交通渋滞のために彼は時間通りにそこに到着[　　　　].

hint 人の前に立ちはだかるとは?

Q2 **in**(上に)+**vent**(来る) → See **invent**

Thomas Edison **invented** the light bulb in 1879.
トーマス・エジソンは1879年に電球を[　　]した.

hint 電球がエジソンの頭にやってきたとは?

Q3 **in**(中に)+**vent**(来る)+**ory**(場所) → See **inventory**

Some of the things in the shop were not listed in the **inventory**.
その店の商品の中には[　　　　]に載っていないものがあった.

hint 倉庫の中に入ってくるものとは?

解答:**Q1** できなかった　**Q2** 発明　**Q3** 商品目録

○ ***prevent　動 妨げる，防止する
[privént]

語根 de 連想：人の前に立ちはだかる ↑ pre + vent（前に）（来る）

prevention　名 予防(策)，防止
preventive　形 予防の　名 予防策

To prevent injuries you should always stretch before exercising.
怪我の予防のためには運動前に必ずストレッチをするべきだ.

○ *invent　動 発明する，でっち上げる
[invént]

語根 de 連想：思いつく ↑ ひらめく ↑ 頭にやってくる ↑ in + vent（上に）（来る）

inventive　形 発明の才のある
invention　名 発明

Necessity is the mother of invention.
必要は発明の母である.

○ inventory　名 在庫品，商品目録，棚卸し
[ínvəntɔ̀:ri]

語根 de 連想：倉庫の中に入る ↑ in + vent + ory（中に）（来る）（場所）

We had to draw up an inventory of articles by next Monday.
私たちは商品の棚卸し表を次の月曜までに作らなければならなかった.

○ advent　名（重要な人・事件の）出現・到来
[ǽdvent]
[the Adventで]キリストの降臨

語根 de 連想：こっちの方へやってくる ↑ ad + vent（～の方へ）（来る）

The advent of the computer caused a lot of changes in our daily lives.
コンピュータの出現は私たちの日常生活にたくさんの変化をもたらした.

○ venue　名 開催地，会場，裁判地
[vénjuː]

語根 de 連想：サーカス・楽団・選手団などがやってくること

The concert is to be held on Saturday but the venue has been changed.
コンサートは土曜日に行われる予定だが会場は変更された.

○ eventual　形 最終の，終局の
[ivéntʃuəl]

語根 de 連想：結果として外に出てきた ↑ e + vent + al（外に）（来る）（形容詞）

**eventually　副 結局
***event　名 出来事

The village school may face eventual closure.
村の学校は最終的に閉校に直面するでしょう.

check1 check2 check3

149 voc, vow, voke＝声, 呼ぶ

❷ track 74

ボイス・レコーダー
voice recorderは旅客機の
操縦席内の声を録音する装置.

ボキャブラリー
vocabularyは「声に出したもの」から
「語彙・単語集」の意味に.

訳語を考えよう！

Q1 **re**(後ろに)＋**voke**(声・呼ぶ) → See revoke

His license was revoked for selling alcohol to minors.
彼のライセンスは未成年者にアルコールを売ったことで[　　　　].

hint 取った免許を後ろに戻すとは？

Q2 **in**(上に)＋**voke**(声・呼ぶ) → See invoke

The UN decided to invoke economic sanctions.
国連は経済制裁を[　　]することに決定した.

hint 経済制裁を上に向かって叫ぶとは？

Q3 **e**(外に)＋**voke**(声・呼ぶ) → See evoke

The photo always evokes memories of my youth.
その写真を見るといつも私の青春時代を[　　　].

hint 青春時代を呼び起こすとは？

解答：Q1 取り消された　Q2 実施　Q3 思い出す

revoke [rivóuk] 動 取り消す，無効にする

語根de連想: 後ろにやれと言う　re（後ろに）＋ voke（声・呼ぶ）

revocation 名 取り消し，廃止

irrevocable 形 取り消しできない

Her decision was immediate and irrevocable.
彼女は即座に決心し，それは取り消せなかった.

---

invoke [invóuk] 動 呼びかける，嘆願する，実施する，思い起こす

語根de連想: 上に向かって呼ぶ　in（上に）＋ voke（声・呼ぶ）

invocation 名 祈願，嘆願，実施

Her name is often invoked as a symbol of the revolution.
彼女の名前はその革命の象徴として，しばしば思い起こされる.

---

evoke [ivóuk] 動 引き起こす，呼び起こす，呼び出す

語根de連想: 呼び出す　e（外に）＋ voke（声・呼ぶ）

evocation 名 誘発，喚起

evocative 形 呼び起こす，思い出させる

The air was full of evocative smells of flowers.
空気は花を思い起こさせる香りに満ちていた.

---

provoke [prəvóuk] 動 怒らせる，引き起こす，駆り立てる

語根de連想: 前に呼び出す　pro（前に）＋ voke（声・呼ぶ）

provocation 名 挑発，怒らせること

provocative 形 挑発的な，怒らせる

I provoked her by saying she is fat.
私は彼女が太っていると言って怒らせてしまった.

---

convoke [kənvóuk] 動 招集する

語根de連想: 一緒に呼ぶ　con（共に）＋ voke（声・呼ぶ）

convocation 名 招集，議会

A conference was convoked to discuss the situation.
事態について討論するために会議が招集された.

---

vowel [váuəl] 名 母音，［形容詞的に］母音の

語根de連想: 声の　vow（声・呼ぶ）＋ el（形容詞）

Each language has a different vowel system.
どんな言語にもそれぞれに異なった母音体系がある.

check1 check2 check3

150 vol＝回る, 転がる, 巻く

❷ track 75

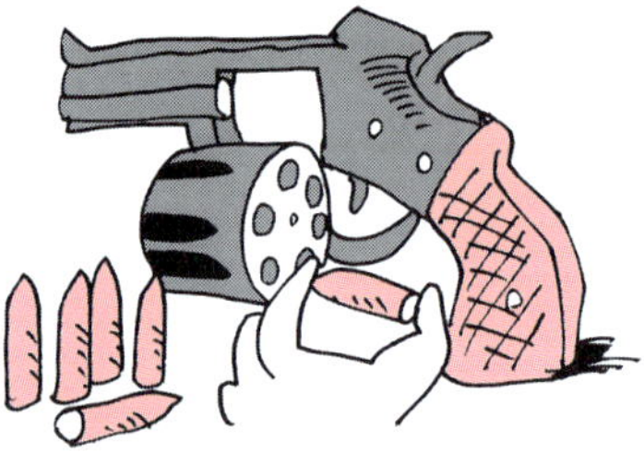

リボルバー

revolverは，弾倉が回転する連発式ピストル.

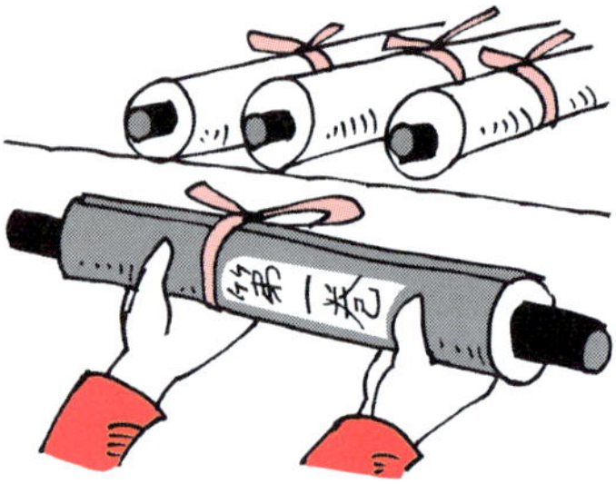

ボリューム

巻物の第１巻がvolume 1.

訳語を考えよう！

Q1 **re**(再び)＋**volve**(回る) → See revolve

Mars takes longer to revolve on its axis than the earth.

火星は地球より時間をかけて□する.

＊hint 何度も回るとは？

Q2 **e**(外に)＋**volve**(回る) → See evolve

The dolphin has evolved a highly developed jaw.

イルカは高度に発達したあごを□させた.

＊hint 何度も回って外に出るとは？

Q3 **re**(後ろに)＋**volt**(回る) → See revolt

Anybody revolts at this terrible crime.

この悲惨な犯罪には誰もが□を抱く.

＊hint 犯罪を見て後ろに回すとは？

解答：Q1 自転　Q2 進化　Q3 反感

○ ** **revolution** 名 革命，回転
[rèvəlúːʃən]

語根 de 連想：国が再び回転すること ← re + vol + tion（再び）（回る）（名詞）

revolve 動 回転する

revolutionary 形 革命的な

The role of women has changed since the revolution.
革命以来，女性の役割は変化してきた.

○ **evolve** 動 進化する，進化させる，発展する
[ivɑ́lv]

語根 de 連想：外に回る ← e + volve（外に）（回る）

evolution 名 進化，発展

The process of biological evolution has taken billions of years.
生物の進化の過程は何十億年もかかった.

○ **revolt** 動 反乱を起こす，反感を抱く 名 反乱，反感
[rivóult]

語根 de 連想：ひっくり返す ← re + volt（後ろに）（回る）

The people rose in revolt.
国民は反乱を起こした.

○ **devolve** 動 譲る，移す
[divɑ́lv]

語根 de 連想：下に回す ← de + volve（下に）（転がる）

devolution 名 委譲，委任

The federal government has devolved responsibility for welfare to the states.
連邦政府は福祉の責任を州に委譲した.

○ ** **volume** 名 書物，1巻，容積，量，音量
[vɑ́ljəm]

語根 de 連想：巻かれたもの

Sales volumes rose 0.5% in July.
7月の販売量は0.5%上昇した.

○ **involve** 動 巻き込む，含む
[invɑ́lv]

語根 de 連想：内側に回る ← in + volve（中へ）（回る）

involvement 名 関わり，連座，参加，(男女の)親密な関係

Any investment involves an element of risk.
どんな投資にも危険という要素を伴う.

check1 check2 check3

語源de腕試し 8

1 次の単語の意味を下の語群から選びましょう.

1. divorce (　　)　2. controversy (　　)　3. convoy (　　)　4. vista (　　)
5. survey (　　)　6. preview (　　)　7. advent (　　)　8. venue (　　)
9. revolt (　　)　10. evolution (　　)

ア 反乱　イ 展望　ウ 調査　エ 離婚　オ 出現
カ 進化　キ 護送　ク 会場　ケ 議論　コ 試演会

2 次の単語の意味を下の語群から選びましょう.

1. versatile (　　)　2. introvert (　　)　3. vertical (　　)　4. obvious (　　)
5. visible (　　)　6. envious (　　)　7. vital (　　)　8. vigorous (　　)
9. eventual (　　)　10. irrevocable (　　)

ア 垂直の　イ 取り消しできない　ウ 明白な　エ 用途の広い　オ 元気のある
カ 内向的な　キ 重大な　ク 目に見える　ケ うらやんで　コ 最終の

3 次の英文の(　　)内の単語を完成させましょう.

①The film industry has (re□□□ed).
映画産業が復活した.

②The doctor (ad□□□ed) me not to smoke any more.
医師はもうタバコは吸わないようにと私に忠告した.

③The mother (di□□□□ed) her daughter with a game.
母親はゲームをして娘の気を晴らさせた.

④Any investment (in□□□□□s) an element of risk.
どんな投資にも危険という要素を伴う.

⑤Moving sidewalks (tra□□□□□) the airport.
動く歩道が空港を横切っている.

解答

1 1. エ　2. ケ　3. キ　4. イ　5. ウ　6. コ　7. オ　8. ク　9. ア　10. カ
2 1. エ　2. カ　3. ア　4. ウ　5. ク　6. ケ　7. キ　8. オ　9. コ　10. イ
3 ①(re)viv(ed)　②(ad)vis(ed)　③(di)vert(ed)　④(in)volve(s)　⑤(tra)verse

接頭辞のいろいろ

1. en (~にする)
enrich (**豊かにする**)
enlarge (**拡大する**)
entitle (**資格・権利を与える**)
encircle (**取り囲む**)
enjoy (**楽しむ**)

2. co / con / com / col / cor (共に)
coworker (共に働く人→**同僚**)
coauthor (共に生み出す人→**共著者**)
cooperate (共に仕事をする→**協力する**)
coeducational (共に教育する→**共学の**)
concede (共に行く→**譲歩する**)
contest (共に証言する→**競う**)
company (共にパンを食べる人→**仲間**)
compare (共に並べる→**比較する**)
collaborate (共に働く→**協力する**)
collapse (共に滑る→**崩壊する**)
correspond (共に応じる→**文通する**)

3. syn / sym (共に)
synchronize (時を共にする→**同時に起こる**)
syndrome (共に走る→**症候群，行動様式**)
symphony (音を共にする→**交響曲**)
symmetric (計りを共にする→**左右対称の**)

4. a(1) (方へ)
abroad (広い方へ→**外国に**)
aboard (甲板の方へ→**乗船して**)
ahead (頭の方へ→**前方に**)
ashore (岸の方へ→**岸に**)
abreast (胸の方へ→**横に並んで**)
along (長い方へ→**沿って**)
away (道の方へ→**離れて**)
amid (中の方へ→**真ん中に**)
across (十字の方へ→**横切って**)
amaze (迷路の方へ→**驚かせる**)
accustom (習慣の方へ→**慣らす**)
affirm (固い方へ→**肯定する**)
aggressive (進む方へ→**攻撃的な**)
allure (ルアー［おとり］の方へ→**誘う**)
allot (分ける方へ→**分け与える**)
annex (結びつける方へ→**合併する**)
annihilate (ない状態に置く→**全滅させる**)
appeal (話す方へ→**訴える**)
approach (近づく方へ→**近づく**)
arrange (一定範囲内へ→**整理する**)
arrive (川の岸の方へ→**到着する**)
associate (結びつく方へ→**連想させる**)
assort (種類の方へ→**組み合わせる**)
attest (証言する方へ→**証言する**)
attorney (他の方へ回る→**弁護士**)

5. ad (方へ)
adverb (動詞の方へ→**副詞**)
adopt (選ぶ方へ→**採用する**)
adapt (適切な方へ→**適応する**)

6. a(2) (ない，離れて)
atom (これ以上切れない→**原子**)
atheist (神がいない→**無神論者**)
anarchy (首領がいない→**無政府状態**)

7. ab (離れて)
abhor (離れて恐れる→**忌み嫌う**)
abnormal (標準から離れて→**異常な**)
abrupt (離れて崩れる→**唐突な**)
absolute
(拘束から離れて→思い通りの→**絶対の・確実な**)

8. de(1) (離れて)
derail (線路から離れて→**脱線させる**)
defrost (霜から離れて→**解凍する**)
deforest (森から離れて→**森林伐採する**)
demerit (長所から離れて→**短所・欠点**)

9. de(2) (下に)
decay (下に落ちる→**腐敗する，衰える**)
decline (下に曲げる→**断る，衰える**)
decrease (下に増える→**減少する**)
descend (下に登る→**下る**)

10. de(3) (完全に，すっかり)
demonstrate
(すっかり見せる→**実証する，説明する**)
devote (すっかり誓う→**ささげる**)
delay (すっかり置く→**遅らせる**)
devour (すっかり食べる→**むさぼり食う**)

11. dis (ない)
disable (**できなくさせる**)
disappear (現れない→**消える**)
disagree (賛成しない→**反対する**)
dislike (好きでない→**嫌う**)

12. di (離れて)
divide (離れて分ける→**分ける**)
dividend (分けたもの→**配当**)
digest (離れた所に運ぶ→**消化する**)
diffuse (離れた所に融かす→**発散する**)

13. se (離れて, ~ない)
security (注意する状態から離れて→**安全**)
separate (離れて並べる→**分離する, 別れる**)
secret (離して分ける→**秘密**)

14. dia (通して, すっかり)
dialog(ue) (言葉を通す→**対話**)
diameter (通して計る→**直径**)
diagram
(すっかり書いたもの→**ダイヤ, 時刻表**)

15. per (通して, すっかり)
persecute (すっかり後を追う→**迫害する**)
permanent (すっかりとどまる→**永遠の**)
perish (すっかり行く→**朽ちる**)
perplex (すっかり織る→**当惑させる**)

16. in (ない)
incorrect (**正しくない**)
inactive (**活動的でない**)
incredible (**信じられない**)
innumerable (**数え切れない**)

17. im (ない)
impossible (**不可能な**)
impolite (**無礼な**)
immoral (**不道徳な**)
immortal (**不滅の**)
illegal (**非合法な**)
illiterate (**読み書きのできない**)
irregular (**不定期な**)
irresponsible (**無責任な**)

18. un (ない)
unable (**できない**)
unaware (**気づかない**)
uncertain (**不確かな**)
unhappy (**不幸せな**)

19. un (元の状態に戻す)
unlock (鍵をかけない→**解錠する**)
unfold (たたまない→**広げる, 開く**)
unload (積まない→**荷を下ろす**)
untie (結ばない→**ほどく**)

20. non (ない)
nonsense (**意味のない**)
nonverbal (**言葉を使わない**)
nonstop (**止まらない**)

21. ob (反対に, 対して)
※f, pで始まる語根の場合はf, pを重ねる
obstacle (逆に立つ→**障害**)
obstinate (逆らって立っている→**頑固な**)

22. ex, e (外に)
exhale (外に息を出す→**息を吐き出す**)
exalt (外に高くする→**昇進させる, 賛美する**)
evade (外に行く→**避ける, 逃れる**)
evacuate (空にして出す→**避難させる**)
eccentric
(中心から外に→**常軌を逸した, 変わった**)
effort (力を出す→**努力**)
escape (カッパを取る→**逃げる**)

23. extra / extro (範囲外の)
extra (**余分な**)
extramural (壁の外の→**城壁外の, 大学外の**)
extreme (範囲外の→**極端な**)

24. sub, su (下に)
※c, f, g, pで始まる語根の場合はc, f, g, pを重ねる
subway (下の道→**地下鉄, 地下道**)
submarine (海の下→**潜水艦**)
subtitle (題の下→**副題, 字幕**)
suggest (下で運ぶ→**ほのめかす**)
supply (下で重ねる→**供給する**)
supplement (下で重ねる→**補足**)

25. sur (上に, 超えて)
surface (顔の上→**表面**)
surname (名前の上→**名字**)
surcharge (料金を超えて→**追加料金**)

26. super (上に, 越えて)
superior (より上の→**より優れた**)
supreme (一番上の→**最高の, 至上の**)

27. ultra (超えて)
ultrasonic (音を超えた→**超音速の**)
ultraviolet (紫を超えた→**紫外線**)

ultramodern（現代を超えた→**超現代的な**）

28. em（中へ）
embark（船の中へ→**乗船する，乗り出す**）
embarrass（障害物の中に→**当惑させる**）
embody（体の中へ→**具現化する**）
embrace（腕の中へ→**抱きしめる**）

29. inter（間に）
international（国家間の→**国際的な**）
interval（壁の間の→**間隔**）
interrupt（間に入って破る→**邪魔する**）

30. intro / intra（中に）
introspect（中を見る→**自己反省する**）
intramural（壁の中に→**城壁内の，大学内の**）

31. contra / contro / counter（反対に）
contrary（反対の）
counteract（反対に作用する→**中和する**）

32. ambi / ambu（周りに）
ambiguous（周りを行く→**あいまいな**）
ambulance（歩く病院→**救急車**）
amble（周りを反復する→**ぶらぶら歩く**）

33. circum, circ(u)（回りに）
circumstance（回りに立っているもの→**環境，周囲**）
circumference（回りに運ぶこと→**円周，周囲**）
circus（**円形広場，サーカス**）

34. peri（回りに）
periodic（一回りの道の→**周期的な**）
periscope（回りを見るもの→**潜望鏡**）

35. para（側に）
paralyze（側がゆるむ→**まひさせる**）
paraphrase（側で言う→**言い換える**）
parallel（お互い側の→**平行の**）

36. pro（前に）
professor（学生の前で言う→**教授**）
program（前もって書かれたもの→**プログラム**）
prolong（前に長い→**延長する**）
procession（前に行くもの→**行列**）

37. pre（前に）
preschool（学校前の→**保育所**）
prepare（前に並べる→**準備する**）
pretax（前の税金→**税引き前の**）

38. anti（反対して）
antisocial（社会に反対して→**反社会的な**）
Antarctic（北極の反対の→**南極**）

39. post（後に）
postwar（戦争の後→**戦後の**）
postscript（後で書く→**追伸**）
posthumous（**死後の**）

40. re(1)（再び）
rebuild（再び建てる→**再建する**）
renew（再び新しくする→**更新する**）
recreation（再び創造すること→**気晴らし，休養**）

41. re(2)（後ろに，離れて，逆らって）
reflect（後ろに曲げる→**反射する**）
refuge（後ろへ逃げる→**避難（所）**）
relax（後ろでゆるめる→**緊張をほぐす**）
reluctant（逆らって戦う→**いやいやの**）

42. re(3)（しっかり，完全に）
regard（しっかり見る→**見なす，思う**）
religion（しっかり結ばれた→**宗教**）
rely（しっかり結ぶ→**頼る**）

43. com（すっかり，完全に）
complete（すっかり満たした→**完全な**）
comfort（すっかり力強い状態→**快適さ**）
command（すっかり任せる→**命じる**）
recommend（すっかり勧める→**推薦する**）
rejoice（すっかり楽しむ→**大いに喜ぶ**）

44. trans（越えて，超えて）
transplant（越えて植える→**移植する**）
translate（越えて置く→**翻訳する**）
transatlantic（**大西洋横断の**）

45. mono / mon（1つ）
monorail（レールが1つ→**モノレール**）
monopoly（1人で売る→**独占権**）
monogamy（**一夫一婦制**）

46. uni / un（1つ）
unite（1つにする→**結合する**）
unit（1つのもの→**単位**）
union（1つであること→**結合，組合**）
unique（1つしかない→**唯一の**）

47. semi / hemi (半分)
semicircle (**半円**)
semimonthly (**月に2回の**)
semiprofessional (**セミプロの**)
hemisphere (球の半分→**半球**)

48. bi / bis / bin / di (2つ)
bicycle (車輪が2つ→**自転車**)
combine (2つが一緒になる→**結合する**)
binocular (眼が2つの→**両眼用の**)
biscuit (2度焼いた→**ビスケット**)
bilingual (2つの言葉の→**2か国語を自由に操る**)
dilemma (二者択一の→**ジレンマ**)
dioxide (酸素が2つ→**二酸化物**)
diphthong (2つの母音→**二重母音**)

49. du / duo (2つ)
dual (**二重の**)
duet (**二重唱**)
double (**二倍の**)

50. tri (3つ)
triangle (3つの角→**三角形**)
trio (**三重唱**)
Trinity (**三位一体**)
tripod (3つの足→**三脚**)

51. quart / quadr / tetra (4つ)
quarter (**4分の1**)
quadrangle (**四角形**)
tetrapod (**テトラポッド**)

52. penta (5つ)
pentagon (5つの角→**五角形**)
pentathlon (**近代五種競技**)

53. hexa (6つ)
hexagon (6つの角→**六角形**)
hexapod (6つの脚→**昆虫**)

54. hepta / sept (7つ)
heptagon (7つの角→**七角形**)
heptarchy (7つの首領→**七頭政治**)
September
(7番目の月→**9月**　※ローマ暦では7月にあたる)

55. oct (8つ)
octopus (8つの足→**タコ**)
octave (**8度音程，オクターブ**)
October
(8番目の月→**10月**　※ローマ暦では8月にあたる)

56. nona (9つ)
nonagon (9つの角→**九角形**)
November (9番目の月→**11月**
※ローマ暦では9月にあたる)

57. deca / deci /dim (10の)
decade (**10年間**)
decimal (**10進法の**)
dime (**10セント**)
deciliter (**デシリットル**)

58. cent / centi (100の)
century (100の単位→**100年，1世紀**)
centimeter (**センチメートル**)
percentage (100につき→**百分率**)
centennial (100年に一度の→**百年祭**)

59. milli (1000の)
mile (左右で1歩として1000歩の距離→**マイル**)
millennium (1000年に一度の→**千年祭**)
millipede (1000の足→**ヤスデ**)

60. multi (たくさん)
multinational (たくさんの国の→**多国籍の**)
multitude (たくさんあること→**多数**)
multiethnic (たくさんの民族の→**多民族の**)

61. omni (すべて)
omnibus (すべての人を運ぶもの→**バス**)
omnipotent (すべての力を持った→**全知全能の**)

接尾辞のいろいろ

1　動詞を作る接尾辞（～にする，～化する）

⑴～ate（[eit]と発音し，3音節の単語の場合は必ず2つ前の音節にアクセントを置く）
terminate　term（期限）＋ate　➔期限を定める➔◆終わらせる
originate　origin（始め）＋ate　➔◆始める，起こる
⑵～ize,～ise（3音節の単語の場合は必ず2つ前の音節にアクセントを置く）
organize　organ（器官，機関）＋ize　➔機関化する➔◆組織化する，体系づける
civilize　civil（市民）＋ize　➔市民化する➔◆文明化する
⑶～(i)fy
testify　test（証拠）＋ify　➔証拠にする➔◆証言する
classify　class（部類）＋ify　➔記す➔◆分類する
⑷～en
darken　dark（暗い）＋en　➔◆暗くする，暗くなる
whiten　white（白い）＋en　➔◆白くする，白くなる
⑸～ish
finish　fin（終わり）＋ish　➔◆終わらせる
cherish　cher（愛しい）＋ish　➔◆大事にする
⑹～er（動作の反復を表す）
chatter　chat（しゃべる）＋(t)er　➔◆ぺちゃくちゃしゃべる
batter　bat（バットで打つ）＋(t)er　➔◆乱打する
⑺～le（動作の反復を表す）
sparkle　spark（火花）＋le　➔ぱちぱち火花を散らす◆きらきら輝く
amble　amb（歩く）＋le　➔◆ぶらぶら歩く

2　形容詞を作る接尾辞

⑴（～の多い，～の性質がある）
①～ful
wonderful　wonder（不思議）＋ful　➔不思議に満ちた➔◆すばらしい，驚くべき
forgetful　forget（忘れる）＋ful　➔◆忘れっぽい
②～ous
dangerous　danger（危険）＋ous　➔◆危険な
curious　cure（注意）＋ous　➔◆好奇心の強い
③～y
rainy　rain（雨）＋y　➔◆雨の
smoky　smoke（煙）＋y　➔◆煙の立ちこめる

⑵（～できる）
①～able
eatable　eat（食べる）＋able　➔◆（どうにか）食べられる
portable　port（運ぶ）＋able　➔運べる➔◆携帯用の

②～ible

possible　poss（力）＋ible　→力のある→◆可能な

edible　ed（食べる）＋ible　→◆食べられる，食用に適する

⑶（～らしい）

①～ish

childish　child（子供）＋ish　→◆子供っぽい

boyish　boy（少年）＋ish　→◆少年らしい

②～ly

homely　home（家庭）＋ly　→◆家庭的な，平凡な

timely　time（時間）＋ly　→◆時を得た

③～like

childlike　child（子供）＋like　→◆子供らしい

businesslike　business（仕事）＋like　→◆てきぱきした，能率的な

④～some

handsome　hand（手）＋some　→手で扱いやすい→◆見事な，ハンサムな

troublesome　trouble（苦難）＋some　→◆やっかいな

⑤～esque, ～ique

picturesque　picture（絵）＋esque　→◆絵のような

antique　ant（前の）＋ique　→◆古風な，骨董品

⑷（～の性質を持つ，～に関する，～に属する，～の）

①～ate, ～it（[ət]と発音し，3音節の単語の場合は必ず2つ前の音節にアクセントを置く）

separate　se（離れて）＋par（並べる）＋ate　→離れて並んだ→◆離れた，別々の

fortunate　fortune（幸運）＋ate　→◆幸運な

favorite　favor（好意）＋ite　→◆大好きな

②～ed

honeyed　honey（蜂蜜）＋ed　→◆蜂蜜入りの，お世辞の

long-legged　long-leg（長い脚）＋ed　→◆脚の長い

③～ive（直前の音節に必ずアクセントを置く）

massive　mass（大きなかたまり）＋ive　→◆巨大な，大量の

sportive　sport（スポーツ）＋ive　→◆スポーツ好きな

④～ic（直前の音節に必ずアクセントを置く）

cosmic　cosm（宇宙）＋ic　→◆宇宙の

economic　econom（家の管理）＋ic　→家を管理する→◆経済の

⑤～al, ～ial, ～ical, ～ual（直前の音節に必ずアクセントを置く）

emotional　e（外に）＋motion（動き）＋al　→外に出る→◆感情的な

artificial　art（技術）＋fic（作る）＋ial　→技術で作った→◆人工的な

economical　econom（家の管理）＋ical　→家を管理する→◆経済的な

punctual　punct（点）＋ual　→点をついた→◆時間通りの

⑥～an

urban　urb（都市）＋an　→都市の下にある→◆都市の

metropolitan　metro（母の）＋poli(s)（都市）＋an　→◆大都市の

⑦～ary

temporary　tempo（時）＋ary　→◆一時的な

customary　custom（習慣）＋ary　→◆習慣的な

⑧～ory

explanatory　ex(外に)＋pla(i)n(平らな，明らかな)＋ory　→外に向かって明らかにする→◆説明的な

introductory　intro（中に）＋duct（導く）＋ory　→中に入って導く→紹介する→◆入門的な

⑨～ant

malignant　mal（悪）＋gna（生まれる）＋ant　→◆悪性の

dominant　domin（支配する）＋ant　→◆支配的な

⑩～ent

pungent　pung（刺す）＋ent　→◆鼻を突くような
transparent　trans（越えて）＋par（現れる）＋ent　→物体を越えて現れる→◆透明な

⑪～ar

polar　pole（極）＋ar　→◆極の
singular　single（1つ）＋ar→1つの　→◆1つしかない，非凡な

⑫～ine

alpine　alp（高い）＋ine　→◆高山の
feminine　fem（女性）＋ine　→◆女性の

⑬～ile

juvenile　juve（若い）＋ile　→若々しい
fragile　frag（断片）＋ile　→もろい，こわれやすい

⑭～en

wooden　wood（木）＋en　→◆木製の
golden　gold（金）＋en　→◆金の，金製の

⑮～id

candid　cand（白）＋id（状態）　→心が白い状態→◆率直な
tepid　tep（温かい）＋id（状態）　→◆なまぬるい，熱意のない

⑸方向を表す接尾辞

～ward

southward　south（南）＋ward　→◆南方へ
upward　up（上）＋ward　→◆上方へ

3　名詞を作る接尾辞

⑴人を表す接尾辞

①～er, ～eer

painter　paint（絵を描く）＋er　→描く人→◆画家
writer　write（書く）＋er　→書く人→◆作家
engineer　engine（才能）＋eer　→才能を持った人→◆技師

②～or, ～ar

professor　pro（前で）＋fess（述べる）＋or　→学生の前で自説を述べる人→◆教授
monitor　moni（見る）＋or　→見る人→◆モニター
scholar　schol（学校）＋ar　→◆学者
beggar　beg（乞う）＋ar　→乞う人→◆乞食

③～(i)an

musician　music（音楽）＋ian　→◆音楽家
artisan　art（技術）＋an　→◆職人

④～ant, ～ent

attendant　attend（世話をする）＋ant　→世話をする人→◆接客係
inhabitant　inhabit（住む）＋ant　→◆居住人，住人
student　stud（勉強する）＋ent　→勉強する人→◆学生，研究者
client　cli（傾く）＋ent　→専門家に傾く人→◆顧客，弁護依頼人

⑤～ist

pianist　piano（ピアノ）＋ist　→◆ピアニスト
florist　flor（花）＋ist　→◆花屋さん

⑥～ee（～される人）

examinee　examine（検査する）＋ee　→検査される人→◆受験者
employee　employ（雇う）＋ee　→雇われる人→◆従業員，被雇用者

⑦～ster

gangster　gang（ギャング）＋ster　→◆ギャング

youngster　young（若い）＋ster　→◆若者

⑵場所を表す接尾辞

～ry, ～ory, ～ary, ～ery

laboratory　labor（労働）＋ory　→働く場所→◆研究室，実験室

dormitory　dormi（寝る）＋ory　→寝る場所→◆寮

pantry　pan（パン）＋ry　→パンがある場所→◆食料品室

library　libra（本）＋ary　→本がある場所→◆図書館

bakery　bake（焼く）＋ery　→焼く場所→◆パン屋さん

⑶抽象名詞を作る接尾辞

①～age（状態）

marriage　marri（夫になる）＋age　→夫になる状態→◆結婚

pupilage　pupil（児童）＋age　→◆未発達状態

②～ade（単位，状態）

decade　dec（10）＋ade（単位）　→10年単位→◆10年間

blockade　block（固まり）＋ade　→固まりの状態→◆封鎖

③～dom（状態，範囲）

kingdom　king（王）＋dom　→王が支配している状態→◆王国

freedom　free（自由な）＋dom　→◆自由

④～ion,～tion,～sion（動作，状態，関係，結果）

reaction　re（再び）＋act（行い）＋ion　→再び行うこと→◆反応

audition　aud（聴く）＋tion　→聴くこと→◆視聴，オーディション

expansion　ex（外に）＋pan(d)（広がる）＋sion　→外に広がること→◆拡張

⑤～ment（動作，状態，結果，手段）動詞の後に付けて

document　doc（教える）＋ment　→教え示す物→◆文書，書類

pavement　pave（踏みつける）＋ment　→踏みつけるもの→◆舗装道路

⑥～ure（動作，状態，結果，手段）

culture　cult（耕す）＋ure　→心を耕すこと→◆文化

failure　fail（期待を裏切る）＋ure　→◆失敗

⑦～ics（学問）

economics　econom（家の管理）＋ics　→家の管理に関する学問→◆経済学

physics　physic（自然科学）＋ics　→自然科学の学問→◆物理学

⑧ ～ery（状態，性質，集合）

slavery　slave（奴隷）＋ery　→奴隷の状態→◆奴隷制

machinery　machine（機械）＋ery　→◆機械類

⑨～ship（状態，性質，身分）

friendship　friend（友人）＋ship　→友人であること→◆友情

professorship　pro（前で）＋fess（述べる）＋or（人）＋ship

→学生の前で自説を述べる人→◆教授職

⑩～hood（状態，性質，集合）

childhood　child（子供）＋hood　→◆幼少時代

neighborhood　neighbor（隣人）＋hood　→◆近所，近隣

⑪～ism（行動，状態，大系，主義，特性）

heroism　hero（英雄）＋ism　→◆英雄的行為

Darwinism　Darwin（ダーウィン）＋ism　→◆ダーウィン説

⑫～al（動作）

arrival　a（～の方へ）＋riv（川）＋al　→川の岸の方へ→◆到着

dismissal　dis（離れて）＋mis（送る）＋al　→◆解雇，退去

⑬～ness（状態，性質）
happiness　happ（幸運）＋ness　➔◆幸福
kindness　kind（生まれの良い）＋ness　➔◆親切

⑭～ty（状態，性質）
liberty　liber（自由な）＋ty　➔◆自由
safety　safe（安全な）＋ty　➔◆安全

⑮～ard（状態，性質）
coward　cow（尾を脚に挟む動物）＋ard　➔◆臆病者
drunkard　drunk（酔った）＋ard　➔酔った状態➔◆酔っぱらい

⑯～ancy, ～ency, ～cy（状態，性質）
vacancy　vac（空）＋ancy　➔空の状態➔◆空間，空席
emergency　e（外に）＋merge（ひたす）＋ency　➔水中から急に出る➔◆緊急
privacy　priva（一人の）＋cy　➔一人でいること➔◆プライバシー

⑰～ance, ～ence（状態，性質）
clearance　clear（取り除く，片づける）＋ance　➔◆除去，片づけ
excellence　ex（外に）＋cel（そびえ立つ）＋ence　➔◆優秀さ

⑱～tude（状態，性質）
magnitude　magni（大きい）＋tude　➔◆大きさ
attitude　atti（適した）＋tude　➔適していること➔◆態度，姿勢

⑲～th（状態，性質）
warmth　warm（暖かい）＋th　➔◆暖かさ
depth　de(e)p（深い）＋th　➔◆深さ

指小辞（小さいことを表す接尾辞）

⑳～let, ～et
starlet（小さい星，売り出し中の若手女優）
blanket（小さくて白いもの）　➔◆毛布
piglet（子ブタ）

㉑～ette
cigarette（小さな葉巻）　➔◆タバコ
kitchenette（簡易台所）

㉒～icle
particle（小さな部分）　➔◆微粒子
icicle（小さな氷）　➔◆つらら

㉓～en
kitten（子ネコ）
mitten（ミトン）

㉔～le
candle（小さく白く輝くもの）　➔◆ろうそく
ripple（小さな波）　➔◆さざ波

㉕～y, ～ie
doggy, doggie（小さい犬）
birdie（小鳥）
cookie, cooky（小さいケーキ）　➔◆クッキー

英単語さくいん

A

B

C

D

E

Q

R

S

T

U

V

W

著者紹介

清水建二

東京都浅草生まれ．通称，シミケン．埼玉県立越谷北高校を卒業後，上智大学文学部英文学科に入学．卒業後，大手予備校講師，ガイド通訳士，名門進学校・浦和高校教諭等を経て，現在は埼玉県立川口高校で教鞭を執る．著書は，シリーズ累計26万部突破の『英会話「1秒」レッスン』（成美堂出版），6万部突破の『語源とイラストで一気に覚える英単語』（明日香出版社）など50冊を超える．また，『似ている英単語使い分けBOOK』（ベレ出版）は香港・台湾・韓国でロングセラーとなっている．趣味は旅行と食べ歩きと一青窈．

監修者紹介

William Joseph Currie

ウィリアム・ジョセフ・カリー

1935年米国・フィラデルフィア生まれ．1953年イエズス会会士となる．ミシガン大学で比較文学博士号(Ph.D)を取得．1960年に来日し，神奈川県の栄光学園講師，上智大学文学部英文学科助教授，同外国学部比較文化学科教授を経て，上智大学学長を6年間務める．主な著書に『疎外の構図――安部公房・ベケット・カフカの小説』（新潮社），『日本におけるモダニズム』（南窓社），『Light Essays.21』（英潮社）など多数．

中田達也

関西大学外国語学部助教．専門は第二言語語彙習得およびコンピュータを使用した外国語学習．東京大学大学院修士課程修了．ウェリントン・ビクトリア大学で応用言語学博士号(Ph.D)を取得．『NHKニュースで英会話オンライン』コンテンツ作成，文部科学省「e-learning教員研修システム開発委員会」英語部会調査委員，ニンテンドー DS用英語学習ソフトの監修などを務める．著作に『わんたん　1から覚える英単語集』（学研・共著），『新TOEICテストリーディング問題ルール14』（旺文社・共著），『語源とイラストで一気に覚える英単語』（明日香出版社・監修）等がある．
http://www.howtoeigo.net